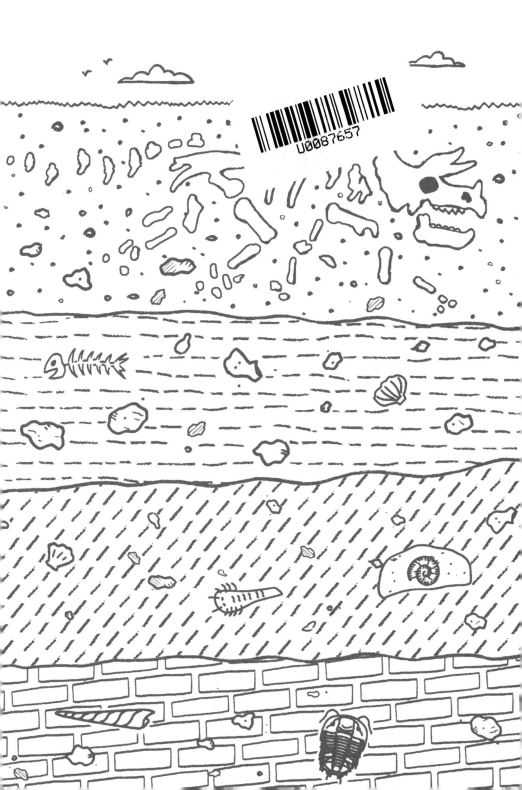

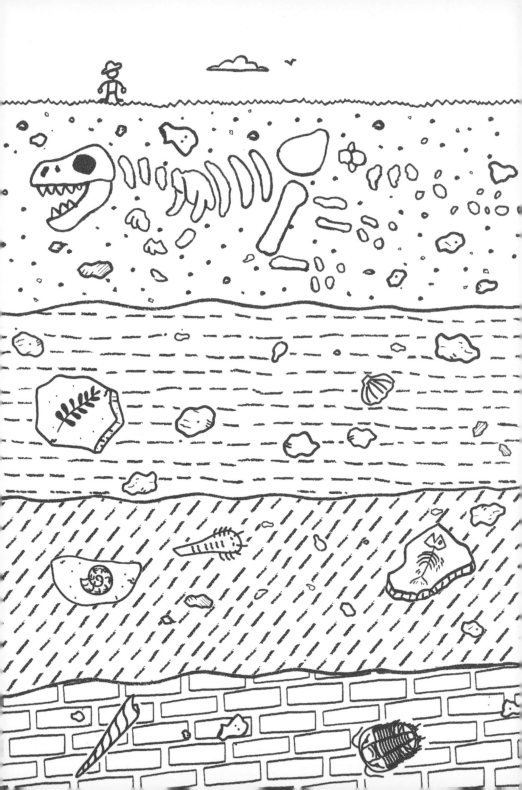

腦力超覺醒，激發你的學習力，擁有無限潛能

學霸

Everything You Need to Ace Science

筆記

科學

Workman Publishing 著
Chris Pearce 繪
高梓侑 譯

用一本書掌握世界

 三民書局

學霸筆記
科學

嗨！

這是我自然科的筆記。

你問我是誰？嗯……有些人説我是班上最聰明的學生。

看過我的筆記，你也可以變成自然科的學霸。

我的筆記裡面從實驗到生態系統都有，

而且只寫重點——就是考試會考的

那些東西，這樣你懂了吧！

為了讓筆記清楚、有邏輯，這本筆記的重點會這樣分類：

- 單字的部分會用 黃色螢光筆 畫起來
- 如果是定義，就會用 綠色螢光筆 畫起來
- 重要的人名、地方、日期跟術語會用藍筆寫
- 然後我還會用漂亮的插圖，把達爾文跟其他重要的概念，用圖片的方式呈現出來

沒錯！

如果你不喜歡學校的課本，而且上課筆記也做不好，那我的筆記就可以幫上忙啦！課本上會提到的重點都在這裡了。（不過如果你的老師用了一整堂課講這本筆記裡沒有提到的內容，你可以把老師講的東西也寫進這個筆記本裡。）

ZZZ…什麼？

既然我都已經是自然科的學霸了，這本筆記就送你吧！反正我已經用不到這本筆記了，就讓它幫你學會自然科的所有重點，讓你變成自然科的學霸。

目次

單元1：科學研究 1

1. 像科學家一樣地思考 2

2. 科學實驗 11

3. 實驗報告與結果評估 31

4. 國際單位與度量 37

5. 實驗室安全與實驗器材 47

單元2：物質、化學反應與溶液 59

6. 物質的本質及狀態 60

7. 元素週期表、原子結構與化合物 71

8. 溶液與液體 83

單元3：運動、力與功　91

9. 運動　92

10. 力與牛頓運動定律　99

11. 引力、摩擦力與更多日常生活中的力　109

12. 功與機械　119

我就是規則！

單元4：能量　129

13. 能量的型式　130

14. 熱能　137

15. 光波與聲波　143

16. 電與磁　159

17. 電力的來源　175

單元5：外太空：宇宙和太陽系　183

18. 太陽系和太空探索　184

19. 日月地系統　197

20. 恆星和銀河　209

21. 宇宙的起源和我們的太陽系　219

單元6：地球、天氣、大氣與氣候 227

22. 礦物、岩石與地球的結構 228

23. 運動中的地殼 239

24. 風化與侵蝕 251

25. 地球的大氣與水循環 259

26. 天氣 269

27. 氣候 281

單元7：生命：分類及細胞 291

28. 生物與生物的分類 292

29. 細胞學說及構造 303

30. 細胞的運輸與代謝 313

31. 細胞生殖與蛋白質合成 321

單元8：植物與動物 333

32. 植物的構造與繁殖 334

33. 動物：無脊椎動物 345

34. 動物：脊椎動物 355

35. 動物和植物的體內恆定與行為 365

單元9：人類的身體與身體的系統　373

36. 骨骼與肌肉系統　374

37. 神經與內分泌系統　385

38. 消化與排泄系統　397

39. 呼吸與循環系統　405

40. 免疫及淋巴系統　415

41. 人類的生殖與發育　423

單元10：生命的歷史：遺傳、演化及化石　433

42. 遺傳與遺傳學　434

43. 演化　445

44. 化石與岩石年齡　457

45. 地球生命的歷史　465

單元11：生態學：棲地、
##　　　　　相互依存與資源　475

46. 生態學和生態系　476

47. 相互依存與能量及物質的循環　485

48. 生態消長與生物群系　497

49. 自然資源與保育　509

單元 1

科學研究

像科學家一樣地思考

自然科學的學科與彼此之間的關聯

生命科學或是**生物學**，研究活的東西，像植物、動物，以至單細胞生物。

地球科學則是研究地球和外太空，像是行星、恆星及岩石。即研究沒有生命的東西與它們的歷史。

物質科學講的是物質和能量，也就是構成宇宙最基礎的材料：包括**物理**（能量和物質間的關係）及**化學**（物質及物質間如何轉變）。

自然科學就像是把宇宙想像成一個樂高積木世界：

1. **物理**：研究一塊樂高以及它的性質，像是這些積木是怎麼移動，和它們的能量。

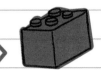

2. **化學**：研究如何把積木疊在一起，創造出更大的物件。

3. **生命科學**：研究所有用樂高可能疊成的種種生物。

汪！

哇！

4. **地球科學**：研究樂高世界裡所有的非生物。

科學探究

科學其實就是找出我們對周遭世界疑問的答案。科學家就像是偵探，會用證據來解決複雜的謎題。他們會透過實驗還有觀察來找出證據。科學家用來研究問題的過程，就叫做**科學探究**。找出解答的方式也叫做**科學方法**。

科學探究首先會對我們周遭的世界，以及這個世界的運作方式提出問題。等到問題確定後，下一步就是要透過背景調查、觀察，以及進行實驗的方式，來搜集可能跟這個調查有關的資訊。

背景調查會去收集過去科學家的發現，藉以預測所欲實驗的結果。這個預測就叫做**假說**。科學家會透過**觀察**以及把結果跟預測做比較來驗證這些假說。觀察就是要使用你的感知來描述一個情況，像是東西看起來、聞起來、摸起來，或是聽起來的樣子。有些觀察是用**測量**的方式來得出**定量**的結果；有些是用東西的性質來得到**定性**的結果。科學探究的發現結果，就叫做**結論**。

科學探究
用來做科學調查的策略

假說
可以被驗證的預測或假設

觀察
使用你的感知還有科學儀器來描述一個事物或情況

結論
科學調查的結果

定量
用可以計算的度量單位來測量某過程或物件的資料

定性
描述某過程或物件特性的資料

一個**度量**包括**數字**跟**單位**：
像是 3 公尺、45 公分、攝氏 25 度、1 公升、和 115 公斤

我們會用**模型**來表示現實生活中太小、太大或太貴而不易觀察的事物。因為模型會把事情簡單化，讓事物比較容易觀察跟思考，所以模型對科學家來說是很有用的工具。接下來會介紹幾種常見的模型：

物理模型：像是地球儀或立體透視模型。

電腦模型：像是氣候變化的模擬模型，
或是跟人或地方有關的 3D 模擬圖。

數學模型：像是直線方程
式，或是企業利用過去成本來
預測未來的成本。

如果實驗跟預測的結果不同，並不代表實驗失敗了，知道錯在哪是找出真相非常重要的一部分。

科學探究的步驟

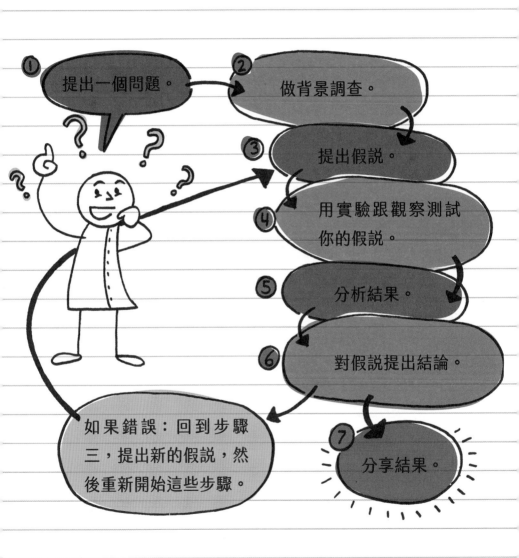

科學點子、理論與定律

在做了許多觀察後，科學家就會開始發展一些想法來解釋事情是如何發生的。科學點子是從**預測**開始，但是最後研究證據可能不會支持你的點子。

在一個假說經過許多測試和實驗的確認後，科學家就會延伸發展出**理論**。所以理論就是以許多的觀察為基礎，並經過充分測試後的解釋。

科學的**定律**就跟理論一樣，是以許多觀察作為基礎。定律是描述自然界中事情會如何進行的規則，但不一定能解釋進行的原因。舉例來說，**艾薩克·牛頓**觀察到物體會自然而然地掉到地上，於是提出萬有引力定律來描述這個模式。這個定律預測物體在引力影響下的運動方式，但沒有解釋物體為什麼會用這種方式移動。

這是真的！

定律
描述特定情況下會發生「什麼」事情

理論
用許多年的測試和觀察作為基礎，來解釋一件事情「為什麼」會發生

隨 堂 小 測 驗

1 自然科學最主要的三個分支學科是什麼？每個學科研究的又是什麼？

2 科學探究的基礎步驟是什麼？

3 什麼是假說？

4 如果你的觀察沒有辦法支持你的假說，你應該怎麼做？

5 研究證據是如何使用在科學研究上的？

6 將理論跟定律進行比較跟對比。

7 什麼是模型？為什麼科學會採用模型作為研究方式？

8 請寫出一個物理、電腦跟數學模型的例子。

解答在下一頁

對答時間

1. 生命科學（或生物學）研究的是生物，地球科學研究地球跟外太空，物質科學則是研究物質跟能量。

2. 科學研究的步驟是：提出問題、做背景調查、提出假說、測試假說、分析結果、做出結論還有分享結果。如果提出的假說經證明是有誤的，就要重新提出假說，重頭再來。

3. 假說就是可以被測試的合理預測。

4. 根據觀察再重新提出一個假說，然後再重新進行檢驗假說的步驟。

5. 其實我們的觀察和實驗數據都屬於證據的一種，可以支持或反對我們提出的假說。

6. 理論可以解釋事情為什麼會發生。定律則是定義自然就會發生的事情，但不一定會解釋這件事為什麼會發生。

7. 模型可以用來呈現一件事物。在自然科學中，模型可以用來幫助我們思考現實生活中難以觀察的事情。

8. 物理模型：地圖、地球儀和立體透視模型。

   電腦模型：人或地方的 3D 模擬圖、還有天氣鋒面移動的模擬模型。

   數學模型：像是直線方程式等的方程式，還有進行商業提案的數學模擬。

第八題的正確答案不只一個喔！

10

科學實驗

設計一個科學實驗

設計科學實驗前，要先知道幾個小重點：

1. **觀察**你好奇的事情。

2. 把前人的實驗做一些**改變**，
想出你自己的實驗計畫。

3. **重複**完成的實驗，看能不能
得到相同的結果。

做實驗的時候要有詳細的步驟或是**程序**，以及列出進行實驗時需要的材料。科學家同儕不管在哪裡，都要能夠根據你的實驗程序複製這個實驗，這樣其他的科學家才能檢視你的實驗結果。

實驗程序
實驗進行的詳細步驟

你可以透過把實驗重複做好幾次，來進行**對照實驗**：第一次實驗的時候不改變任何的實驗因子（這個實驗就叫做**對照組**）。進行第二次實驗的時候，只要改變你想觀察的實驗因子就好，即為實驗組。在對照實驗中，維持不變的條件被稱為**常數**，它們不會影響到實驗的結果。至於會讓實驗結果出現改變的條件，則被稱為**變因**。所以在設有對照組的實驗中，你可以測試變因會產生什麼影響。

對照組
所有變因都保持固定的實驗，會用來當成實驗組的比較標準。

常數
實驗中維持一致、沒有改變的變因，就叫做常數

為了測試一個實驗因子，實驗中其他的因子都要維持恆定，這樣才能確認你觀察到的變化，是由你改變的變因造成的。

不同的變因代表不同的影響因子：

我們在實驗中刻意改變的變因，就叫做**操作變因**。

受到操作變因影響而產生改變的變因，就叫做**應變變因**，也就是你的實驗結果。

每隔幾個禮拜，老師就得再重新買隻新的金魚。於是班上的同學就推測，金魚是因為食物不夠的關係才會死掉的。大家設計一個實驗來測試這個實驗因子，並讓其他變因（金魚的種類、魚缸大小、水質、水溫、飼料種類、飼養地點）作為實驗中保持不變的常數。

常數
1. 金魚的種類
2. 魚缸大小
3. 水質
4. 水溫
5. 飼料種類
6. 飼養地點

在這個實驗中，操作變因就是餵金魚的頻率（分別是一天一次，以及兩天一次），而應變變因就是金魚兩週後的健康狀況。

每天餵一次

（跟平常一樣）兩天餵一次

金魚飼料

實驗組　　　　對照組

收集數據

清楚、明確的數據才是好的數據。數據用量化描述或是度量來呈現是最好的，也會比較有用。好的數據也會是準確的，所以在觀察或是測量的時候要非常謹慎。因為我們很容易把事情忘掉，所以要在實驗進行的時候記錄數據跟觀察的結果，才能確定數據是準確的，不能在實驗後才補記。如果數據不可靠，那我們做的實驗結論就沒有意義了。

數據的分析與呈現

接下來要介紹幾種常見的數據整理跟呈現的方法：

	第1週	第2週	第3週
植物 1	3 公分	5.5 公分	7 公分
植物 2	2.5 公分	5 公分	7.5 公分

植物生長記錄表

表格會用欄和列來呈現資料。因為表格裡面的數字會並排呈現，所以資料讀起來就會很快，要比較數字也會比較方便。表格非常適合用來記錄實驗的數據。

用表格收集完數據後，就要把數據變成**圖**，讓資訊讀起來更容易。

折線圖可以呈現兩個變因間的關係。其中一個變因會放在**X**軸（水平線），另一個會放在**Y**軸（垂直線）。軸上面的**尺度**可以顯示每個度量的區間。這個尺度每次增加的值都要**相同**，像是：「2、4、6、8」或是「5、10、15、20」，但不可以是：「2、5、7、15」這樣。

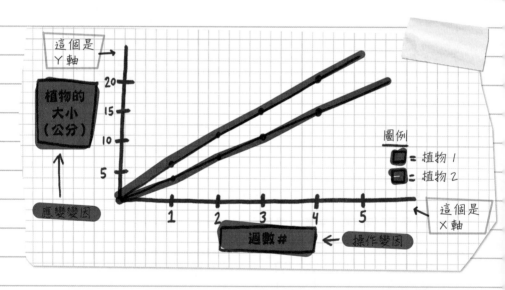

折線圖可以顯示一個變因如何影響其他的變因，也就是說，可以顯示應變變因會因為操作變因改變而出現什麼樣的改變。操作變因會放在**X**軸，應變變因會放在**Y**軸。折線圖很適合用在會隨著時間連續改變的實驗上，像是植物的成長或是賽車的加速度。

散布圖是一種可以顯示兩組數據關係的圖。散布圖會以**有序數對**

（成對的數字，它們出現的順序非常重要）的方式將數據呈現在圖

表上。

舉例： 數學考試結束後，費尼老師問學生考前花

了多少時間讀書，然後把學生的答案跟成績一起寫下來。

學生姓名	讀書的小時數	考試成績
塔米	4.5	90
拉撒	1	60
蘇菲雅	4	92
麥可	3.5	88
莫尼卡	2	76
戴夫	5	100
伊娃	3	90
蘭斯	1.5	72
貝卡	3	70
薩妮娜	4	86

如果要顯示塔米的數據，我們會在ㄨ軸**4.5**跟ㄚ軸**90**的交會處畫一個點點做標記。

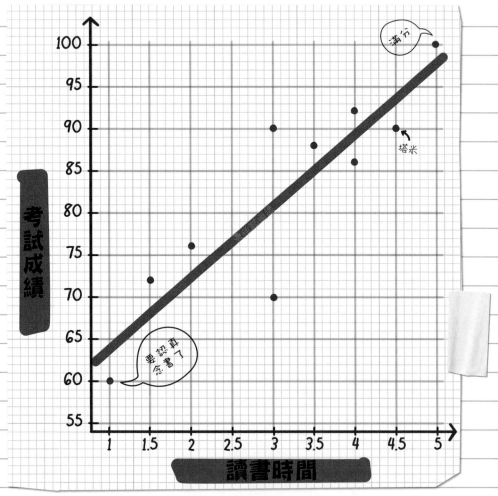

用散布圖呈現數據後，費尼老師和她的學生就可以看到讀書時間跟成績是否有關。通常，考試成績會隨著讀書時間增加而變高，也就顯示考試成績跟讀書時數之間是有相關的。

伊娃讀書 3 小時並拿到 90 分。貝卡的讀書時間也是 3 小時，卻只拿到 70 分。散布圖就可以顯示數據間的整體關係，而個別有序數對（像是伊娃和貝卡）就不會顯示整體的趨勢。這時候就可以看到，伊娃跟貝卡在這個狀況是屬於異常值，跟主要的散布趨勢不同。

我們可以在圖表上畫出一條可以約略指出讀書時間跟考試成績關係的線。這條線叫做**最佳配適線**，因為它能夠最有效地描述散布圖上每個點之間的關係。這些點雖然都沒有落在這條線上，但沒有關係！這是因為最佳配適線是最能夠描述這個圖上點和點間關係的線。

長條圖會用不同高度的長方形來呈現數據。每個長方形各代表同一個類別下不同的東西（變因），像是寵物的類別或是最喜歡的冰淇淋的口味。長方形的高度越高，代表的數字就越大。

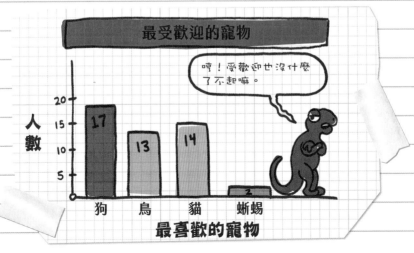

你可把**圓形圖**當成一個切成好幾塊的餅（圓形圖有的時候也被稱為**圓餅圖**）。 ←聽起來好好吃～～

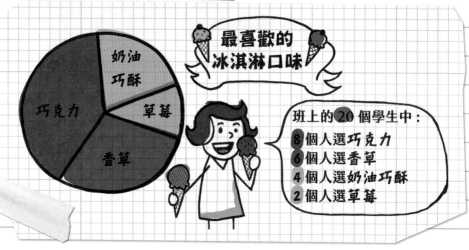

最喜歡的
冰淇淋口味

班上的 **20** 個學生中：

8 個人選**巧克力**
6 個人選**香草**
4 個人選**奶油巧酥**
2 個人選**草莓**

圖表應該要有標題，還要標示尺度和單位，這樣讀者才有辦法解讀你給的數據。

做出結論

你的實驗結果可以支持你的假說嗎？如果沒辦法，你要如何調整假說才能讓它符合你的實驗結果呢？有的時候總結並不會直接顯現，所以你就必須要做**推論**，或是用觀察跟事實來對沒有辦法直接看見的事情提出結論。

舉例來說，如果你想要知道霸王龍都吃些什麼，那你可能會需要去找霸王龍化石附近的糞化石。

如果在糞化石裡面找到碎骨頭，你就可以推論說霸王龍會吃體型比較小的動物或恐龍當食物。需要做推論時，看些背景資料以及進行更進一步的研究會很有幫助。

做總結時也要對實驗和實驗中的發現抱持著評判的態度，我們可以思考：做測量的時候有沒有出錯？實驗的流程都正確嗎？或設備的準確度夠不夠？就算你在做實驗時都沒有出錯，實驗的結果也不會每次都相同。常數要維持恆定其實很難，可能會有不想要的變因去影響你的實驗結果。所以如果想要確定實驗的發現沒有錯，就要進行好幾次的試驗。

舉例時間：植物肥料的實驗

鮑伯想要研究一下肥料的功效。他買了三株一模一樣的植物：植物 1 會每早施肥一次、植物 2 會每週施肥一次，植物 3 的話則是當成對照組（完全不施肥）。

鮑伯每天早上都會幫所有植物澆水，而且這些植物都是放在窗臺邊，讓它們擁有相同程度的日照（所以實驗的日照跟水是常數）。

鮑伯每週都會測量一次植物的高度，並把測量結果記錄在數據表上。為了分析數據，鮑伯也把實驗結果畫成圖。他把植物的高度跟成長時間畫成了散布圖。

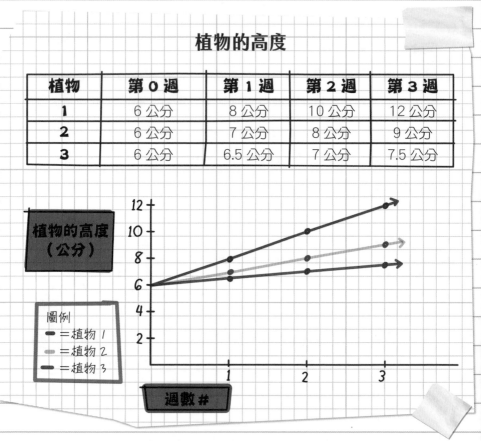

植物的高度

植物	第 0 週	第 1 週	第 2 週	第 3 週
1	6 公分	8 公分	10 公分	12 公分
2	6 公分	7 公分	8 公分	9 公分
3	6 公分	6.5 公分	7 公分	7.5 公分

植物的高度（公分）

圖例
● ＝植物 1
● ＝植物 2
● ＝植物 3

週數 #

透過數據和圖表的幫忙，鮑伯就可以得到一個結論，那就是每天施肥的植物，成長速度會是都不施肥植物的四倍。有了植物 1 長得比植物 2 快的證據，他還可以做出植物每天施肥會比每週施肥長得更快的結論。

工程設計流程

工程是科學的一個分支，主要是透過研究設計、組裝或製造以及使用機器和現成的構造來發明可以解決問題的新產品。就像科學家會使用科學探究來研究問題，**工程師**也會使用**工程設計流程**，透過發

> **工程**
> 科學的一個分支，以研究設計、組裝以及機器和現成構造的使用來發明可以解決現實生活中問題的新產品

明、設計跟創新來解決問題。舉例來說，工程師正在研發可以收集太陽能的路面材料，將這些收集到的太陽能用來點亮道路，這個創新也許可以解決很多問題，像是把道路點亮讓夜間駕駛更安全、使用了再生能源，並減少了將道路點亮的費用。可是工程師通常要依照特定的作法，才能找到這類的解決方案。

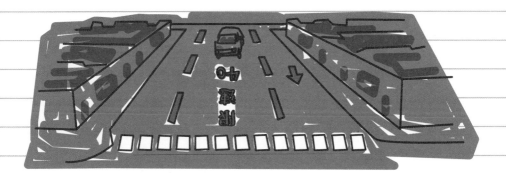

工程的主要分支有：

機械工程： 與機械動力和設計機械系統、機器和工具相關；研究力和運動。

化學工程： 研究原料和化學物質，以及找出新的材料和處理方式。

土木工程： 建築物、道路、橋，和水壩等建物的設計跟建造。

電機工程： 研究電和電路系統設計（像是電腦晶片等）。

工程的類別當然不只這些，還有像是：電腦、航空、生物醫學、汽車、製造、地質……等。

就像科學探究有特定的步驟來謹慎地回答問題，工程設計流程也會有個用來引導工程計畫的系統。工程設計流程一開始，需要一個可以靠設計來解決的問題或需求。舉例來說，海洋學家可能想探索跟了解深海的海底，但潛水員其實很難在又深又湍急的洋流中移動。這時候工程師就會對問題進行**背景調查**，決定設計開始前需要的完整**設計規格**（條件要求），並找出可能會影響設計的**限制條件**（侷限）。

有時候也會叫它設計規範

設計規格
工程師在設計中要達到的條件要求

舉例來說，工程師可能會先去了解海洋學家尋求的海床資訊有哪些。有些設計規格可能還會包含潛水員需要下潛的深度，還有洋流的流動速度之類的。工程

師也會去找出設計上的限制條件，像是在研發這個解決方法的時候有多少預算，以及哪些材料在深海中比較耐用等。

當問題已經確認，而且相關的資料也備齊了，下一步就是提出可能的解決方案。如

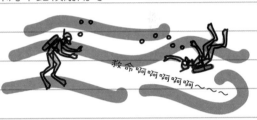

救命啊啊啊啊啊～～

果是進行科學探究，你這時就需要擬定假說，但在工程領域中你要建立一個**設計說明**，也就是去定義一個問題怎麼樣才算是解決。工程師常常要絞盡腦汁想出很多點子，還要對每個想出來的解決方案進行評估，決定哪一個最合適。舉例來說，想要解決探索深海海底這個問題的工程師，可能會想說要發明潛水員用的穿戴式馬達，或是發明能夠抵抗湍急洋流並傳送資訊的機器人。然後再想說，哪一個方法最適合？為什麼？

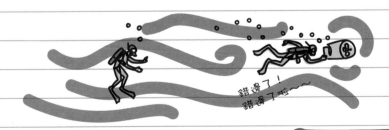

錯邊了！
錯邊了啦～～

要怎麼選擇最適合的解決方案呢？設計師在選擇最佳方案的時候，通常會用以下的通用設計標準進行考量：

堅固性（耐用度）● **費用**

美觀性（外觀）● **資源** ● **時間**

技術需求 ● **安全性** ● **簡潔度**

然後工程師就會設計跟打造解決方案的**設計雛型**——有點像是報告的初稿，用來呈現最終解決方案的大略構想。工程師會製作工程圖跟進行一些計算來打造簡單的模型，這個模型可

設計雛型

可以方便調整的初步模型

以根據成效進行調整。工程師可能會覺得模擬螃蟹外觀跟動作的海底機器人，是解決潛水員問題的最佳方案，因為機器人可以用六條腿來穩定自己的身體，還可以在上面安裝照相跟聲納的設備，將資料傳送回海面。

設計完成後，工程師就會把工程圖當成藍圖，去打造一個設計雛型。

機器螃蟹

你可以用各種不同的方式進行設計，像是圖畫、電腦模型、故事板等都可以。你也可以用像廢棄木材、玩具積木、廣告板等的各式材料去打造設計雛型；當然，也可以選擇用金屬、塑膠、甚至是 3D 列印的零件等等的先進材料來做這件事。

接下來，就是要看看設計雛型能不能在現實世界發揮功效了！工程師會反覆測試這個雛型在各種狀況的功效，他們會收集數據，了解產品在解決問題上的功效，如果功效不好，那他們可能會重新思考一些新的解決方法或重新設計這個雛型。通常工程師會將設計未達要求跟不如預期的地方進行修正。在現實生活中測試完設計雛型後，工程師就會再尋找進一步改善設計的方法，將雛型進行調整或再做一個新的設計。反覆進行這些步驟，以及不斷在過程中進行改善後，工程師就有機會找到可行的解決方法。

就像之前說的，實驗結果如果不如預期，不算是失敗；設計雛型就算在現實世界沒辦法運作，也可以給你新的發現或想法。知道哪裡有問題，才有辦法找出可行的方案。

最後，工程師會推出成品。就像科學報告終稿前的修正，工程師也會進行微調，直到設計完美為止。然後，他們會用最終決定的材料去製造成品，並介紹給大眾。（也希望可以出售他們的發明！）

工程
設計
流程

1. 定義問題。

2. 做背景調查。

3. 決定設計規格和限制條件。

4. 創造設計說明：集思廣益、評估可能的解決方案、選擇預期的最佳方案。

5. 創造設計雛型。

6. 製成設計雛型。

7. 測試設計雛型。

8. 評估設計雛型：是否足以妥善解決問題？

?

9B. 不行，那該怎麼辦？

9A. 可以？成功製造出成品並公開推出。

隨 堂 小 測 驗

連連看：把術語跟正確的定義連起來

1. 程序

2. 操作變因

3. 應變變因

4. 常數

5. 對照組

6. 推論

A. 這個條件因子會受操作變因影響。通常會是實驗觀察到的樣貌（實驗結果）。

B. 所有變因都維持固定的試驗。

C. 實驗中科學家刻意改變的變因。

D. 在實驗中保持相同的條件因子。

E. 實驗進行方式的詳細步驟。

F. 用證據對沒有辦法直接觀察到的事情提出結論。

公園裡有 25 隻鴿子、15 隻松鼠、5 隻兔子和 5 隻流浪貓

7. 把這些資料整理成表格。

8. 把這些資料用長條圖畫出來。

9. 為什麼沒有辦法用這裡的資訊畫出折線圖呢？

解答在下一頁

對答時間

1. E
2. C
3. A
4. D
5. B
6. F
7.

公園裡的動物

動物	數量
鴿子	25
松鼠	15
兔子	5
貓	5

8.

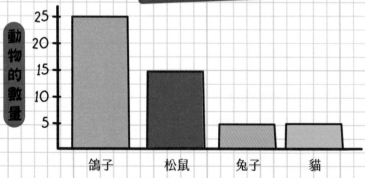

公園裡的動物

9. 沒有辦法畫折線圖是因為沒有像是時間等的數據，可以用來跟動物的數量做比較。

實驗報告 與 結果評估

跟同儕分享你的實驗結果，讓他們可以知道你的研究、進行評價以及做進一步研究都非常重要，如此一來科學知識才有辦法成長。很多方法可以分享你的實驗和發現，最常見的就是寫一份**實驗報告**。

撰寫實驗報告

實驗報告通常會包含下面的內容：

標題：讓讀者知道你在研究什麼。

目的：簡單描述實驗問題的答案。講一下「做這個實驗的目的是什麼？」或是「這個實驗想要回答的問題是什麼？」。

31

背景資訊：關鍵字的定義跟關鍵概念的說明。

假說：你在測試的預測。

材料及設備：進行這個實驗的必要材料跟設備清單。也可以用文字或插圖描述實驗的方法。

流程：描述實驗逐一的步驟怎麼進行。

所有的表格、圖都要有標題，而且要記得幫圖的座標軸進行標示。

數據：你在實驗時做的所有測量和觀察。記得要把資料用像是表格、圖表或圖像的方式，井井有條地呈現出來。最佳的測量結果會是**正確**、**精準**的。

精準性
測量的一致性和精確性

正確性
測量結果與實際值有多接近

結論： 簡單摘要一下你在實驗裡得知的事情。像是實驗結果能不能支持你的假說、有沒有錯誤，或是對進一步實驗提出問題。

有時候不太可能做到精準的測量，而且這也不太實際，因為你可能沒有正確的測量工具，或是會遇到小數點除不盡的狀況。這個時候，科學家就會用**估算**或**四捨五入**的方式來解決問題。

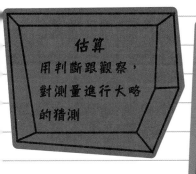

估算
用判斷跟觀察，對測量進行大略的猜測

四捨五入
給數字一個近似的數值。舉例來說，如果你要將數字四捨五入取到小數點第一位，那小數點第二位的數字是五或以上，就要進位；如果小數點第二位的數字是四或以下，那就捨棄

評估科學研究結果

當我們在讀其他科學家的發現時，要用批判性的思考方式來看待這些實驗。你要問自己：「這些觀察結果是在實驗期間還是之後紀錄的？」、「這個實驗結果合理嗎？」、「這個資料是不是可以有效證實假說呢？還是說這個資料可以有其他詮釋的方法？」、「這個實驗結果可以複製嗎？」或是「資料的來源可靠嗎？」。

並且應該還要想一下，進行實驗的科學家或團體是不是沒有偏見的。**沒有偏見**就是指和實驗的成果沒有利害關係。舉例來說，如果一個製藥公司付錢進行一個實驗來測試他們一個產品的功效，那這裡就有利害關係的牽扯了：如果實驗證明產品有效，那製藥公司就會獲利。因此，這個實驗就不是客觀的：製藥公司可能會想讓實驗結論是有效的，讓他們可以獲利。當我們評估實驗結果時，也要思考這個結論有沒有可能是有偏見的。

隨堂小測驗

1. 請描述精準性跟正確性的差異。

2. 實驗報告中的假說會寫些什麼？

3. 實驗報告中的實驗流程會寫些什麼？

4. 結論應該要涵蓋哪些資訊？

5. 為什麼要用批判性的態度來看待科學家的發現呢？請描述理由。

6. 講一個需要進行估算跟四捨五入的情況。

7. 「偏見」的定義是什麼？

解答在下一頁

對答時間

1. 精準性指的是測量結果的一致性和精確性；正確性指的是測量結果與實際或真實的值有多接近。

2. 假說描述的是你在測試的預測。

3. 流程是指依序列出進行實驗時的必要步驟清單。

4. 結論的摘要中，會討論資料能不能支持假說、相關錯誤還有對未來科學調查提出的問題。

5. 因為要確認進行實驗的人或團體有無偏見、數據似乎不合理以及／或是這個實驗結果沒有辦法複製。

6. 沒有辦法進行精確測量的時候，或是你計算的數字的小數點是除不盡的。

7. 偏見指的是利害關係讓你沒有辦法保持客觀，或沒辦法對假說進行公正的測試。

4 國際單位與度量

國際單位制度中，每種量度都有基本的單位或標準的單位。

「**SI**」是國際單位的縮寫，源自法文「國際制度 (Système Internationale)」。是不是很炫！

國際基本單位：

測定量	國際單位（符號）
長度（或距離）	公尺 (m)
質量	公克 (g)
重量（或力）	牛頓 (N)
體積（或容量）	公升 (L)
溫度	克耳文 (K)
時間	秒 (s)
電流	安培 (A)
物質量	莫耳 (mol)
發光強度	燭光 (cd)

因為我們要用國際單位來描述某人的二頭肌一圈以及地球周長，所以我們需要改變單位的大小，讓單位跟量度相符合。科學家設計了一個以十的倍數為基礎的系統，而且只要看英文字首（英文字的開頭），就可以知道要乘的倍數。有了這些字首，就可以用國際單位測量各種尺度大小的東西了：

國際單位字首
（英文縮寫／符號）

	乘數
十億 (giga / G)	1,000,000,000
百萬 (mega / M)	1,000,000
千 (kilo / k)	1,000
百 (hector / h)	100
十 (deca / da)	10
基本單位	1
分 (deci / d)	0.1
釐 (centi / c)	0.01
毫 (mili / m)	0.001
微 (micro / μ)	0.000001
奈 (nano / n)	0.000000001

世界上百分之九十五的區域，都是採用國際單位為日常的量度。

國際單位英文字首的記憶訣竅：

Great Mighty King Henry
Died By Drinking Chunky
Milk Monday Night.

（偉大的亨利國王因為在禮拜一晚上
喝了濃牛奶死去。）

國際單位轉換

因為國際單位字首的系統是以 10 的次方為進位基礎，所以單位之間的換算非常簡單。如果你想要將量度換算成比較小的，就把小數點依照位值的差異往右移動。如果你要將量度換算成比較大的，就把小數點依照位值的差異往左移。

舉例：

0.001 公里 (kilometer)
=
1 公尺 (meter)
=
100 公分 (centieter)

0.0033 公里 (kilometer)
=
3.3 公尺 (meter)
=
330 公分 (centieter)

常識題示

單位要用最適合的那個！如果測量海洋跟牛奶的時候都用相同的單位，那你用的單位就會讓計算變得很困難。（在測量海洋的時候應該要用大一點的單位！）

量 測 類 型

長度：兩點之間的距離。

體積：某一個東西所占的空間。

質量：物質在液態、固態或氣態時的量。

重量：質量受到重力所施加的力。

> 測量一個人的重量時，其實是在量這個人施加在地球的力。

質量跟重量不一樣！

質量是一個物體所有的物質數量，而重量是質量所施加的力。重量是引力（一種力）造成的，但是質量不是。舉例來說，月球上的引力比地球小，所以物體到月球上就會變比較輕。但質量永遠不變，不像重量會改變。重量是會改變的！

密度：一個體積內有多少物質。

溫度：一個東西有多熱或多冷。雖然溫度的國際單位是克耳文，但大部分的科學家會使用衍生的國際單位，也就是攝氏，來測量溫度。

> 克耳文不會使用溫度的符號。

沉下去還是浮起來？

密度比較高的東西會沉到密度較低的東西下面。把油倒進水中，油會飄在水的表面，因為油的密度比水小。石頭會沉到水中，所以它的密度比水高。水的密度差不多是 1.0，所以油的密度一定比 1 小（或是寫成 <1）；而石頭的密度則是比 1 大（或是寫成 >1）。

攝氏溫度

下面是攝氏溫度和克耳文溫度的轉換公式

$$溫度_{(K)} = 溫度_{(℃)} + 273.5 \text{ 或是 } 溫度_{(℃)} = 溫度_{(K)} - 273.5$$

克耳文溫度

※注意：克耳文度 $_{(K)}$ 不用°的符號，其他溫度計量則有，例如攝氏度 =℃

在美國，通常會用華氏（℉）來測量溫度。所以下面要教大家華氏

溫度跟攝氏溫度的轉換公式：

$$溫度_{(℉)} = (溫度_{(℃)} \times \frac{9}{5}) + 32 \text{ 或是}$$

$$溫度_{(℃)} = (溫度_{(℉)} - 32) \times \frac{5}{9}$$

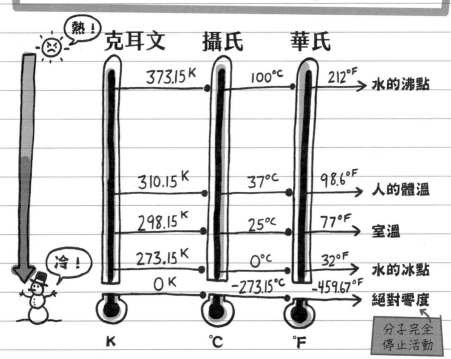

熱！

克耳文	攝氏	華氏	
373.15 K	100℃	212℉	水的沸點
310.15 K	37℃	98.6℉	人的體溫
298.15 K	25℃	77℉	室溫
273.15 K	0℃	32℉	水的冰點
0 K	-273.15℃	-459.67℉	絕對零度
K	℃	℉	

冷！

分子完全停止活動

時間：兩個事件之間的時間段，或一件事持續的時間。時間的國

際單位是秒，其他相關的單位還有：小時、日、月跟年。

測量工具

距 離

米尺：跟直尺很像，只是米尺有 1 公尺（100 公分）長。

測距輪：用來測量比較長的距離。只要把測距輪放
在地板滾動就好，每走 1 公尺，測距輪就會發出咔
咔的聲音，所以你只要記得咔咔聲響了幾次就好。

捲尺：用來測量比較難用米尺或測距輪量出來的距離，
像是一個圓形物體周圍的距離。

體 積

量筒：外面有刻度標記的圓柱，可以顯示圓柱裡有多少
液體。在讀取體積的刻度時，要從**液面**的底部開始，而
且眼睛要跟液面保持水平。

固體的體積：想要知道一個長方
型物體的體積，可以用任意一種測
量距離的工具，將這個長方形的長、
寬和高量出來，然後把得到的數字
相乘就好：

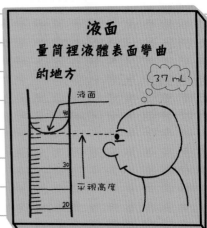

液面
量筒裡液體表面彎曲
的地方

37 mL

液面

40

30

20

平視高度

$$體積 = 長 \times 寬 \times 高$$

想知道怎麼測量其他幾何形狀的體積，可以翻翻《學霸筆記：幾何》喔！

不規則固體的體積：

最適合用來測量不規則物體體積的方法，就是把這個物體放到水中，看這個物體排開了多少的水。剛開始測量到的值，跟放下物體後測量到的值的差異，就是這個物體的體積。（下次泡澡的時候，可以看看自己排開了多少的水，那就是你身體的體積了！）

排開的體積

物體

質 量

電子天平： 只要把物體放在秤盤上，就可以讀取質量了。

雙盤天平： 這可以比較天平兩邊秤盤上物體的重量。把質量已經確定的物體放在一個秤盤上，然後把質量不明的物體放在另一個秤盤上，就能測出質量。當兩個秤盤平行時，就表示這兩個物體的質量相同。

如果你要測量的，是需要用別的容器裝著的東西，要先測量空容器的重量，而且測量完物體後，要記得把獲得的數字減掉容器的重量。

三樑天平： 使用原理跟雙盤天平一樣，不過這個天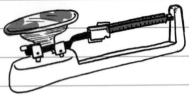
平只有一端有秤盤而已，不是兩端都是。
三樑天平有三個橫樑，每個橫樑上都有
可以滑動的重量叫做**騎碼**。

密　度

因為密度是特定體積內物質的量，所以測量某物體的體積跟質量

後，就可以用下面的算式算出密度：

$$密度 = \frac{質量}{體積}$$

時　間

要測量時間，就需要時鐘或是馬錶。如果你是

用普通的時鐘算時間，只要把結束的時間減去

開始的時間，就可以知道兩個事件間隔了多少

時間。

溫　度

溫度計可以用來測量溫度。溫度計可以是電子的或

是玻璃管內含液體的，液體溫度計裡面的液體會隨著

溫度改變體積。測量溫度時，你要讓溫度計尾端的球部泡

在你要測量的液體中間，不可以碰到容器的底部或側邊。

隨 堂 小 測 驗

1. 質量、長度跟溫度的國際單位分別是什麼？

2. 想要測量你家狗狗的高度，要用什麼工具？

3. 用量筒測量體積的時候，要從哪裡讀取液體的刻度？

4. 用哪種工具測量質量最方便？

5. 長方型物體的體積要怎麼算？

6. 請描述質量和重量的差異。

7. 50 公分等於多少公里？

8. 請寫出「體積」的定義並舉例。

9. 如果水的沸點是攝氏 100 度，那會是多少克耳文？

10. 你把一個迴紋針放到蘇打水裡面，然後迴紋針沉到蘇打水下，你可以判斷蘇打水跟迴紋針哪一個密度較高嗎？迴紋針的密度應該會是多少？2.8、1.0 或 0.3（克／毫升）？

解答在下一頁

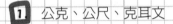

對答時間

1 公克、公尺、克耳文

2 米尺

3 從液面的底部開始

4 電子天平

5 你要先測量物體的長、寬、高，然後將測量到的三個數字相乘，就可以獲得物體的體積。（體積＝長 × 寬 × 高）

6 質量是一個物體擁有的物質數量，而重量是質量所施加的力量。

7 0.0005 公里。

8 體積就是一個東西所占的空間，像是氣泡飲料的液體體積、一份麥片的體積、或是背包的體積。

9 373.15 克耳文

10 迴紋針密度較高；可能的密度是：2.8 克／毫升

第八題的正確答案不只一個喔！

5

實驗室安全

與

實驗器材

實驗室安全

關鍵是想過再動手！進行實驗時，
保持小心跟謹慎可以讓我們避開許
多意外。

實驗室基本安全規範

衣服鞋子不穿對，就沒實驗可做！

要確定實驗室有老師或其他大人在場，並聽從他們的指示。

穿防護衣：圍裙與／或實驗衣、護目鏡及手套。這樣可以保護你的眼睛、皮膚和衣服不會被燒傷、避免化學材質翻倒或噴濺到身上以及被飛噴的物體傷害。你也要確認自己穿的衣服不會太寬鬆，避免衣服被東西勾到或燒到。

要穿能夠包覆腳趾頭的鞋子（包鞋），這樣在有東西不小心掉落或翻倒時才可以保護你的雙腳。

長頭髮要綁起來：頭髮可能會被東西勾到或拉扯，或是如果有用到火，頭髮可能會不小心燒起來。

用完化學材質以及活的或死掉的生物後，要記得洗手。

不要在實驗室裡面飲食，你一定也不希望不小心把吃的東西跟實驗室裡面的有毒化學物質混在一起吧！

實驗室要維持乾淨、整潔。把像是包包或外套等不會用到的東西收起來。

不要在實驗室奔跑或丟東西——這樣可能會害人受重傷。

安全器材

要會用這些器材跟知道它們的位置啊！

洗眼器：化學物質濺到或噴到眼睛的時候用。立即用洗眼器沖洗眼睛 15 分鐘，有時候實驗室會有用來洗眼睛的噴泉式飲水機。

耐熱手套跟坩堝夾：要拿燒杯或是器材時使用。

滅火器：用來撲滅因為電、化學物質或瓦斯產生的火焰。

滅火毯：用來撲滅人或物體上比較小型的火焰。如果有人身上著火，用滅火毯將那個人包起來，並讓那個人在地上滾動。

淋浴：如果化學物質溢出後，直接與皮膚接觸，或是穿透衣服碰到皮膚時就要去淋浴。你要把受到化學物質汙染的衣服脫掉，並在蓮蓬頭下沖水 15 分鐘。

意外難免

糟糕！雖然我們有做各種安全措施，但意外還是有可能會發生。如果有出現這樣的狀況，要趕快告訴老師或是實驗室的管理人員。

輕微燙傷：用冷水沖洗至少 5 分鐘。

實驗室失火：趕快叫大人來幫忙！大型的火災不是蛋糕上的蠟燭，是不可能用嘴巴吹一吹就會熄掉的，而且還有可能讓火勢更大。而且電氣引起的火災，是沒有辦法用水澆熄的。

身上著火：躺到地上滾動。如果可以，用滅火毯把人包起來！還有，記得趕快找大人幫忙。

水翻倒了：用拖把將地板拖乾，避免有人滑倒。

化學物質翻倒還有玻璃破掉：不要讓任何人靠近意外發生的地方，並趕快請大人來幫忙。

廢棄物處理

大多數的實驗室會在垃圾桶上貼分類標籤，讓你做垃圾分類。如果你不確定垃圾屬於哪個分類，就問一下實驗室的負責人吧！

在實驗室會遇到的有害廢棄物可以分為六大種類,每一類別都有自己專屬的標誌:

1. 生物性廢棄物:血液、黴菌、動物屍體、動物的排泄物或任何受到這些東西汙染的物品。

2. 有毒廢棄物:任何有毒物質,像是化學物品、溶液或清潔用品。

3. 放射性廢棄物:任何受到輻射汙染的東西(透過波或粒子所釋放的能量)都算是放射性廢棄物,有可能是實驗室的 X 光設備造成的。不過學校的實驗室可能不會看到這一類的廢棄物。

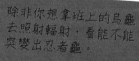

除非你想拿班上的烏龜去照射輻射,看能不能突變出忍者龜。

4. 易燃廢棄物:像汽油、溶劑或酒精等易燃燒的物品。

5. 腐蝕性化學廢棄物:像酸、鹼和舊電池等腐蝕性非常高(有害)的化學物質。

6. 尖銳物品跟玻璃器皿:破掉的玻璃,以及像是針頭或刀片等尖銳的物品。

加熱東西

不要把火源放著不管。

不要把封起來的容器拿去加熱，因為可能會爆炸。

拿熱的容器的時候，要用耐熱手套或坩堝夾去拿。

使用化學物質

不要把化學物質直接拿起來聞或拿起來嚐味道。如果要聞味道，應該用手搧聞。

在處理化學物品的時候，要記得戴手套，或穿圍裙或實驗衣。還有要避免化學物質直接與皮膚接觸。（因為可能會造成化學灼傷，**痛爆！**）

裝化學物品的容器要記得用標籤標示，千萬不要使用從沒有標示的容器中拿出來的化學物品。

使用生物性材料

絕對要記得戴手套跟穿防護衣。如果你不小心謹慎，**生物性材料**就可能會傳播**細菌**或疾病喔。**超噁的～**

就算有戴手套，實驗
結束後還是要洗手！

生物性材料
指的是生物，或生物屍體這類的
實驗材料

處理活體樣本的時候要特別小心，要提供適
合樣本的食物跟居住環境。對待活體樣本要
符合科學倫理！

細菌
是有細胞壁的
單細胞生物，
但它們沒有胞
器或完整的細
胞核。

所以……讓烏龜
變異成忍者龜可
能不是件好事

使用電

要注意電線有沒有損壞（電線損壞會造成電氣火災）。

要注意插座有接地（通常插座中間會有一個小小的紅色按鈕）或是
離像洗臉槽等的水源至少 2 公尺的距離。

要讓電器設備保持乾燥，插頭、插座或設備上不要有水，因為有可
能會造成觸電。

不要讓電線擋到路，避免自己被絆倒或勾到其他設備。

實驗室儀器與工具

加熱攪拌器

加熱攪拌器是一個爐子，而且上面有旋鈕可以控制溫度。通常，加熱試管中的液體會用水溶法加熱。

所以要有大人在場時才能用喔。

本生燈也是用來加熱物品的，不過跟加熱攪拌器不同，本生燈是燃燒瓦斯產生的火焰。也就是說，用本生燈的時候跟用加熱攪拌器一樣，要請老師或其他大人幫你點喔。

環架

本生燈

環架是用來固定燒杯、燒瓶跟試管的，通常會在加熱、攪拌或測量化學物質的時候使用。

實驗室裡面會用到很多不同的玻璃器具，大多數的玻璃都是耐熱且耐用，但是如果玻璃快速加熱或冷卻，就有可能會裂掉或碎開。

燒杯有點像是個玻璃杯子，會有一個漏嘴讓你倒液體的時候比較方便。可以用燒杯上的刻度進行大概的測量（不會最準確）。

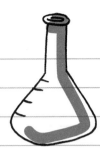

燒瓶長得跟燒杯有點像,但是它的瓶嘴比較窄,所以可以用塞子封起來。它跟燒杯一樣,瓶身有刻度可以用來做大略的測量。

試管就像是底端是圓形的長玻璃管,有點像是一個長長但中空的玻璃手指頭。

塞子是可以塞進試管或燒瓶口的橡膠頂部。有時候塞子的最頂端會有一個洞,讓你把玻璃管放進去,這樣就可以把試管或燒瓶跟其他的東西連接在一起。

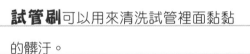

試管刷可以用來清洗試管裡面黏黏的髒汙。

玻棒是可以用來攪拌液體的玻璃棒。

漏斗可以幫助我們把全部的液體從一個容器倒到另一個容器。漏斗的形狀上寬下窄,所以可以將全部的液體匯集起來,集結成水流。

顯微鏡是可以讓你仔細看一些微小東西的工具。顯微鏡其實就是高倍率的放大鏡。

使用顯微鏡的時候，我們通常會把東西放在**載玻片**上檢查。載玻片是一片用來放置標本的平整或是有小小凹槽的玻璃。

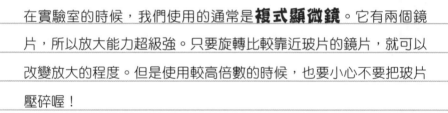

在實驗室的時候，我們使用的通常是**複式顯微鏡**。它有兩個鏡片，所以放大能力超級強。只要旋轉比較靠近玻片的鏡片，就可以改變放大的程度。但是使用較高倍數的時候，也要小心不要把玻片壓碎喔！

隨 堂 小 測 驗

1. 需要用火加熱東西時該用哪個工具？

2. 化學物質怎麼聞會比較安全呢？

3. 實驗的時候可以用什麼保護眼睛？

4. 在實驗室不能＿＿＿＿＿和喝東西。

5. 長得像燒杯，但瓶嘴比較窄的儀器是什麼？

6. 生物和死掉的生物屬於哪種類別的廢棄物？

7. 本生燈會和＿＿＿＿＿一起使用。

8. 哪個器材可以用來撲滅小型火焰或裹住著火的人？

9. 永遠不要將火源＿＿＿＿＿。

10. 使用顯微鏡的時候，會用什麼東西來放樣本？

解答在下一頁

對 答 時 間

1. 本生燈
2. 用手搧聞
3. 護目鏡
4. 吃
5. 燒瓶
6. 生物性廢棄物
7. 環架
8. 防火毯
9. 放著不管
10. 載玻片

單元 2

物質、化學反應與溶液

物質的本質及狀態

物質和原子

物質描述的是所有我們可以看到、摸到、聞到或感覺到的東西。換句話說，物質就是任何擁有質量且會占空間的東西（包括空氣以及大多數的東西）。

> **物質**
> 有質量且占空間的東西
>
> **原子**
> 物質的最小單位

物質的最小單位是**原子**。如果把金屬切成數不清的超小塊金屬，最後仍然擁有相同性質的那個超小塊金屬，就會叫做原子。

> 原子的英文「Atom」是從希臘文來的，是「沒有辦法再被切分」的意思。

> （而且那個時候的希臘人，還沒有粒子加速器喔！）

原子模型

還記得嗎？我們會用「模型」來呈現那些沒辦法直接看見的事物。

原子是由更小的粒子組成的。

質子：帶正電的粒子。

中子：電中性粒子，也就表示它們不帶電。

電子：帶負電且幾乎沒有質量的粒子。

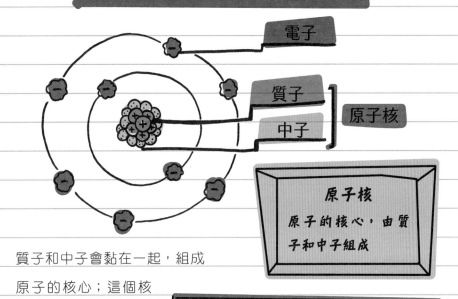

電子

質子

中子

原子核

原子核
原子的核心，由質子和中子組成

質子和中子會黏在一起，組成原子的核心；這個核心就叫**原子核**，會帶正電。電子則會依照軌道、繞著原子核轉動，不過因為速度很快，所以很難定位它們確切的位置。

現代原子模型裡的電子，呈現的方式跟我們這邊畫的原子模型不一樣，電子不是單獨一個的，是以**電子雲**的方式呈現。這個模型會顯示依照軌道移動的電子，比較可能出現在哪些地方。電子雲密度比較高的地方，找到電子的機率就比較高。

原子模型小歷史

約翰・道耳頓是第一個提出元素是由不滅的原子所組成的科學家。他認為其實有很多小到我們看不見的粒子存在，並把這些粒子稱為原子。這個理論也被稱為**物質的原子理論**。

約瑟夫・約翰・湯姆森發現原子中有帶負電的粒子（電子），並認為這些粒子會和帶正電的粒子結合在一起，就像葡萄燕麥餅乾裡面的葡萄乾一樣。

你總想負面的事啊！

拉塞福

湯姆

歐內斯特・拉塞福發現每個原子都有一個小而重的帶正電核心，並把它稱作原子核。拉塞福發現電子會隔著空間繞著原子核旋轉，並把原子核中帶正電的粒子稱為質子。他的學生**詹姆斯・查兌克**則提出原子核裡有不帶電粒子的理論，並把這些粒子稱為中子。

物理性質和化學性質的變化

東西的樣貌、觸感、氣味跟味道都屬於**物理性質**，這些特色讓我們可以輕鬆地區分物質。常被用來區分物質的物理性質有：

顏色　　大小　　密度

延、展性（東西被壓扁、塑形或擠壓的難易度）

磁性（東西是否具有磁性）

沸點跟熔點（東西沸騰跟熔化的溫度）

溶解度（東西溶於另一個物質的難易度）

物理性質上的任何變化都屬於**物理變化**，像大小、形狀或狀態
（固態、液態、氣態／蒸氣態）都是物理變化的一種。物理變化
結束後的最終成品，還是由相同物質組成的。舉例來說，你可以把
冰、雪或水蒸氣透過加熱或冷卻，重新變回水。冰、水蒸氣和水都
屬於相同物質，只是狀態不同。

化學性質指的是東西出現不同化學變化的能力。

化學變化的例子有：

可燃性（東西起火燃燒的難易度）

反應性（東西對氧氣、水和光的反應）

當這些化學性質出現任何變化，物質就經歷了**化學變化**。鐵門上面的鏽蝕，或是木頭燃燒產生灰燼都是化學變化的例子。其他化學物質的改變還包括：

> **化學變化**
> 物質變化成擁有新性質的物質

顏色的改變：像是把一片蘋果留在外面，然後它會變成棕色。

能量的改變：化學反應時，會以光或熱的形式釋放能量。

嘶嘶……

像是煙火

味道的改變： ← 腐爛的食物就是個很好的例子。

氣體或固體的形成：把醋和蘇打粉這兩種物質加在一起，通常會看到很多泡泡冒出來。泡泡，或是氣體的形成，就是成分經歷過化學變化的現象。

與物理變化相比，化學變化通常是比較不可逆的——試想一下把木頭的灰燼再變回木頭。

合成材料是非自然生成的材料。它們是天然資源經過化學變化後產生的材料。舉例來說，聚酯纖維就是一種用空氣、水、碳和石油做成的人工布料。靠酸和酒精來引起化學反應後，就會產生聚酯纖維。

質量守恆定律

就算東西在化學或物理變化後，改變
了樣貌或組成，但有一件事情仍然會
維持不變，那就是東西的所有的質量。

這個概念就叫做**質量守恆**。所以質量不會就這樣消失，它們依然
存在，只是會用像周遭氣體這樣的其他形式出現。原子們只是重新
排列，組成不同的成分。

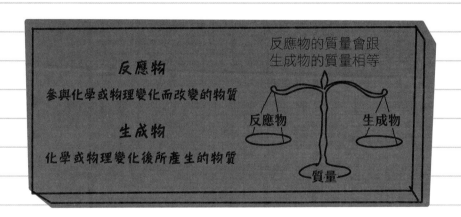

反應物
參與化學或物理變化而改變的物質

生成物
化學或物理變化後所產生的物質

反應物的質量會跟
生成物的質量相等

反應物　　　　　生成物

質量

物質的狀態

物質通常會有**三態**（或**相態**）：固態、液態、氣態（或蒸氣態）。
物質的狀態是由粒子的排列和行為決定的，粒子彼此的吸引力會讓
粒子比較靠近，而它們移動的能量可以讓粒子克服這種相吸的力。

冰塊、木頭或金屬都是**固體**，都有固

定的形狀和體積，因為這時物質的粒子

是緊密地貼在一起，不會隨意地移動，

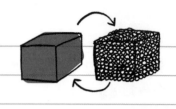

所以固體就會有固定的形狀和體積了。雖然說固體狀態下粒子還是

會前後震動，但是粒子間的吸力還是比較大！

液體會隨意流動而且形狀會跟著容器而改變，即便如

此，液體還是有固定的體積的。液體中的粒子移動的

速度非常快，快到可以超過粒子的相互吸力，不過

就算液體中的粒子可以自由移動，它們還是會黏在

一起。而液體流動的速度由**黏度**決定。黏度是流動的阻力。

氣態（或**蒸氣態**）沒有固定的體積或形狀。氣

體的形狀和大小會因為容器而改變，不過和液

體不一樣的是，氣體可以填滿任何你用來裝它

們的容器。氣體狀態下分子會分散得非常開，

而且以非常快的速度移動，因為氣態的分子會

快速移動，所以就可以克服粒子的吸引力，讓

分子能夠彼此分開來。如果你不小心讓氣球裡面

的氣跑出來，那這氣體就會均勻地散播到空氣中。

狀態	特色	粒子的移動
固態	形狀和體積固定。	會震動，但有固定的位置。
液態	形狀會改變，但體積不變。可以流動。	可以自由移動，沒有固定的位置。
氣態	形狀和體積不固定，會依照容器改變。可以流動。	粒子移動得非常快而且分散得很開。

相態的變化

物質的狀態不會永遠維持一致。壓力和溫度的變化會改變物質，這種變化就叫做**相態的變化**。

噢噢！

熔化指的是物質從固體變成液體。固體熔化的溫度就叫做熔點。熱能會讓固體熔化是因為粒子的移動增加了，當粒子受熱獲得更多的能量，就會移動得更多，直到粒子不會固定在同一個地方。

超過 100 ℃，水就會變水蒸氣。0 到 100 ℃之間，水會處於液態，而 0 ℃以下，水就會變成固體。

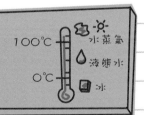

100℃ 水蒸氣
液態水
0℃ 冰

凝固是指物質從液體變成固體。當液體冷卻下來後，粒子的移動就會不斷減少，到一定程度後，粒子的運動就沒有辦法大於相互吸引的力量，於是液體就會變成固體。而液體凝固的溫度就叫做**凝固點**。

蒸發指的是液體變成氣體。當汗水乾掉消失時，就是因為蒸發或汽化了。蒸發的過程很慢，而且只會在表面（個別的分子會被碰撞到空氣中）。當水煮沸時，水就達到了從液體變成蒸氣的溫度。熱會讓液體的粒子以更快的速度移動，當粒子的移動速度大於相互吸引的力，液體就會變成蒸氣了。

凝結指的是氣體變成液體的過程。當你拿到冰涼的飲料時，玻璃杯周遭的空氣就會凝結，在玻璃的表面上形成細小的水珠。當空氣中的水蒸氣冷卻並失去能量時，粒子移動速度變慢，此時，粒子間的吸力會導致蒸氣裡面的分子黏在一起，形成液體。

有時候，在比較極端的情況下，固體會直接變成蒸氣，這個過程就叫做**昇華**。像乾冰就會從固態昇華成蒸氣的二氧化碳。而蒸氣有時候也會直接變成固體，這個過程就叫**凝華**，像是草地一夜間出現霜。

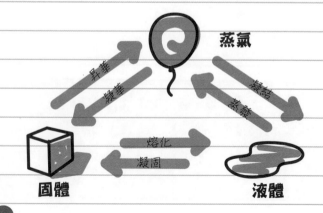

隨堂小測驗

1. 原子中帶正電的粒子是？

2. 請描述湯姆森的原子模型。

3. 如果你把蛋、麵粉和牛奶做成鬆餅，這些材料會出現什麼樣的改變呢？如果你把香蕉、草莓和優格打成一杯水果奶昔，這些材料又會出現什麼樣的改變呢？

4. 如果你把一張紙燒掉，那紙的質量會跟一開始相同嗎？會增加或減少嗎？

5. 哪些東西不屬於物質呢？請舉例。

6. 液體和氣體在粒子和體積上面有什麼不同呢？

7. 物質在達到蒸發的溫度（沸點）時會發生什麼事呢？

8. 請比較分子在固體、氣體和液體時的移動狀態。

9. 什麼是黏度？花生醬和番茄醬，哪個東西的黏度比較高？

10. 請寫下蒸發和凝結的定義。要各舉一個例子喔！

解答在下一頁

對 答 時 間

1. 質子

2. 湯姆森認為電子和質子是結合在一起的，就像葡萄燕麥餅乾裡面的葡萄乾一樣。

3. 鬆餅裡面的材料會發生化學變化，材料會變成擁有不同化學性質的新東西。水果奶昔的材料則是會出現物理變化（這些材料還是相同的，只是被切成非常小塊混合在一起而已。）。

4. 會相同，因為質量會守恆。

5. 想法、光和真空。

6. 雖然兩者的粒子都可以自由移動，但液體的粒子會黏在一起、不會完全分開，所以液體的體積會固定，可是氣體的體積就不會固定了。

7. 在沸點的時候，物質會從液體變成氣體。

8. 分子在固態的時候會震動，但是會有固定的位置。液態時分子會自由移動，但它們不會完全分開，因為這些分子沒有足夠的能量可以完全擺脫彼此的吸引力。氣態時會用很快的速度自由移動，所以可以擺脫分子間的吸引力。

9. 黏度指的是流動的阻力，花生醬流動的阻力比較高。

10. 蒸發指的是液體變成蒸氣，汗水乾掉就是一個例子。凝結則是相反的過程，指的是蒸氣變成液體，像是裝冷飲的玻璃杯表面就會形成一層水珠。

第五題的正確答案不只一個喔！

7

元素週期表、
原子結構
與化合物

元素週期表

不同原子的質子和電子數量會不同，也就造成不同的物質會有不同的化學性質。**元素**指的就是不同種類的原子，而我們現在所知道的元素總共有 118 種。每一種元素都是由特殊的原子構成的。

> **元素**
> 某種原子的類別

這些不同的元素會列在一個叫做**元素週期表**的圖表上，它會把所有的元素用小方框整理列出。每個元素都有屬於自己的**元素符號**，並用一個或兩個英文字母來呈現。第一個英文字母會是大寫，而第二個英文字母（如果有的話）則會是小寫。像氧氣的元素符號就是以 O 表示，而鋅的元素符號則是 Zn。

> **元素週期表**
> 呈現所有元素的表格

> **元素符號**
> 用來代表元素的一或兩個英文字母

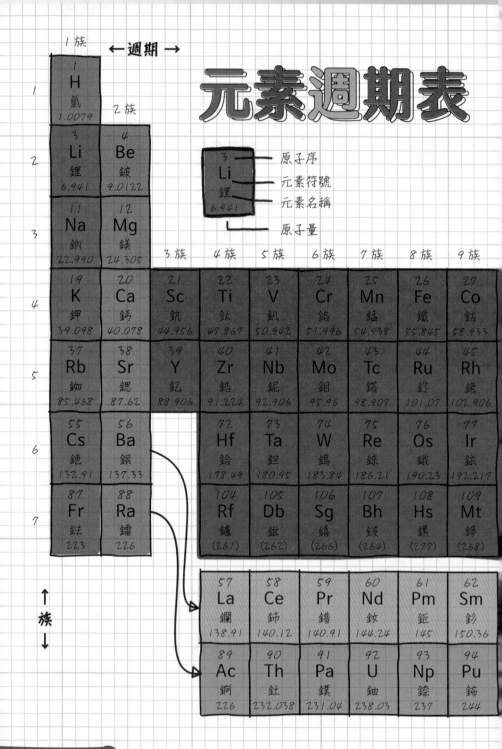

元素週期表

→ 鹼金屬	→ 鹵素（非金屬）
→ 鹼土金屬	→ 鈍氣
→ 鑭系元素	
→ 錒系元素	
→ 過渡金屬	
→ 主族金屬	
→ 類金屬	
→ 其他非金屬	

18 族
2
He
氦
4.003

13 族	14 族	15 族	16 族	17 族	
5	6	7	8	9	10
B	C	N	O	F	Ne
硼	碳	氮	氧	氟	氖
10.806	12.009	14.006	15.999	18.998	20.180
13	14	15	16	17	18
Al	Si	P	S	Cl	Ar
鋁	矽	磷	硫	氯	氬
26.982	28.084	30.974	32.059	35.446	39.948

10 族	11 族	12 族						
28	29	30	31	32	33	34	35	36
Ni	Cu	Zn	Ga	Ge	As	Se	Br	Kr
鎳	銅	鋅	鎵	鍺	砷	硒	溴	氪
58.693	63.546	65.38	69.723	72.63	74.922	78.96	79.904	83.798
46	47	48	49	50	51	52	53	54
Pd	Ag	Cd	In	Sn	Sb	Te	I	Xe
鈀	銀	鎘	銦	錫	銻	碲	碘	氙
106.42	107.87	112.41	114.82	118.71	121.76	127.60	126.90	131.29
78	79	80	81	82	83	84	85	86
Pt	Au	Hg	Tl	Pb	Bi	Po	At	Rn
鉑	金	汞	鉈	鉛	鉍	釙	砈	氡
195.08	196.97	200.59	204.38	207.2	208.98	209	210	222
110	111	112	113	114	115	116	117	118
Ds	Rg	Cn	Nh	Fl	Mc	Lv	Ts	Og
鐽	錀	鎶	鉨	鈇	鏌	鉝	础	鿫
(268)	(268)	(28)	(284)	(289)	(288)	(293)	(294)	(294)

63	64	65	66	67	68	69	70	71
Eu	Gd	Tb	Dy	Ho	Er	Tm	Yb	Lu
銪	釓	鋱	鏑	鈥	鉺	銩	鐿	鎦
151.96	157.25	158.93	162.50	164.93	167.26	168.93	173.04	174.97
95	96	97	98	99	100	101	102	103
Am	Cm	Bk	Cf	Es	Fm	Md	No	Lr
鋂	鋦	鉳	鉲	鑀	鐨	鍆	鍩	鐒
243	243	247	251	(252)	257	258	259	(262)

元素週期表上的每個小方框都含有跟元素相關的訊息。最上面的是 **原子序**，而最底下的則是 **原子量**。

3
Li
鋰
6.941

── 原子序
── 元素符號
── 元素名稱
── 原子量

也等於電子的數量

元素週期表是由縱向和橫向的欄位排列的，橫向的欄位叫做 **週期**，縱向的欄位則叫做 **族**。元素是依照原子序去排列的，所以每往右一格，那個元素就會再多一顆電子和中子，舉例來說，氫的原子序為「1」，氦的原子序為「2」，以此類推。同一個族的元素（縱向欄位）會有相似的化學和物理性質。

原子序
代表的是原子所含的質子數量。元素會用它們的原子序表示差異，這是因為每個元素所含的質子數量都不同

原子量
元素裡一個原子平均的質量

週期
元素週期表上橫向欄位所指的元素

族
元素週期表上縱向欄位所指的元素。同一個族的元素有著相似的化學和物理性質

原子結構和能階

原子的原子核內含有帶正電
的質子和不帶電的中子，而
由帶負電的電子所組成的電
子雲會在周遭環繞著。電子
會依軌道在原子核周遭以

德米特里・伊凡諾夫・
門得列夫

俄羅斯科學家，於
1869 年發明元素
週期表。

極快的速度繞行。因為電子不斷地在移動，所以我們很難判斷電子
的確切位置，不過科學家們可以推測可能發現電子的特定區域。因
為電子會依軌道繞行原子核，所以會在原子核旁形成一種環狀的區
域。

這些不同的環狀區就叫 **能階**，環狀區越靠近原子核，能階就越低，
而離原子核越遠，能階就越高。因為電子會受到原子核的吸引（要
記得 + 和 − 的力會相吸喔！），所以電子越靠近原子核，移動就
會越困難。最靠近原子核的能階，最多可以容納 **2** 個電子；這之後
的能階則最多可以容納 **8** 個電子。舉例來
說，氧氣的第 1 個能階有 **2** 個電子，而
第 2 個能階有 **6** 個電子。

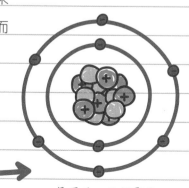

氧原子 = 8 個電子

同位素

雖然相同元素的原子會有相同數量的質子，但它們的中子數量卻會不同。中子越多這個原子就越重！這種元素相同但中子數不同的原子，就叫做**同位素**。原子量其實就是一個元素的同位素的平均重量。

> **同位素**
> 元素相同但中子數
> 不同的原子

中性元素和離子

中性元素中的質子數量會和電子數量相同，也就會達到正負電平衡，讓元素變成中性。

原子最開始都屬於電中性。因此，如果你知道一個元素的原子序，就可以知道這個元素質子和電子的數量了。而且如果你想要知道一個原子裡面有多少個中子，只要把原子量減掉原子序，就會知道答案了！

3
Li
鋰
6.941

原子序：質子的數量，也是電子的數量

平均原子量

$6.941 \cong 7$（四捨五入至整數）

$7-3=4$ （原子量減原子序）

所以鋰原子有 **4** 個中子

原子量 – 原子序 = 中子的數量

如果我們把平均質量四捨五入成 **7**，就會知道中子和質子相加起來的數量是 **7**。而且因為我們已經從原子序上面，知道鋰的原子序是 **3**，就可以算出來中子是 **4** 啦！

用這些資料，就可以畫出原子模型

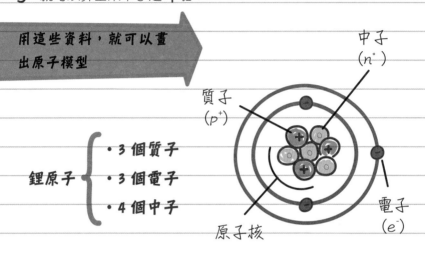

中子
$(n°)$

質子
(p^+)

鋰原子
- 3 個質子
- 3 個電子
- 4 個中子

電子
(e^-)

原子核

如果原子有帶電，就會叫做**離子**，這個時候原子中電子的數量可能就會比質子更多或更少。如果原子帶負電，電子的數量就比較多（質子比較少）。如果帶正電，那質子的數量就比較多（電子比較少）。

我失去了一個電子！

你確定嗎？

沒錯！我現在超正的！

分子和化合物

兩個或好幾個數量的原子結合時，就會形成**分子**。

分子常常會跟其他分子相連，變成**分子化合物**。

結構最簡單的分子化合物有兩個原子，叫做**雙原子分子**。

「雙」指的就是兩個。

氮氣（N_2）和氧氣（O_2）是兩種很常見的雙原子分子。

我們可以用這種簡單的模型，來呈現不同分子的原子組成結構。如果想要酷一點，也可以用電腦去做3D模型。

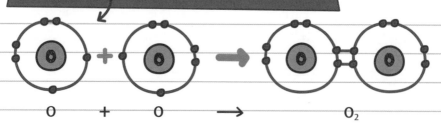

O　　　+　　　O　　→　　　O_2

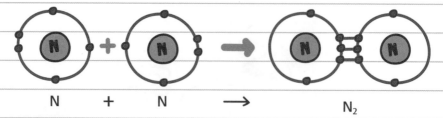

N　　　+　　　N　　→　　　N_2

化合物的性質和個別元素的性質是不同的，水如果變成
2 個單獨的氫原子和 1 個氧原子，就不會有水的樣子了。

原子為什麼會形成化合物

原子會想要處於穩定的狀態。許多原子要和其他原子相連，才會變
穩定，這就表示要捨棄或增加電子，甚至是和其他原子共享電子。

電子雖然會往各個方向移動，但還是會受到原子核周遭**電子殼層**的
限制，當來自不同原子的電子結合在一起時，就會形成**化學鍵**。化
學鍵就是把原子固定在一起的力量，只有在最外層（**價殼層**）的電
子才會形成鍵。**價電子**是最先產生反應的部分，並且它會決定化學
反應如何進行。

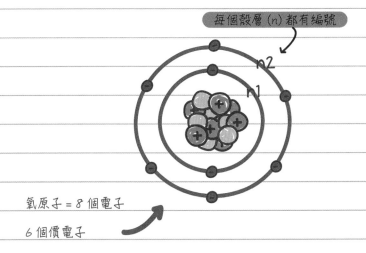

每個殼層（n）都有編號

氧原子 = 8 個電子

6 個價電子

化學式要怎麼寫

每個化合物都有特定比例的元素。如果把化合物想成一道菜，那**化**

學式就是這道菜的食譜，會列出需要的材料跟數量。在化學式中，

元素都會用化學符號表示，也就是說，會用一兩個英文字寫出來。

化學符號下面還會用下標（出現在字右下方，字體較小的數字、文

字或符號）來表示原子的數量。

舉例： 糖有 **12** 個碳（C）、**22** 個氫（H）和 **11** 個氧（O）原
子。所以它的化學式就是 $C_{12}H_{22}O_{11}$。

隨 堂 小 測 驗

1. 我們現在已知的元素有多少種？

2. 我們可以用＿＿＿＿＿＿＿來區別元素，因為每個元素的質子數量都不同。

3. 元素週期表上縱向的欄位叫做什麼？同欄位的元素有什麼共同性？

4. 2 個或好幾個原子結合在一起，會形成什麼？

5. 什麼是原子量？

6. 如果一個元素的原子序是6，而它的原子量是15，那這個元素有多少個中子？

7. 什麼是同位素？

8. 什麼是化學鍵？

9. 原子為什麼會相互結合？

解答在下一頁

對答時間

1. 118

2. 原子序

3. 元素週期表上縱向的欄位叫做族，同一個族的元素都有著相似的物理和化學性質。

4. 分子化合物

5. 原子量是指一個元素的原子通常擁有的平均質量，也是質子和中子相加後的數量。

6. 9 個中子 (15 - 6 = 9)

7. 同位素是元素相同但中子數量不同的原子。

8. 原子共享電子的時候會形成化學鍵。

9. 原子會變成化學鍵是因為電子結合成對後會變得穩定。

溶液 與 液體

物質、混合物和溶液

純物質是無法更進一步分解成其他更簡單成分的東西，而且物理
變化也不會影響到它的組成。物質是由單一化合物組成的。舉例來
說，水 (H_2O) 就是一種物質，不管水經過什麼樣的物理變化（像是
結冰或是沸騰），水的組成結構還是 H_2O。

混合物跟純物質相反，是由沒有化學鍵連接的不同物質混合成的。沙拉醬就是用像油、香草和檸檬汁等的不同東西混合而成的。

例如沙拉就是一種混合物。

混合物可以分成兩種：

1. 非勻相混合物 (Heterogeneous Mixture)： 物質沒有均勻混合的混合物。沙拉就是一種非勻相混合物，所以不管你把沙拉攪拌多少次，在吃的時候，每一口嚐起來味道都會不同。

> 「Hetero」是希臘文，意思是「不同的」。所以加了這個字的混合物就有不同的部分，不會一樣。

2. 均勻混合物 (Homogeneous Mixture)： 每個物質的分子都均勻混合的混合物，所以你在混合物中不會看到不一樣的部分。糖溶解在水中就會形成均勻混合物，你沒有辦法在水中看到糖，只會看到含有這兩個物質分子的液體。

> 「Homo」是希臘文，意思是「相同的」。所以加了這個字的混合物看起來都會一樣。

我們有時候也會稱均勻混合物為溶液。**溶液**是由**溶質**和**溶劑**組成的。被溶解的物質叫做溶質，用來溶解溶質的物質就叫做溶劑。舉例來說，有些運動飲料就是由水（溶劑）和運動飲料粉（溶質）組成的溶液。

溶液
均勻混合物

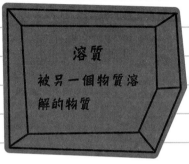

溶質
被另一個物質溶解的物質

溶質

溶劑

溶劑
用來溶解溶質的物質

溶解度

溶解度說的是物質在另外一個物質溶解的能力。不過溶解度會因為很多因素而不同：

溫度是其中一個因素：通常水溫比較高的時候，固態溶質會比較容易溶解，這就是為什麼糖在熱水裡比較容易溶解。

氣體也可以溶解到液體中

像碳酸化這類氣態溶質的溶解就和固態溶質相反，氣體遇到溫度較低的液體會比較容易溶解。碳酸飲料如果是冰的，就比較容易維持氣泡感，因為氣體比較容易溶解在冰冷的液體中。

氣壓和溶液中其他溶劑的**濃度**也會影響溶解度。

濃度

溶液的**濃度**指的是溶液裡含有多少溶質。**濃溶液 (rich solution)** 中有很多溶質，而**稀溶液 (dilute solution)** 所含的溶質就很少。像是運動飲料這種溶液濃度高時，喝起來就會既酸又甜，但是稀釋過後喝起來就會淡得像水。

通常鋁箔包的果汁飲料包裝旁邊都會寫果汁的濃度，果汁飲料的果汁濃度如果是 7%，就表示這個飲料裡面只有百分之 7 是果汁，其他成分則是像水或糖這類的東西。

壓力

流體指的是所有會流動的東西，液態或氣態的東西都可以是流體。流體跟其他形態的物質一樣，會對周圍產生**壓力**或推力。舉例來說，氣球裡面的空氣就會在氣球的內側產生壓力，讓氣球充氣、鼓鼓的。另外，大氣也會對氣球的外側產生壓力，所以只要氣球內部的壓力比外部的壓力還要大，氣球就會維持飽滿。壓力與施力及施力的區域成比例，固定面積下，施力越大壓力就越大，面積越大壓力就越小。

$$壓力 = \frac{力}{面積}$$

常用來描述壓力的單位有**帕 (Pa)** 或**大氣壓 (atm)**。大氣作用於地球

海平面的壓力就是 1 大氣壓，但隨著高度越高，空氣中的分子就越

少，壓力也就跟著變小。開車到很高的山上時，會覺得耳鳴是因為

低和高海拔間的壓力出現改變。這同

時也是為什麼在山上時，水煮滾的

沸點會變低的原因：能夠固定分

子的壓力變輕了，分子要

逃跑就比較簡單啦。

身上的重量比較小

身上的重量比較大

作用在一個物體上的壓力，主要取決於物體上的水或空氣的分子有

多少。就拿一疊書當例子好了，最底層的那幾本書會被很多書壓

著，所以承受的壓力就會比較大。如果深入水底，感受到的壓力會

比在水面高也是因為這個原因喔！

隨 堂 小 測 驗

1. 請寫出「物質」的定義。

2. 珍珠麥牛肉湯應該是屬於哪種混合物？

3. 如果作用的力維持不變，那面積變 _____ 時壓力就會變大。

4. 越往海的深處去，壓力就會越 _____ 。

5. 溶液的濃度指的是什麼？

6. 水、空氣和油等的任何可以流動的東西，會被稱為 _____ 。

解答在下一頁

對 答 時 間

1. 物質是無法更進一步分解成其他更簡單成分的事物，而且物理改變也不會影響到它的組成。

2. 非均勻混合物

3. 小

4. 大

5. 濃度就是溶液裡含有多少溶質。

6. 流體

單元

3

嘿咻！！

運 動 、 力
與 功

運動

運動

運動指的是位置的改變。運動存在於我們生活的各個層面，像翻動這本筆記本、地球繞著太陽旋轉都算是種運動。不管什麼時候，只要你的位置改變了，你就是在運動的狀態。

相對運動

如果你站在路上，有一臺卡車以每小時 40 公里經過，那對你來說，那臺車就是以每小時 40 公里在路上移動。但是，如果你也坐在一輛車上，並以每小時 40 公里在路上與卡車並行在一起，就不會覺得那臺卡車有在移動。簡單來說，**運動是相對的概念**，是用來描述跟**參考點**之間的關係。

舉例來說，地球在赤道處每小時旋轉超過 1,600 公里，但是我們看不到、也感受不到地球在轉動。你知道為什麼嗎？因為我們眼前的一切都跟著地球在轉動，所以從我們所在的參考點來看，是沒有任何東西在動的。

速率和速度

速率指的是物體在一定時間內移動的距離，計算的公式是：

$$速率 = \frac{距離的變化}{時間的變化}$$

在國際標準單位中，距離和時間的測量單位分別是**公尺 (m)** 和**秒 (s)**，所以速率的測量單位，就會是**公尺／秒 (m/s)**。

事物在運動時，不會一直維持相同的速率：事物的速率會改變，在移動的起點和終點之間，它的移動可能會變快或變慢。這種狀況下，我們就要用**平均速率**去做計算，也就是用事物移動的總距離，除以移動所花的總時間。**瞬時速率**則是指某個特定時間點的速率，像奧運的短跑選手以 10 秒鐘完成百米賽跑的時候，我們會覺得選手就是以每秒 10 公尺的方式在往前，但這其實只是選手的**平均**速率。選手在接近終點時可能跑得更快。

速度

速度和速率有點像，只是速度是有方向性的。如果你原本是以每秒 2 公尺的方式在慢跑，然後你突然轉身，以每秒 2 公尺的方式往反方向繼續慢跑，那這個時候，雖然你換方向前後的慢跑速率都相同，但你的速度就不是那麼一回事了。你剛開始是以每秒 2 公尺的方式往前，接下來則是以每秒負 2 公尺的方式慢跑。雖然跑步的速度會相同，但方向卻不同。

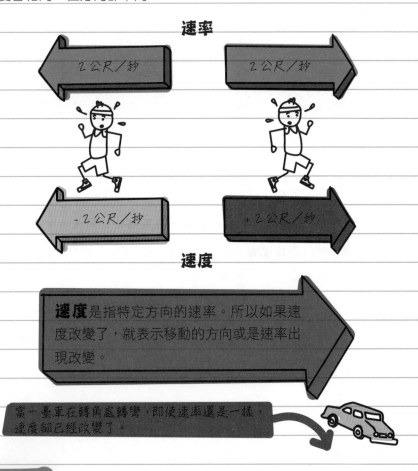

速率

2公尺／秒　　　　　2公尺／秒

-2公尺／秒　　　　　+2公尺／秒

速度

速度是指特定方向的速率。所以如果速度改變了，就表示移動的方向或是速率出現改變。

當一臺車在轉角處轉彎，即使速率還是一樣，速度卻已經改變了。

加速度

速度隨著時間改變的量就叫做**加速度**。當一個物體的速度改變，它就是在加速。以下是幾個會讓物體加速的原因：

移動變快

移動變慢，或

改變方向

加速度的公式：

$$加速度 = \frac{末速度 - 初速度}{時間}$$

末速度和初（起始）速度通常都會是以**每秒公尺 (m/s)** 測量，而時間則是以**秒 (s)** 測量。所以加速度的測量單位就是**公尺／平方秒 (m/s²)**。

因為計算速度時要考慮方向，所以算加速度的時候也要。因此當你的車子在轉角轉彎（就算速率維持相同），你會感受到加速度，就好像有一個假想的力量要把你往轉角外側拋一樣。

好擠！

加速度如果和物體移動的方向相同，就會是正向的；當加速度是正向的時候，就表示物體的移動在加快。如果加速度和物體移動的方向相反，就會是負向的；也就表示物體的移動在變慢。所以說，負加速度也可以叫做**減速度**。

剎車	油門
（「減速度」）	（「加速器」）

隨　堂　小　測　驗

1. 速率的計算公式是什麼？

2. 海豚 8 秒游了 56 公尺，海象 6 秒游了 30 公尺，那海豚跟海象，哪個游得比較快呢？

3. 請解釋為什麼運動是種相對的概念，並舉例。

4. 如果想要知道物體的速度，需要有哪些資訊呢？

5. 如果用相同的步伐繞著一個正方形街區走一圈，那你的速度會改變幾次？速率又會改變幾次呢？

6. 如果有個卡車司機一開始以每小時 30 公里行駛在路上，接著她迴轉，繼續用每小時 30 公里的方式往反方向行駛，那麼方向改變之後卡車的速度跟速率有改變嗎？為什麼？

7. 如果蜜蜂用相同速率繞圈飛行，那蜜蜂是在加速嗎？

8. 會讓物體加速的原因是哪三個呢？

解答在下一頁

對 答 時 間

1 速率 = 距離的變化／時間的變化

2 海豚的速率 = $\dfrac{56\ 公尺}{8\ 秒}$ = 7 公尺／秒

海象的速率 = $\dfrac{30\ 公尺}{6\ 秒}$ = 5 公尺／秒

海豚游得比較快

3 因為我們需要相對的參考點來描述運動，所以它是相對的。舉例來說，我們看不到地球在轉動是因為周遭的所有事物（包含我們自己）都跟著一起轉動。

4 需要知道速率和運動的方向。

5 速度會改變 4 次（因為繞著街區走一圈時，每邊走的方向都會不同）。但因為走路時的步伐都相同，所以速率不會改變。

6 駕駛的速度會出現改變，因為駕駛改變了開車的方向。不過她駕車的速率並沒有改變。

7 沒錯，蜜蜂是在加速喔！這是因為加速度講的是速度在每時間單位的改變，既然蜜蜂不斷在改變方向，那蜜蜂的速度和加速度也就不斷在改變了。

8 物體移動變快、改變方向或移動變慢就會出現加速度。

第三題的正確答案不只一個喔！

力與牛頓運動定律

力

是什麼讓東西移動呢？是什麼讓汽車的移動變快呢？腳踏車的輪胎又為什麼會轉呢？這些問題的答案都是：**力**。推或拉都算是一種力，而且如果你想要改變物體的運動，就需要力。我們作用在腳踏車踏板上的力會讓輪胎轉動。另外，汽車運動的力則是來自引擎。

力是有**等級**（大小）和方向的。力可以讓一個物體運動，或是改變物體運動的速率和方向。運動指的不一定是從一個地點移動到另一個地點，也可以是在說形狀的改變。如果用手出力捏一個空的飲料罐，這個飲料罐會被你捏扁：這時候雖然你還沒有把罐子丟到回收桶，可是罐子因為形狀改變所以已經出現運動了。

淨力

有時，作用在物體上的力可不只一項喔！像你把冰箱上面的磁鐵拔下來的時候，就會出現兩種力，分別是：讓磁鐵黏在冰箱上的磁力，和你施加在磁鐵上面的力。這兩種作用在物體上的力合在一起，就叫做**淨力**。想要求物體的淨力，只要把作用在物體上的力都加起來，就可以得到答案了。

力 + 力 = 淨力

力和速度與加速度一樣，都是有分方向的。所以啊，計算淨力的時候，要記得把方向一起算進去。如果力的方向都一樣，那就是把力相加；但如果力的方向相反，就要把力相減。

艾薩克・牛頓

力是**艾薩克・牛頓**發現的，所以測量力的單位就是以牛頓的名字來命名。力的國際標準單位是牛頓 (N)。1 牛頓是要使質量為 1 公斤的物體加速度為 1 公尺／平方秒 (1 m/s²) 時，所需要的力：

$$1 \text{ N} = 1 \text{ kg} \times 1 \frac{m}{s^2}$$

其實，要克服地心引力把蘋果拿在手上，就需要大約 1 牛頓的力。

力與運動

牛頓發現了力和運動，於是就提出了**運動定律**這個概念來描述宇宙間物體的移動。

牛頓第一運動定律

除非物體有受到淨力影響，否則：

運動中的物體會一直維持運動，

靜止中的物體會一直保持靜止。

例如現在有顆足球躺在草地上，那除非這顆球有受到外力（像是有人去踢球），不然就會一直躺在那邊。當這顆球在運動時，除非有外在的力作用在足球上（像是草和足球間的摩擦力、空氣阻力、引力或另一個球員用腳把球擋下來），不然球就會持續維持運動。相反的，如果你在太空中把球踢出去，球就會一直一直往前滾（直到其他恆星或行星的力改變了它的運動路線）。

慣性和動量

物質不喜歡改變它正在做的事情。如果物質在運動，它就會想要一直保持運動，但如果它是靜止的，就會想要一直保持靜止。**慣性**指的就是物質對運動狀態改變的抵抗。除非有外力，不然物質會維持靜止或不斷運動。這就是為什麼牛頓的第一運動定律，也被稱為**慣性定律**的原因。

質量比較大的物體有比較多慣性。你可以在心裡想像接住一顆網球和一顆籃球的情況：如果兩顆球都有相同的速度，那要把網球的運動擋下來會比較簡單，因為網 球的質量比籃球小。

動量用來代表運動的劇烈程度或要將物體停下的難易程度。你可以用下面這個公式來計算動量：

$$動量 = 質量 \times 速度$$

動量守恆

一群物體的動量在碰撞前後會相同。舉例來說，打撞球時，母球的部分動量會移到它打到的那顆球上，而在這個系統的總體動量會維持相同（但少許的能量會在球碰撞時轉成熱能）。**動量守恆定律**可以用來預測不同質量物體的速度，以及物體碰撞前後的速度。

牛頓第二運動定律

牛頓第二運動定律：
物體的加速度會等於
作用在物體上的淨力除以物體的質量

基本上，牛頓第二運動定律就是在說，作用在物體的力越大，它的加速度就會越大。這個定律也提到，物體的質量越大，就需要更多的力才能產生加速。力和加速度之間的關係，常常會用下面的公式描述：

淨力也可以簡寫成 $F_{net.}$ 喔。

$$\text{加速度 (a)} = \frac{\text{淨力 (F)}}{\text{質量 (m)}}$$

我們也可以用代數的概念，將公式重新排列來算出淨力：

$$\text{淨力 (F)} = \text{質量 (m)} \times \text{加速度 (a)}$$

想像一下自己用相同的力氣去推一臺賣場的購物車和一臺汽車。如果你出的力都相同，那購物車會快速往前移動，但汽車卻會留在原地。所以當施力是相同時，質量較大的物體加速度就會比較小。

力會讓一樣東西變快或變慢，我們可以用下面的概念來做判斷：

> 當淨力（也就是加速度）和速度的**方向是相同**的，物體就會**加速**。

> 當淨力和速度的**方向是相反**的，物體就會**減速**。

順風騎腳踏車時，淨力與前進的方向是相同的，所以你就會往前加速。

提醒一下，加速度 = $\dfrac{\text{末速度} - \text{初速度}}{\text{時間}}$

加速度和力是有關係的，因為速度是種運動，而運動是由力產生的。

不平衡力

逆風騎腳踏車時，淨力與前進的方向是相反的，所以你的速度就變慢了。

平衡力

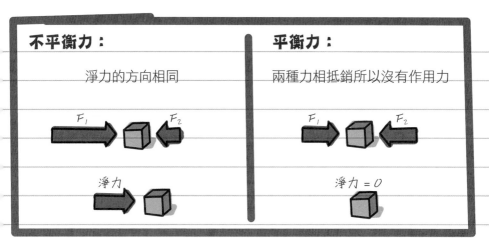

不平衡力：

淨力的方向相同

F_1 F_2

淨力

平衡力：

兩種力相抵銷所以沒有作用力

F_1 F_2

淨力 $= 0$

牛頓第三運動定律

牛頓第三運動定律：

力會成對出現：只要有作用力，就會有相等的反作用力。

假設你把一顆保齡球拿在胸口後，再往前丟，這顆球可能會被往前拋好幾公尺，但球同樣也會把你往後拋。牛頓第三運動定律就是指像這樣子的一對相同大小但相反方向的力。

這就是在說：作用在保齡球的力和作用在你身上的力的大小是相同的。

這些**成對的力**也被稱為**作用力與反作用力對**，它們的大小相同，但方向是相反的。像是你跳到彈簧床時會對彈簧床施力，彈簧床也會對你施以相反的力，把你推到空中。

跑步也含有牛頓第三運動定律的概念，當你一腳踩在地上，就會對地球施力，相反的，地球也會對你施以反作用力，把你往前推。但既然我們對地球出力了，地球為什麼不會移動呢？還記得我們之前講的牛頓第二運動定律嗎？

物體的加速度會等於作用在物體上的淨力，除以物體的質量。

因為地球實在太巨大了，讓我們加速往前的那種力，對地球來說根本不會有什麼影響（但還是存在喔）。

隨堂小測驗

1. 請描述「平衡力」和「不平衡力」的差別。

2. 你和弟弟正在玩拔河，你出的拉力是 15 牛頓，弟弟出的拉力則是 10 牛頓，那這樣淨力是多少呢？

3. 什麼是牛頓第一運動定律？

4. 如果一個 2,000 公斤的車子加速的速率是每秒 3 公尺，那引擎作用在車子上的力是多少呢？

5. 什麼是牛頓第二運動定律？

6. 力的單位是什麼？1 單位的力定義是什麼？

7. 什麼是牛頓第三運動定律？

8. 請解釋為什麼你往上跳到空中時，你的位置移動了，但地板卻不會移動？

解答在下一頁

對 答 時 間

1. 不平衡力的淨力方向相同，平衡力會相抵消，所以沒有淨力。

2. 15 牛頓 - 10 牛頓 = 5 牛頓

3. 運動中的物體除非有受到淨力影響，否則會一直維持運動，靜止中的物體除非有受到淨力影響，否則會一直保持靜止。

4. 淨力 (F) = 質量 (m) × 加速度 (a) = （2,000 公斤）×（$3 \frac{m}{s^2}$）
   = 6,000 N

5. 物體的加速度會等於作用在物體上的淨力除以物體的質量。

   $$a = \frac{F_{net}}{m} 。$$

6. 力的單位是牛頓。1 牛頓 = 1 公斤 × $\frac{m}{s^2}$

7. 力會成雙出現：每個動作，都會伴隨著相等的反作用力。

8. 雖然你對地球施加的力和地球對你施加的力相同，但因為你和地球的質量不同，所以產生的加速度就不同了。地球施加在你身上的力夠大，可以把你送到空中，但是你對地球產生的力實在太微不足道，沒辦法撼動、讓它遠離你。

引力、摩擦力與更多日常生活中的力

日常生活的每個地方，都有力的存在。

引力

引力 不僅是讓物體掉到地上的力，更會對所有質量產生作用。引力是任何有質量的物體間存在的吸引力。引力的大小會受到質量和質量間距離的影響，質量越大引力就越大。除此之外，越靠近你的物體，拉你的引力就越大。可是如果引力會影響所有物體，為什麼我們走在路上不會被房子的引力拉過去？地球上物體間的引力實在是太過微不足道，所以我們根本感覺不到──尤其是這個力量根本就無法和地球的引力相比！

引力只會產生拉力，不會有推力

109

引力也是讓地球繞著太陽運行的原因。太陽的質量非常大，所以會對整個太陽系產生很大的引力，讓太陽系中連地球在內的行星都繞著軌道運行。

為什麼繞著太陽運行的星球不會被太陽拉過去呢？因為，雖然太陽有引力，但其他行星同時也會往旁邊移動。就像是如果你把溜溜球往自己的身邊甩出去時，因為你拉著溜溜球的線，所以會把溜溜球往自己的身體拉過來（這就好比是太陽的引力），可是往側面的運動，會讓溜溜球繞著相同的圈圈甩動。

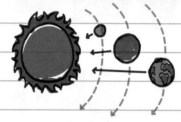

重量

我們用**重量**來衡量引力，重量會受到重力加速度和物體質量大小影響。如果你將兩個物體放在一個秤上，質量較大的物體就會比較重。

質量並不會因為地點而出現改變，可是重量則相反，因為引力會根據你所在的地方不同而改變。舉例來說，月球上的引力比地球上小（引力的大小是由質量決定，因為月球比地球小，所以引力也就比較小。），所以相同的物體到了月球上，重量就會比在地球上小（大約是地球的 $\frac{1}{6}$）。

因為引力會把你拉向地球，所以會有一個往地面的等加速度。地球的引力大約是 **9.8 m/s²**，所以當你把東西往空中拋，東西往上的

速度會慢慢減緩，最後在半空中停止，並不斷加速掉回地上，直到掉落到地面為止。

這就是：負加速度

摩擦力

牛頓第一運動定律說除非受到淨力影響，

不然運動中的物體會一直持續運動。如果你把這本筆記放在桌上推出去，書往前的速度會變慢，然後停下來。那影響這本筆記的淨力是什麼呢？就是**摩擦力**！這是由不同表面接觸時產生的相反運動方向的力，而且這個力的方向跟運動的方向永遠相反。就像玩滑板時，因為人行道和滑板的承軸之間產生摩擦力，輪子的轉動就會逐漸變慢。

基本上，表面越粗糙，摩擦力就越大。砂紙會比普通的紙還要難推動，因為砂紙的表面比較粗糙，所以摩擦力就比較大。相反來說，如果你在砂紙表面抹油，就可以減少它的摩擦力了。而我們的體內也有能減少摩擦力的機制：膝蓋裡有液體來減少關節間的摩擦。

空氣和水也會有摩擦力。用來描述空氣摩擦力的術語就叫做**空氣阻力**。因為空氣阻力會阻擋向下掉落的動作，所以羽毛從空中落下時才會左右飄動。

因為摩擦力是表面接觸時出現的相反運動方向的力，因此物體接觸的表面積越大，產生的空氣阻力就越大。

摩擦力的其他類型：

靜摩擦： 兩個沒有在運動的表面之間的摩擦力。靜摩擦力是兩個表面上的分子彼此相互附著時所產生的力。

沒有運動

力 → ← 靜摩擦力

滑動摩擦： 亦稱為**動摩擦力**，是一種會在運動中影響表面的摩擦力。當你推一個箱子時，阻礙運動的摩擦力就叫做滑動摩擦力。因為表面不會像靜摩擦時那樣一直相連結著，所以滑動摩擦力會比靜摩擦力小。

嘿咻！

滑動

力 → ← 滑動摩擦力

滾動摩擦： 不同表面之間的摩擦；像輪胎或球這樣的物體，在一個表面上滾動時產生的。滑板的輪子和人行道之間的摩擦就是滾動摩擦力。滾動摩擦力比滑動摩擦力還要小，所以我們要移動有輪子的東西就會比較簡單！

滾動

← 力　　滾動摩擦力 →

終端速度

物體掉落到地上時，會有兩個力作用在上面：引力和對抗
運動的空氣阻力。空氣阻力和作用在物體的引力相同時，
物體上就沒有淨力了，力量達到平衡。沒有淨力時，物體就會停止
加速，並以恆定速率往下掉落。**終端速度**就是引力和空氣阻力相等
時的速率，這種速率會受到很多因素影響，像是物體的表面積、質
量、前進的方向等，甚至連空氣的厚度也是影響的因素！

磁力和電力

玩磁鐵的時候，你會感覺到相吸或相斥的力量。**磁鐵**是會受到鐵、
鋼或其他磁鐵吸引的物質。磁鐵有正極跟負極，← 有時候會叫北極
（N 極）和南極
（S 極）。
不同的極性會**相互吸引**，相同的極性會**相互排**
斥，所以當你把正極跟負極放在一起，就會有互拉的**磁力**。如果你
把負極對負極，或正極對正極，那磁鐵就會出現相斥的力量（磁鐵
會把另一個磁鐵推開）。

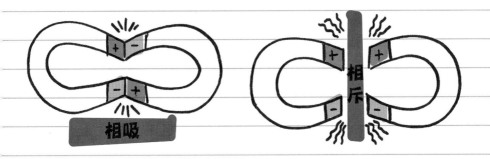

電力跟磁力一樣，是由物質中的正電荷與負電荷造成的。靜止的電荷會產生穩定的電場或電力，等速移動的電荷會產生穩定的磁場或磁力。電力和磁力的強度都會受到電荷的大小及電荷間的距離影響。電荷變大，還有電荷間的距離變近時，電力或磁力就會增加。

> **電力**
> 相異的電荷會有相吸的力，相同的電荷會有相斥的力

電磁就是電力和**磁場**間的相互作用——所有運動中的電荷都會在它的周遭產生一個磁區，像電線傳送電流時，周遭就會有磁場。在鐵芯上纏一圈帶電的電線，就可以自製**電磁鐵**囉。這個電磁鐵和磁鐵一樣，會分成北極（N極）與南極（S極）。

> 電流動的方向，會決定金屬棒上面的北極和南極。如果你改變了電流的方向，極性就也會相反。

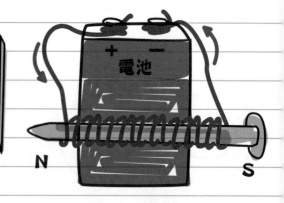

向心力

因為速度涵蓋了速率和方向，而進行圓周運動的物體會不斷改變速度，所以這個物體會不斷的在加速。由於進行圓周運動的物體不斷在加速，所以一定會有另一個外力作用在它上面（牛頓第二運動定律說過，力等於質量乘以加速度。）。會影響物體圓周運動的力就叫做**向心力**。向心力的方向永遠會朝向圓周運動路線的中心。

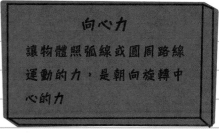

向心力

讓物體照弧線或圓周路線
運動的力，是朝向旋轉中
心的力

向心力

向心力在很多地方都有，像是月亮沿著圓形軌道繞著地球旋轉，就是受到引力產生的向心力的影響。如果你把溜溜球拿在手上甩圈，溜溜球上的繩子所產生的拉力，就是讓溜溜球產生圓周運動的向心力。

浮力和密度

讓橡膠鴨子浮起來的力就叫做**浮力**。浮力是一個
物體浸泡到液體時，液體對這個物體所產生
的一種向上的力。

耶！浮起
來了～

浮力會受到液體的密度和物體排開的液體量
影響。排開的液體的密度越大、體積越大，
則產生的浮力就越大。浮力其實就等於被排開的液體的重量，這個
定律也被稱為**阿基米德定律**。

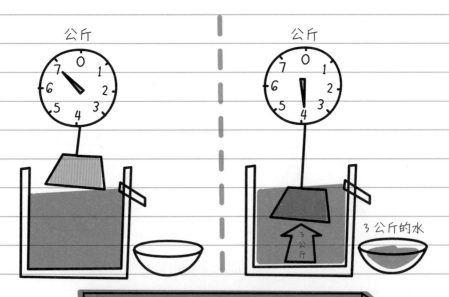

不要忘了，放到液體中的物體如果密度比
液體小，就會**浮起來**；密度比液體大，就
會**沉下去**。

隨 堂 小 測 驗

1. 讓物質相吸的力是什麼呢？

2. 為什麼大象的引力比老虎大？

3. 推購物車的時候，阻礙運動的摩擦叫做＿＿＿＿＿＿摩擦力。

4. 向心力是什麼？

5. 向心力的方向永遠會朝向圓周運動路線的＿＿＿＿＿＿。

6. 為什麼羽毛掉落的時候會左右飄動呢？

7. 質量之間的＿＿＿＿＿＿增加，引力就會減少。

8. 磁力和電力的＿＿＿＿＿＿會相吸，異極會相斥。

9. 空氣阻力和引力相等的時候，掉落的物體就會達到＿＿＿＿＿＿速度。

10. 作用在水上船隻的向上力量叫做什麼？

11. 如果一隻狗會排開 10 公斤的水，那作用在狗身上的浮力是多少？

解答在下一頁

對答時間

1. 引力

2. 因為質量變大,引力就會變大。

3. 滾動

4. 向心力是造成物體進行圓周運動的力。

5. 中心

6. 因為空氣阻力

7. 距離

8. 同極

9. 終端

10. 浮力

11. 10 公斤

功與機械

科學所講到「**功**」這個字，可不是在講功課或工作，而是有別的意思：若對物體施力，並且使物體沿施力方向產生位移，則此力量就對物體有做功。所以把一臺車子拖著走就跟功有關，因為作用力和產生的運動有相同的方向。把書從地板抬起來也跟功有關，因為施力是往上的，而且書也是往上移動。功的大小取決於作用力的大小和施力的距離。

功 = 力 × 距離

功、力和距離的測量單位分別是：**焦耳 (J)**、**牛頓 (N)** 和**公尺 (m)**。

要計算功，就需要與物體運動方向一致的作用力。也就是說，如果你手上提著一籃要洗的衣服在走廊上移動，那你其實是沒有在作功的；但如果你接著開始爬樓梯，就有在作功。這是為什麼呢？因為克服引力將洗衣籃拿起來的力量是垂直的，可是當你在走廊上移動的時候，洗衣籃是橫向移動（不是垂直），所以在算功的時候，就不能把橫向移動的距離算進去。當你爬樓梯的時候，作用力是垂直的（因為你要克服引力），而且運動也是垂直的，所以你就有在「作功」了！

功

力經過的距離。這個力的方向必須和位移的方向相同

功 (J) = 力 (N) × 距離 (M)

沒有功

功

有的時候，我們施的力只會有一部分與運動的方向一致。舉例來說，如果沒辦法把垃圾袋拿起來，你會把垃圾袋稍微抬起來，然後拖著垃圾袋往前走（要

克服滑動摩擦力），這個時候你就會朝垂直和水平的兩個方向施力。不過，因為垃圾袋只是在地板上被拉著往前移動，所以只有作用在水平方向的力才能當作「功」。

功率

功率講的就是作功的率，也可以說是作功的快慢。越有力的機械，功率就越快。

$$
功率 = \frac{功}{時間}
$$

功率的測量單位是**瓦特 (W)**，時間的測量單位則是**秒 (s)**。

簡單機械

為了讓作功變輕鬆，人類發明了**機械**。提到機械的時候，你可能會想到拖拉機或是汽車，但其實機械可以是非常簡單的東西。只要是可以讓作功變輕鬆的東西，就算只是個**斜坡**，也可以算是機械。簡單的機械不會讓功的總量變少，但是可以透過增加距離來減少相同作功所需要的力。

簡單機械是只能夠用單一運動作功的機器，與它相反的機械則是複合機械，這類機械是將好幾個簡單機械結合起來，產生像是開罐頭的器具這類比較複雜的機械。

斜面

斜面或是斜坡其實就是種簡單機械，它可以透過增加功的距離來降低需要出的力。就像是如果要推一個很重的箱子到卡車的後車廂，這時候有個斜坡，就可以把箱子從斜坡推上卡車，這樣就不用像把箱子搬起來放到卡車那樣要出很多力。用斜坡把箱子搬到卡車上後，最後位置的高度是相同的，所以作功的總量是相同的。但是，因為推箱子的距離比較長，所以花的力氣就會比其他時候少。斜面越長，要將物體抬高到相同高度所需的力就越小。

古埃及人也是用斜坡來蓋金字塔的

楔子

楔子就是可以移動的斜面，可以用來減少把物體劈成兩半或舉起來時所需要的功。

← 楔子

刀子、斧頭、門擋和犁頭都是一種楔子的形式。如果想要減少砍柴時需要出的力，就會用楔形的斧頭來劈柴，雖然移動的距離較長，但用斧頭砍柴出的力會比用雙手把木頭掰成兩半少。

螺絲

螺絲就是一個繞在軸或是樁上面的楔子（斜面），這樣當你轉動螺絲，斜面就會把物體往軸上面推（或是把螺絲鎖進去一個物體裡）。把螺絲鎖到牆上所需要出的力，會比你用鐵鎚把相同大小的釘子打進牆裡所需的力來得少。不過把螺絲鎖到牆上用的距離會比較多，因為螺絲要轉好幾次。

螺絲

槓桿

槓桿可以減少抬東西需要的力。槓桿和蹺蹺板很像：桿子或板子上有一個叫**支點**的定軸點。當你出的力（施力點）傳到支點的其中一端時，另一端的抗力點就會移動。我們可以想像自己和朋友坐在蹺蹺板上，當你這邊的蹺蹺板往下時，你的朋友就會往上升到空中。就算朋友的質量是你的兩倍，只要讓他坐的離支點近一些，就還是可以把他抬起來。因為你在比較遠的距離推，所以要花的力氣就比較少。

槓桿的分類會因為支點和抗力點的位置，還有你出力的點（施力點）而有不同的分類：

第一種槓桿：支點在中間，施力點和抗力點是在支點的兩邊（像是蹺蹺板）。

第二種槓桿：一端是支點，另一端是施力點，而抗力點在中間（像是獨輪手推車）。

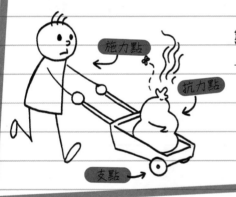

第三種槓桿：一端是支點，另一端是抗力點，而施力點則是在中間（舉起重物時的手臂就是一個例子喔）。

輪和軸

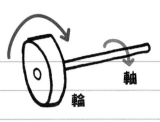

輪軸是透過把比較大的輪子和軸或桿子相接
（就是把軸或桿子變成比較小的輪子），讓
東西轉動起來比較簡單。輪軸的使用方法有兩種：

讓輸出力增加：

轉比較大的輪子時，需要的力會比轉動比較小
的輪子來得少（比較大的輪子旋轉的距離比
較多，所以作相同的功所用到的力就會比較
少）。轉開水龍頭就是一個例子：轉動水龍頭
上的握把會比轉動下面細細的閥還要簡單。軸
會產生輸出力。

減少轉動軸需要的距離：

跟轉動比較大的輪子相比，轉動比較小的輪子比較費力，但相對
的，小輪子要完成相同功，需要的距離就
比較小。腳踏車就運用這種裝置：用
腳踏板可以縮短施力的距離，而腳踏
車的後輪就可以用比較少的力經過比
較長的距離。輪子會產生輸出力。

滑輪

滑輪是由外面繞著一條繩子的輪子組合成的，這條

繩子會卡進輪子上的凹槽中。滑輪可以把你施加

在繩子上的力變大（如果你用了兩個或更多

的滑輪來組合的話）或改變力的方向，

讓繩子拉起來比較輕鬆。

滑輪

功等於能量及功率

在物體上作功，物體的能量會增加。舉例來說，當你推一個物體，

物體就會開始移動，而這個運動就算是能量的另一種形態。功就等

於能量，因此所有作用在物體上的功為能量的形態時是守恆的。

能量有很多種形式，像熱或者是運動都是其中一種形態。如果你對

物體作功且耗費的能量有一部分以熱的形態消失了（像是摩擦產生

的熱），那你作的功就會減少一些。因熱而消失的功（或能量），

就決定了作功的**效率**。如果機器不會因為熱而損失過多能量，就可

以產出比較多的功及擁有比較好的效率。

隨 堂 小 測 驗

1. 人什麼時候會作功呢？請舉出一些日常跟作功有關的例子。

2. 書往地板掉下去時，地球對書產生的向上的力是 10 牛頓。如果這本書往下掉 0.5 公尺，地球的作功是多少呢？

3. 簡單機械和複合式機械的差異是什麼？

4. 請舉例會使用到槓桿的行為。

5. 槓桿的定軸點也可以被稱為＿＿＿＿＿＿。

6. 斜面為什麼會讓作功變得比較輕鬆？有斜面時，作功的總額還是一樣嗎？

7. 輪軸有兩種讓作功變輕鬆的方式，請問是哪兩種？

8. 滑輪是由外面繞著一條＿＿＿＿＿＿的＿＿＿＿＿＿組合成的。

解答在下一頁

對答時間

1. 只要你施的力跟運動的方向一致，就是在作功。往空中跳、把背包拿起來以及丟球都是作功的例子。

2. 功 = 力 × 距離

   10 牛頓 × 0.5 公尺 = 5 焦耳的功

3. 簡單機械只能用單一運動作功，複合機械則是將好幾個簡單機械結合起來作功。

4. 用獨輪手推車搬土就是第二類槓桿的運用。

5. 支點

6. 斜面可以透過增加物體移動的距離，將把一個物體搬到某個高度所需要的力變少。斜面會增加施力的距離，但是作功的總量是不會變的。

7. 輪軸可以增加輸出力，或減少移動輪子所需要的距離。

8. 繩子；輪子

> 第一題和第四題的正確答案不只一個喔！

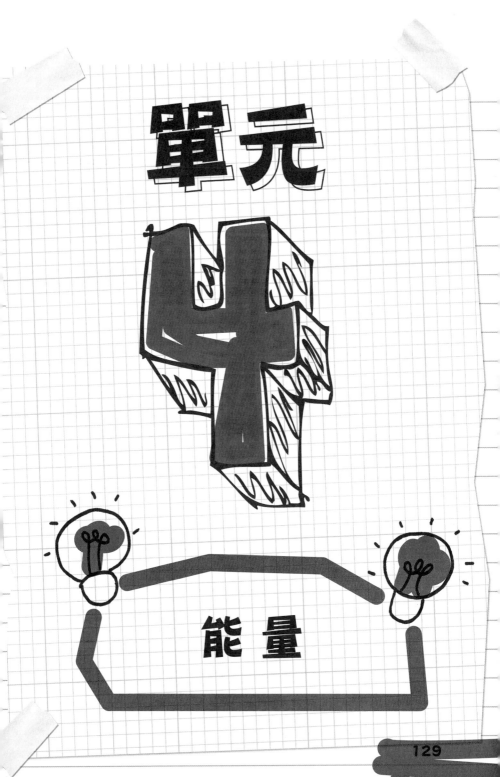

單元

4

能量

能量的型式

能量守恆

能量是一種物質的性質，會以像是熱、聲音、光和運動等的形態出現。能量跟物質一樣，是恆定的。雖然能量會改變形態並在物體間轉移，但系統裡面的能量還是會維持相同。舉例來說，高爾夫球選手揮桿擊球，選手擊球的能量就會轉移到球上。（希望球能進洞！）

所以**質量守恆定律**就是在說，能量只會改變形態——它不能被創造也不能被破壞。植物吸收光的能量成長、茁壯，就是一種能量轉換。而我們吃蔬菜的時候，就是把植物葉子裡產生的能量轉換成身體的能量；我們跑步的時候，就會把儲存的化學能轉換成機械能。

所以某種程度上來說，我們也是「靠太陽推進」的。

位能和動能

筆掉到地上時，**位能**就會轉換成
動能。這兩種能量都屬於**機械
能**，也就是因物體運動或所在
位置而有的能量。舉例來說，
如果你把一顆球往小山丘上
踢，球就會因為移動而有了動
能；等球的滾動變慢而停下來
時，這個運動的能量就會轉移
成球所在位置的位能。當球從
山坡上滾下來時，球的位能又會
很快地轉換回動能。球的能量會在
位能和動能的形態間轉移，所以說
能量是恆定的。

動能

位能

回來啊！

這又叫作**重力位能**，因為
能夠透過**引力**來釋放儲存
的能量。

動能可以透過碰撞轉移到其他的物體
上。我們可以拿碰碰車當例子，碰碰
車撞在一起時，能量就會轉移，讓其
他的車子移動。

動能
運動的能量

位能
儲存的能量

物體有多少動能要取決於它的質量跟速度，質量和／或速度越大，能量就會比較多。位能的大小則是由物體的質量和高度決定，如果質量比較大且／或高度比較高，那能量就會比較多。

質量和／或速度越大，就表示能量越多。直白的說，如果有一顆球砸在你的頭上，那你會祈禱那顆球是網球而不是保齡球，因為網球的質量比較小！然後啊，如果真的會被網球砸到，你會希望網球是從你頭上兩英尺的地方掉下來，而不是某個高樓大廈的頂樓。

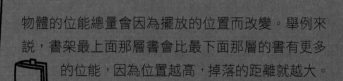

物體的位能總量會因為擺放的位置而改變。舉例來說，書架最上面那層書會比最下面那層的書有更多的位能，因為位置越高，掉落的距離就越大。

科學家們有的認為能量只有兩種（動能和位能），有的認為有七種，也有另一些認為有九種！不過我們只要知道能量有很多不同的形態（移動或儲存的），而且能量會一直在不同形態間轉換，這樣就好。

能量的種類

機械動能
移動的物體

熱能
會影響溫度的分子震動

電磁能
光波（可見及不可見）

音能
分子互相撞擊傳送聲音

電能
電子的流動

重力位能（或機械位能）
儲存在物體的高度中

彈性能
儲存在受到擠壓或拉扯的彈性材質中

核能

儲存在放射性原子中的核子裡。在叫做**核分裂**的過程中，原子會分裂並釋放能量。

我們可以這樣利用核能產生電力喔！

化學能

是儲存在化學鍵裡面的能量。當化學鍵還是完整時，儲存在化學鍵裡面的化學能量其實是種**位能**，但當這個化學連結被破壞時，化學能就會被釋放出來。食物、油、瓦斯、柴火和煤炭都是化學能的來源，只要可以當作燃料（不管是生物還是非生物）的東西，都有著化學能儲藏在其化學鍵中。

隨堂小測驗

連連看：把描述跟正確的定義連起來：

1. 能量守恆

2. 位能

3. 動能

A 儲存的能量

B 能量不能被創造也不能被破壞，而且總量永遠不變。

C 物體運動得到的能量

4. 牛把草吃掉後，會把草消化跟分解草的化學鍵來釋放熱和動_____。

5. 化學能是什麼？

6. 影響物體位能大小的因素是哪兩個？

7. 能量一直在不同的形態間_____。

8. 你和朋友在玩碰碰車，你開的碰碰車撞到她、讓她產生移動。這是受到什麼能量的影響？

解答在下一頁

對 答 時 間

1. B
2. A
3. C
4. 能
5. 化學能是儲存在化學鍵中的能量
6. 質量和高度
7. 變換
8. 動能

熱　能

溫度

我們平常對 溫度 的定義是東西有多冷或多熱，但「溫度」真正的定義其實是：物質中分子的平均動能有多少。分子有可能是液態、固態或是氣態，而且會不斷運動、彼此碰撞。因為分子不斷移動，就會擁有動能，且分子移動速度越快，獲得的動能也就越多。如果把一杯熱可可跟一杯冰牛奶的分子拿來做比較，會發現熱可可的分子左右亂竄的速度，遠比冰牛奶分子的速度快得多。

> **溫度**
> 物質中分子的平均動能

測量溫度

正常情況下，東西變熱會膨脹，遇到冷就會收縮。溫度計就是以會隨溫度熱脹冷縮的材料去設計的。遇到比較熱的東西時，溫度計裡的液體就會膨脹，告訴你溫度變高了。

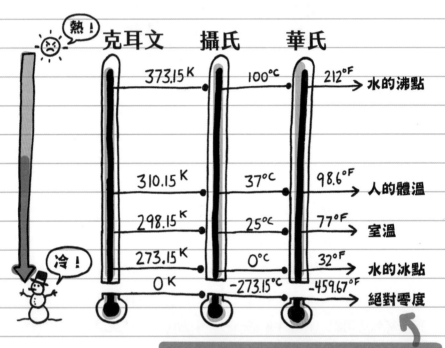

熱！

克耳文　攝氏　華氏

373.15 K　100℃　212℉ → 水的沸點

310.15 K　37℃　98.6℉ → 人的體溫

298.15 K　25℃　77℉ → 室溫

273.15 K　0℃　32℉ → 水的冰點

0 K　-273.15℃　-459.67℉ → 絕對零度

冷！

因為分子停止移動，所以溫度就沒辦法再低了——分子最慢的移動速度就是都不動。

溫度換算

溫度通常是以公制單位——**攝氏 (C)** 或**華氏 (F)** 進行測量。用下面的公式就可以進行攝氏和華氏的轉換了。

$$溫度_{(℉)} = \left(溫度_{(℃)} \times \frac{9}{5}\right) + 32$$

$$溫度_{(℃)} = \left(溫度_{(℉)} - 32\right) \times \frac{5}{9}$$

科學家常用的衡量單位是溫度的國際標準單位，克耳文（K）。如果要將攝氏溫度和克耳文進行換算，可以用下面的公式：

$$溫度_{(K)} = 溫度_{(℃)} + 273.5$$

$$溫度_{(℃)} = 溫度_{(K)} - 273.5$$

熱能

物質中分子所含的動能及位能總量就是**熱能**。溫度和熱能的差別在於，溫度是物質中分子的平均動能，熱能則是物質裡全部分子的位能和動能總和。舉例來說，一塊磚頭

> **熱能**
> 熱能是物質中所有分子的位能和動能總和

的熱能會比一疊磚頭少，因為它的位能會比較少，但不管是一塊或一疊磚頭，它們的溫度都是相同的。

> 如果覺得一個東西是熱的，那就是因為這個東西溫度比我們的手還要高。

> **熱量**
> 從比較熱的物體轉移到比較冷的物體的熱能

熱量

熱量基本上就是指從比較熱的物質轉移到比較冷的物質的熱能。熱能會不斷從能量高的地方移動到能量低的地方，換句話說，就是從比較熱的物體移動到比較冷的物體。熱能會不斷地在物質間轉移，直到兩個物質都達到相同的溫度為止。

熱能的轉移會透過以下方式進行：

傳導：透過直接接觸讓熱量從比較熱的物體，轉移到比較冷的物體。比較熱的物體中的分子會和比較冷的物體中移動較慢的分子碰撞，將能量轉移。像手直接觸碰滾燙的爐子就是個很好的例子，**好燙！**

輻射：熱量透過電磁輻射線轉移。太陽讓地球變熱，或是站在火旁會覺得溫暖，都是熱輻射的例子。

對流：流體（像是空氣或水）運動時產生的熱量轉移。房間的空氣會用**對流**的方式移動：暖氣吹出的熱氣會先上升、冷卻，然後再降到地上。用吊扇就可以增加空氣的流動（對流）。

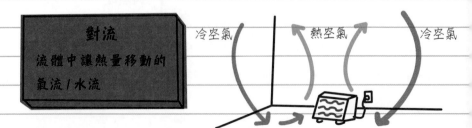

對流
流體中讓熱量移動的
氣流／水流

冷空氣　　　熱空氣　　　冷空氣

隨 堂 小 測 驗

1. 溫度和熱能的差別是什麼？

2. 如果你有一大一小兩杯果汁，而且它們都是常溫，那這兩杯果汁誰的熱能比較多呢？

3. ＿＿＿＿＿＿＿指的是熱量透過像空氣或水這樣的流體運動轉移。

4. 微波爐是用什麼樣的方式轉移熱能？

5. 舔冰棒的時候，舌頭跟冰棒之間的熱能會怎麼移動？這是屬於哪一種熱能的轉移方式？

6. 將攝氏換算成克耳文的公式是什麼？

7. 熱能會不斷從能量＿＿＿＿＿＿的地方，移動到能量＿＿＿＿＿＿的地方。

8. 東西遇熱會＿＿＿＿＿＿，遇到冷就會＿＿＿＿＿＿。

解答在下一頁

對答時間

1. 溫度是物質中分子的平均動能，熱能則是物質全部分子的位能和動能總和。

2. 大杯的果汁因為分子比較多所以熱能也比較多。分子越多就表示熱能越多——因為有比較多的動能和位能。

3. 對流

4. 輻射

5. 熱量會從比較熱的物體移動到比較冷的物體，所以熱能會從你的舌頭傳到冰棒，把冰棒融化。這種熱量的轉移方式叫傳導。

6. 溫度$_{(°C)}$ = 溫度$_{(K)}$ - 273.5

7. 高；低

8. 膨脹；收縮

光波與聲波

波

波是種帶有能量的**振盪**。波可以透過介質或在**真空**狀態下移動，**力學波**必須透過介質傳遞；**電磁波**除了可以在介質中傳遞外，也可以在無介質的真空中傳遞。

> **振盪**
> 上下或前後的運動

> **真空**
> 不存在任何物質的空間（就像吸塵器把一個空間所有的物質都吸走一樣）。

自動
吸塵器

舉兩個力學波的例子：

1. 快艇船尾產生的波浪。能量會從水分子轉移到別的水分子，造成漣漪。

在外太空是聽不到任何聲音的，因為那裡沒有空氣可以傳送波動。

2. 講話的時候會產生聲波。聲波透過震動，在分子間傳遞，將聲音傳到我們的耳朵。

和力學波傳遞的方式不同，電磁波的傳遞不須經過物質，它們可以在外太空這類的真空地方移動！電磁波包括了：

 光波　　　×光　　　**無線電波**

波的性質

波的四大特色為：

1. **振幅：** 波的最高點（**波峰**）到最低點（**波谷**）距離的一半。振幅可以用來衡量一個波與平衡位置間位移的距離。能量比較充沛的波振幅就比較大。我們可以拿海浪當例子：能量較大的浪會比較高，而且位移會比平常的吃水線遠。這就表示這個浪的振幅比較大。

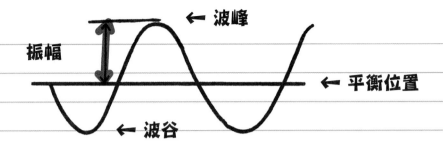

2. **波長：**用來測量兩個連續波之間相同兩點的距離，像是波峰到波峰，或是波谷到波谷，並會用 λ 這個符號表示（希臘字母 lambda）。顏色會有不同是因為光有不同的波長。紅色的波長會比藍色還要長。

波長可以用這三種方法測量 →

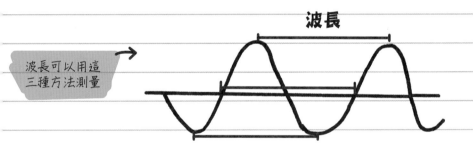

3. 單位時間內經過一個固定點的波動數量就是**頻率**，符號是 f。頻率的單位是**赫茲 (Hz)**，指的是每秒通過的波的數量。如果波以相同的速率傳遞，那波的頻率跟波長會成反比，也就是說頻率越高，波長越小（反之亦然）。

舉例：

10 秒內有 10 個波經過碼頭
（頻率較高）。

10 秒

10 秒內有 2 個波經過碼頭
（頻率較低）。

在第一個例子中，原本只有 2 個波經過的時間，變成有 10 個波經過！因為波會用相同的速率傳遞，所以這 10 個波就會靠得很緊密（波長較短）。
（頻率高 = 波長短）

4. 波從一點前進到另一點所需的時間就叫做**波速**，會用 **v**（速度）當作符號。波速的計算公式為：

$$波速 = 頻率 \times 波長$$
$$可以寫成：v = f \times \lambda$$

波速的測量單位是**公尺／秒 (m/s)**，頻率的測量單位是**赫茲 (Hz)**，波長的測量單位則是**公尺 (m)**。

波在不同的介質有不同的傳播速率。舉例來說，像聲波這類的力學波，在水中傳播的速度會比空氣中還快，而像光這類的電磁波，則是相反，在空氣中會傳播的比在水中快。

光在空氣中的傳播速度會比在水中快。把鉛筆放進去裝水的玻璃杯時，鉛筆會看起來好像扭曲了，這是因為反射鉛筆的光在空氣中傳播的速度比在水下快。

波的行為

波動在表面反彈時就叫做**反射**。照鏡子時，可以看到自己是因為光波在鏡子反射的關係。

> 聲波的反射就叫做回音喔！

反射定律裡有說，波會照特定的方式被反射——波反射出去的角度會等於它遇到障礙物時的角度。也就是說，如果波是以 90 度往牆壁移動，就也會以 90 度反彈。

這個叫入射線

這個叫反射線

障礙物

反射線

入射線

波通過不同介質時出現彎曲（像是剛剛例子中，水杯裡鉛筆的光波會扭曲）就叫做**折射**。折射會出現是因為波在不同介質（物質）的傳播速度不同所致。

> 站在水池中，有時候腳看起來會很短，也是因為折射的關係喔！

繞射指的是波在障礙物周圍產生彎曲，或是波通過很小的開口後出現擴散。海浪穿過碼頭或渡船頭時，就會出現繞射。

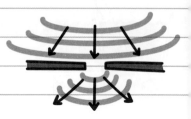

波與波相互碰撞就叫做**千涉**。波相互碰撞時，不是因為**建設性千涉**的過程而結合在一起，變成一個比較大的波，就是因為**破壞性千涉**的過程而彼此干擾、抵銷。和朋友一起跳彈簧床的時候，建設性和破壞性干涉會同時出現。如果向上跳的時機正確，你就會被拋到空中！如果時機不對，就很難產生動作。有時候，干涉會介於建設性和破壞性之間。

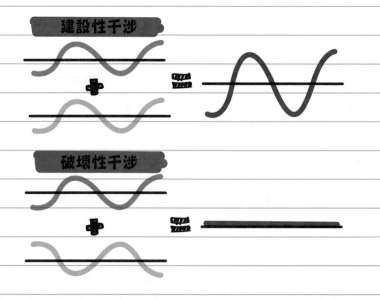

吸收

如果波通過一個物質，就有可能會出現**吸收**的現象。吸收指的是波在通過物質時，能量從波轉移到物質上。舉例來說，太陽的光波進入海中會隨著往下前進而被吸收。所以越往海底游，水的顏色就會越深暗。

物質的性質和厚度會影響波被吸收的程度。像錄音室就常常會用隔音材料來吸收聲波。聲波撞到隔音設備時，大多數的波會被吸收，另一部分會被反射，只有一點點會通過隔音材料。有些物質只會吸收特定的波長，也因此，我們才會看到不同顏色。蘋果看起來是紅色的，這是因為**除了**紅色以外的波都被吸收了，只有紅色的波受到反射。

還有啊，當波被吸收時，能量也可以被轉換。光線被吸收後，就會轉換成像熱量這類的各式能量，所以比較能夠吸收光線的顏色（深色）在光下就會變熱。

吸收顏色

反射顏色

炎炎夏日的路面就會這樣喔！

電磁波譜

電磁波譜是一種**橫波**，也就是說波振盪的方向和運動方向垂直。電磁波是電和磁場彼此以直角（90度）振盪產生的，所以這才會叫做「電磁」波。雖然基本上可以算是「光波」，但並不是全部的光波都是肉眼可見。

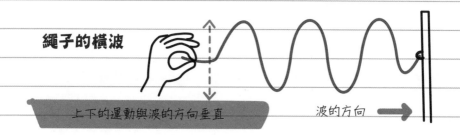

繩子的橫波

上下的運動與波的方向垂直

波的方向

電磁波譜的波長範圍從幾千公尺到一兆分之一公尺都有。我們能用肉眼看到的電磁波只有可見光──這只占所有電磁波的極小一部分，因為**可見光譜**的範圍是700到400奈米（十億分之一公尺）。

光譜
電磁波的波長和頻率範圍

波

電磁波譜中，波的能量、波長和頻率各有不同。光譜中能量低的波會是長波長、低頻率；光譜中能量高的波則是短波長、高頻率。

電磁波譜

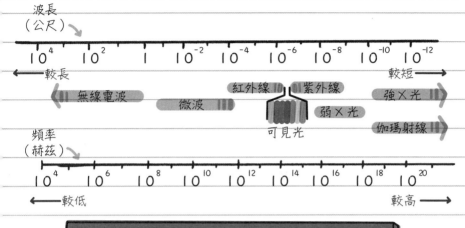

波長
（公尺）

10^4　10^2　1　10^{-2}　10^{-4}　10^{-6}　10^{-8}　10^{-10}　10^{-12}

←——較長　　　　　　　　　　　　　　　　　較短——→

紅外線　　紫外線

無線電波　　　　微波　　　　　　　　　　　　強X光

弱X光

可見光　　　　　　伽瑪射線

頻率
（赫茲）

10^4　10^6　10^8　10^{10}　10^{12}　10^{14}　10^{16}　10^{18}　10^{20}

←——較低　　　　　　　　　　　　　　　　　較高——→

電磁波譜中能量由低到高的波分別為：

無線電波 (Radio waves)

→ 能量最低的電磁波

→ 波長超過 0.3 公尺

→ 可以傳遞收音機聽到的音樂

微波 (Microwaves)

→ 0.3 到 0.003 公尺之間

→ 微波爐就是用這種波煮東西喔

微波爐中不可見波的頻率剛好可以震動水的分子，將食物溼潤的部分加熱。

紅外線 (Infrared waves)

→ 波長比可見光譜中的紅光稍微長一點
　　（所以才叫紅外線）

→ 溫度高的物體會散發紅外線，所以夜視鏡是透過紅外線感
　　應，讓我們能在晚上看到恆溫動物和人。

151

可見光 (Visible light)

→ 人類在光譜中可以看到的光介於：700 到 400 奈米之間。

彩虹的顏色是照波長排列的，從波長最長的紅色排到最短的紫色。要記住可見光譜中最長到最短的波光所產生的顏色：

紅色、橙色、黃色、綠色、藍色、靛色、紫色。

紫外線 (Ultraviolet waves/UV rays)

→ 頻率比可見光還小，但能量更高，介於 400 到 10 奈米之間。

→ 太陽會產生紫外線，讓你在海邊時曬傷。

X 光 (X-rays)

→ 能量跟頻率比紫外線還高。

→ X 光能夠穿透皮肉，但是無法穿過骨頭，所以可以拿來檢查骨骼。

伽瑪射線 (Gamma rays)

→ 能量跟頻率最高的光波。

→ 這種輻射線會對人類和生物產生傷害。

要記住光譜中，能量最低到最高的光波，
可以試試這個英文小口訣：Roger Makes
Instruments: Violins, Ukuleles, Xylophones, and Guitars
（羅傑斯會製作樂器：小提琴、烏克麗麗、木琴還有吉他）

對光和顏色的感知

電磁波的行進速度非常快，每秒可達 300,000 公里。光只要大約
8.5 分鐘就可以走 1.5 億公里的距離，從太陽抵達地球。物體會反
射光波到我們眼中。通常我們會覺得光是白色的，但白光其實是各
種顏色的光組合成的。當光經過折射後，原本的白光就會分散成各
種不同波長的光。

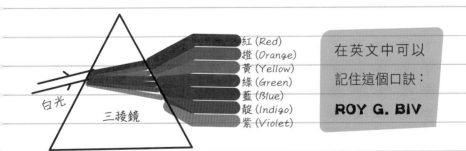

白光
三稜鏡

紅 (Red)
橙 (Orange)
黃 (Yellow)
綠 (Green)
藍 (Blue)
靛 (Indigo)
紫 (Violet)

在英文中可以
記住這個口訣：
ROY G. BIV

光在空氣中經由水滴折射後，就會產生彩虹。

聲音

聲響由聲波造成，也就是分子的震動。聲波屬於**縱波**，也就是說波的振盪方向和移動的方向平行。聲波只能透過物質傳遞，因為它需要將能量透過分子轉移。所以說，如果你把一個鬧鐘丟到外太空這種真空的地方，你是聽不到鬧鐘的聲音的！就算設貪睡鬧鐘也沒用喔！

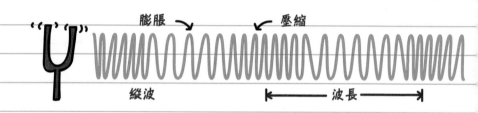

音速

聲波傳遞的速度比光波慢很多。光波在空氣中的傳遞速度大約是每秒 3 億公尺，但音波在空氣中的傳遞速度為每秒 340 公尺。因為這樣，我們在聽到雷聲前就可以看到遠處的閃電。

雖然光波在固體中傳播速度較慢，但聲波在固體中的傳播速度卻會比較快。因為固體中的分子靠得比較近，所以會比較快產生碰撞並讓聲波傳遞得更快。

聲音的強度

聲波的**強度**指的是聲波經過某個特定區域所含的能量有多少。聲波的振幅會決定聲音的強度——振幅越大，強度就越高，聲音也就越大聲。聲波的強度會隨著音源的距離變弱，這也就是為什麼距離遠的時候聲音聽起來會很小聲，因為波傳播時，會被周遭的空氣和其他的物體吸收。

聲音的響度或強度是以分貝 (dB) 為單位。強度每增加 10 分貝，聲波所含的能量就增加 100 倍。人講話的聲音通常是 50 分貝，而飛機起飛的聲音則是 150 分貝，所以機場的工作人員有時候會需要戴上耳罩。

音高

聽歌的時候，你會聽到不同的音調。我們聽到的音調會不同是跟聲音的頻率，或是聲波每秒震動的次數有關。比較高的聲音頻率就比較高（波長較短），比較低的聲音頻率也較低（波長較長）。而我們對聲音頻率的感受就叫做**音高**。

男低音（音高較低）與女高音（音高較高）的差別在於，聲音的頻率或波長不同。音高較高的聲音頻率就比較高（波長也比較短）。

聲波是**類比**訊號的一個例子。類比訊號含有訊息，但振幅和頻率會不斷的變化。與它相反的，**數位**訊號則是用脈波來傳遞訊息，而且只透過1和0來進行溝通，所以夾帶資訊的形式簡單很多。用手機講電話的時候，手機會把聲音的類比聲波轉換成數位訊號，接下來聲音的數位訊號就會透過手機塔臺發送，從衛星彈出後再送到另一個塔臺，最後再被傳到你朋友的手機上。聲音從朋友的手機傳出來時，波又會再次變成類比訊號。因為數位訊號是用1和0這種簡單的形式傳送，任何對波的干擾都無法變成1和0這種數位訊號，所以你的朋友就可以清楚地聽到你的聲音。（類比波因為可以涵蓋很多不同的值，所以會比較容易受到干擾，不是傳遞資訊的可靠方法。）

隨 堂 小 測 驗

1. 你還記得可見光譜顏色順序的口訣嗎？這些顏色的順序是什麼？

2. 聲波強度越強，_____就越大。

3. 聲波在哪種介質中傳播速度最快？氣態、液態還是固態？

4. 如果要加熱食物，要用哪種波呢？

5. 哪種高能量的電磁波是有害的？

6. 哪種波會造成曬傷？

7. 我們肉眼可以看到的電磁波是哪種？

8. 溫熱的身體會散發出哪種波？

9. 為什麼手機在外太空不會有聲音？

10. 為什麼聲音的音高較高，頻率就比較高？

解答在下一頁

對 答 時 間

1. 紅、橙、黃、綠、藍、靛、紫。

2. 振幅

3. 固態

4. 微波

5. 伽瑪射線

6. 紫外線

7. 可見光

8. 紅外線

9. 聲波需要物質才能在分子之間傳遞，但外太空沒有物質。

10. 音高較高的聲音波長較短，也就是說每秒的震動比較多。

電與磁

電和磁有緊密關聯，因為它們是物質中正負電荷相互作用後產生的現象。當物質中的電荷相互影響，就會產生電力和磁力。

電荷和電力

所有的原子都有帶負電荷的粒子（電子）和帶正電荷的粒子（質子），如果原子中電子和質子的數量相同，那正負電荷就會相互抵消，讓原子呈電中性。

不過，原子很容易失去或得到電子，所以原子得到電子時，負電荷就會比正電荷多，讓原子帶**負電**，但如果原子失去電子，就會變成帶**正電**。帶正電或帶負電的原子就會叫做**離子**。

因為相同的電荷會相互排斥，相異的電荷會相互吸引，所以離子會產生相吸或相斥的力量，稱為**電力**。帶負電的電子會想要跑到帶正電的地方，所以電其實就是：電子的流動！

電力的大小是由原子的電荷量與原子間的距離決定，電荷增加或電荷間的距離變小，電力就會變大。

靜電

電子要從一個原子移動到另一個原子其實很簡單，所以如果一個物體的電荷累積，然後從一個物體轉移到另一個物體上，就叫做**靜電荷**或**靜電**。像用氣球摩擦頭髮這種讓兩個東西相互摩擦的情況，就會產生靜電，因為這其實就是把頭髮上的電子摩擦到氣球上。

摩擦 摩擦

當你感覺被電到的時候，則是相反的狀況，電子會被快速釋放出來，我們稱這個狀況為放電或是靜電放電。閃電就其實是大型的放電現象。

電場

電場是電荷周遭受到它施力影響的區域，離這個電荷越遠，電場就越弱；離電荷越近，電場就越強。**電場線**會顯示電力的方向，會指向負電荷跟遠離正電荷。

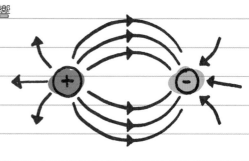

感應

將帶電的物體放到另一個物體附近，會讓附近的物體也帶電。像是如果你把帶負電的氣球拿到牆壁附近，氣球會排斥牆壁那個地方的其他電子，將電子從牆壁表面推走，產生一個局部臨時帶正電的區域。

電場
電荷周遭受到它施力影響的區域

有時候這種臨時的電荷，可以讓氣球黏在牆壁或是窗戶上。因為電場所造成的電荷分離就叫做**感應**。

感應

電場造成的電荷分離

絕緣體和導體

絕緣體是種讓電子無法輕易移動的材料，所以電荷也就不會流動，相反的，**導體**是很適合用來傳送能量的材料，因為它用的材料可以讓電子輕鬆移動。黃金、銅和大多數的金屬都是很好的導體。電線圈通常會用塑膠這類的絕緣體包覆著導體，讓電流不要流到其他導體上——像是不要流到你的身體上，不然電到會超痛的喔！

玻璃、塑膠、橡膠、陶瓷和保麗龍都是喔！

電阻器是雖然會阻擋電子流動，但還是會讓電子通過的東西，這些東西會在電子通過它們時發熱或發光（或兩種都有）。這類物品有像是燈泡裡的細金屬絲（燈絲）、土司機裡的加熱盤管，甚至我們的身體！

電流

電荷移動的時候，會產生**電流**。電流是以某個點每秒通過的電荷數量去計算，它的國際標準單位是**安培**（**A** 或 amp）。

> **電流**
> 一定時間點內通過某個點的電子數量

電流可以分成兩種：

直流電 (DC)： 電流裡的電荷都以固定方向移動，電池的電流就屬於直流電。

交流電 (AC)： 電荷的流動會依照週期交替，插座的電流就屬於交流電。

電路

如果電荷可以在密閉的導電迴路移動，電流就會不斷地流動，這種迴路就叫做**電路**。電場會讓電荷不斷移動。

組成電路的成分有：

像**電線**這類的**電導體**與電源連接，就會形成**封閉迴路**（連結沒有開口或被中斷）。

負載（非必要，但通常會有）是由電路供電的設備，可以是燈泡、電風扇或喇叭等設備。

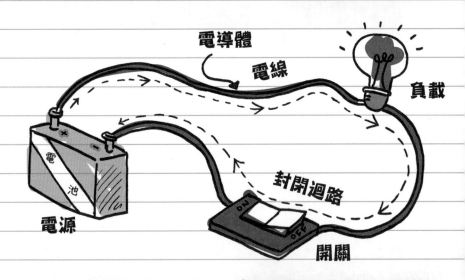

電導體

電線

負載

電池

電源

封閉迴路

開關

像**電池**這類電能的**電源**

開關（非必要，但通常會有），是開啟跟關閉電路的設備。

像是路上可以升降的吊橋

串聯和並聯電路

如果電子是一臺車，電路就像是一條馬路：電路會把所有的通道都給電子。電子只有一條路可以走的時候，就叫做**串聯電路**。串連電路中，所有的電流都以相同方向通過電路的每個部分，如果電路出現開口，那電路的電流就會被打斷。所以如果電路中的燈泡燒掉了，就會讓電路中斷、電流停止流動。

串聯電路

並聯電路就像是行駛在一條有岔口的道路，車子可以選擇看要往左或往右。並聯電路中，電子有很多道路可以走，如果其中一個道路壞掉，電流還是可以繼續流動，因為電子還有其他的替代道路可以走。

並聯電路

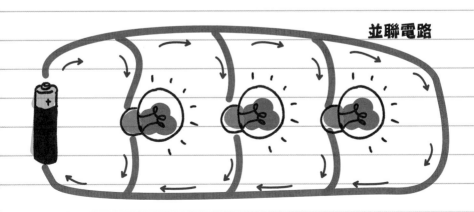

電池

電池可以是能量供應的來源，推動電荷在電路中移動。當電路連接時，電池會形成電場，在電池兩端會出現正極和負極（就是在電池兩端上看到的＋或－符號）。在電路裡流動的電荷，也就是電子，會被正極端吸引與被負極端排斥，像道路上的車流一樣移動（但電路要是封閉的迴路）。

電壓

電路中流動電子的能量就叫**電壓**。電壓的單位是**伏特 (V)**，指的是電路上兩個點之間的電位差，像是電池的正負極。就像引力會提供拿在空中的球位能，電壓也會提供電子位能，電壓越高，位能差越大，電流能提供的能量也越多。所以跟 AA 電池相比（1.5 伏特），9 伏特的電池會讓小燈泡更亮。

電壓
電子在電路中所能獲得的位能

電阻

電子在電流中移動時，可能會撞到東西讓移動變得比較困難。**電阻**的單位是**歐姆**（縮寫是 R，符號是 Ω），測量的是電子通過某個東西的困難度，換句話說，就是電子流動的阻力。

電阻小的電線，能攜帶的有效電流也較多，電線中的電阻高，能量就會因為碰撞變成熱能而損失。電線越細及（或）越長，這條電線的電阻就越大。

你可以把電線想像成水管：水管越長及（或）越細時，水就比較難流出來。較長及（或）較細的水管對水流來說有比較多的阻力。這個道理也可以套在電線上。

燈泡會在電路中產生電阻：燈泡裡的燈絲非常細，當電子通過燈絲的時候，會彼此碰撞讓燈絲變熱，以熱和光的型態釋放能量。

歐姆定律

歐姆定律講的是電路中電壓、電流和電阻的關係：

$$\text{電壓} = \text{電流} \times \text{電阻}$$

 電流的縮寫是「I」

電壓的單位是**伏特 (V)**、電流是**安培 (A)**、電阻是**歐姆 (Ω)**。歐姆
定律指出，如果電壓增加，電流或電阻（或兩者一起）就會變大。
另外，這個定律也說如果電壓不變，那麼：

$$\left\{ \text{電阻降低，電流就增加；} \right\}$$

$$\left\{ \text{電阻增加，電流就減少。} \right\}$$

電功率

功率是電能轉換成其他形式能量的比率。舉例來說，烤土司機的功
率就是這臺機器將電能轉換成熱量的比率。電功率的計算公式為：

$$\text{功率} = \text{電流} \times \text{電壓}$$

要記得功率的單位是**瓦特**，電流和電壓的單位則是**歐姆**和**伏特**喔！

電器	瓦特／小時
烤土司機	1,000 W
洗衣機	500 W
烘乾機	5,000 W
電腦	200 W

電路的能量守恆

電能也要遵守能量守恆定律。那電池裡的能量會跑去哪呢？當電流在電路中流動時，電能會轉換成熱能、光或動能（像是裝電池的電動玩具）。

還記得磁鐵分成正負兩端，或磁極（**磁極**指的是磁鐵帶有許多電荷的地方）嗎？磁力就是磁極之間的相吸或相斥的力。相反的磁極會相互吸引，而相同的磁極會互相排斥（跟電荷一樣）。

有時候會叫北極和南極

磁場

磁鐵周遭受到磁力作用的區域就叫**磁場**。**磁場線**會顯示磁場的方向和強度。磁場線會從北極走向南極，而且磁場線靠得越緊密，磁力就越強。

電磁

運動中的電荷會產生磁場。因為電流就是移動的電荷，所以有電流通過的電線也就被磁場包圍著。如果用線圈將帶電的電線纏繞起來，那這條電線周圍的磁場線就會產生更強的磁場。電線上纏繞的線圈越多，磁場就會越強。

地球就像是個巨大的磁鐵，並有自己的磁場。指南針的針其實就是塊小磁鐵，上面會分成北極跟南極，當指南針指向北方，就是指南針上磁鐵的指南極被地球的地磁北極吸引。另外，北極跟南極也是因為這樣而命名的喔！

馬達

因為帶電的電線會有磁場,所以這個電線遇到磁鐵時,不是會被吸引,就是會被排斥。有些**馬達**就會利用帶電的電線和磁鐵間相吸或相斥的力,讓電線產生移動。帶電的電線如果製作成環形並放在磁場中間,就會不斷地旋轉並產生可以被轉換成電能的動能。

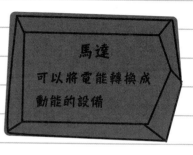

馬達

可以將電能轉換成動能的設備

發電機

如果用剛剛講到的概念(但反過來做),我們就可以在磁場中移動電線(或在捲好的線圈旁移動磁鐵)將機械動能轉換成電能。利用這樣讓電子移動,製造出電流。

發電機是將在磁場中電線的動能轉換成電能。在發電機中,電源會讓一個電線線圈在磁場中旋轉,讓迴圈產生電流。

發電機

這個過程就叫做**電磁感應**。發電廠會用發電機來發電，並利用各式

能源提供線圈旋轉的動能，讓線圈能夠通過磁場。

發電機

將動能轉換成電能的設備

隨堂小測驗

1. 指南針上的哪一個磁極會指向北方？

2. 有兩條通電的電線彼此並排放在一起，其中一條電線會受到另一條電線的力影響嗎？如果會的話，為什麼呢？

3. 距離和電荷增加後，電場會有什麼改變？

4. 你要幫手電筒換燈泡，且新的燈泡電阻比較大，如果電池的電壓維持不變，那流經手電筒的電流會如何呢？

5. 原子為什麼會帶負電呢？

6. 如果把帶負電的梳子拿在頭髮附近，頭髮會帶什麼電荷？

7. 電線變寬，電阻會有什麼改變？

8. 電線變長，電阻會有什麼改變？

9. 如果聖誕樹的燈泡是以串聯的方式連接，但有一顆燈泡燒壞了，這樣其他的燈泡會亮嗎？

10 如果聖誕樹的燈泡是以並聯的方式連接，但有一顆燈泡燒壞了，這樣其他的燈泡會亮嗎？

解答在下一頁

對答時間

1. 指針的南極（異極相吸）。

2. 會，其中一條電線會受到另一條電線的力影響，因為兩條電線都有通電，所以會有磁場。

3. 離電荷越遠，電場越弱；電荷越強，電場越大。

4. V = IR，所以如果電阻增加且電壓相同時，電流就會比較小。

5. 原子的電子比質子多時，就會帶負電。

6. 帶負電的梳子會透過感應讓頭髮帶正電，所以你的頭髮會被梳子吸引（並且被其他搓頭髮排斥）。

7. 電線變寬，電阻會變小。

8. 電線變長，電阻會變大。

9. 如果串聯的線路有一顆燈泡燒壞了，那其他燈泡就不會亮，因為電路被破壞，沒有辦法再形成封閉的迴路。

10. 如果並聯的線路有一顆燈泡燒壞了，電流還是可以透過其他燈泡在封閉的迴路中流動，所以燈還是會亮。

電力的來源

我們每天用的電是從哪裡來的呢？

發電：渦輪

機械力源會推動**渦輪**，這是種類似螺旋槳的機械，可以用來推動發電機裡的金屬軸。

像水力發電廠就使用從高處往下流的水來轉動渦輪，然後旋轉中的渦輪會將動能轉換成電能（以及因為摩擦產生的熱）。

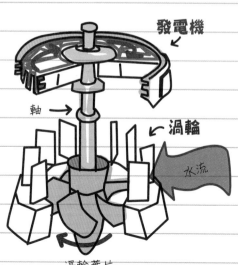

發電機

軸 ➡

渦輪

水流

渦輪葉片

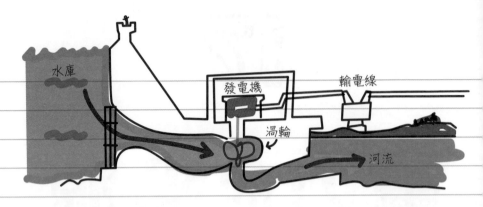

利用能量守恆的概念，我們就可以將不同型態的能量轉換成電力。

常見的能源有：

> ‣ **核能**

> ‣ **化石能源**，如石油、煤炭跟天然氣

> ‣ **再生能源**，如水力、太陽能、地熱、潮汐和風

非再生能源

化石燃料

化石燃料的來源是遠古石化的生物所儲存的化學能量，經過好幾百萬年的高溫和高壓後，就會變成石油、煤炭和天然氣。化石燃料燃燒後，裡面的化學能量就會以熱能的方式釋放，如此一來就能使水沸騰並推動渦輪產生電能。

既然化石燃料被認為是種**非再生能源**，也就是說化石燃料總有一天會用完。燃燒化石燃料還會造成大量的汙染，對環境有害。而燃燒化石燃料釋放的二氧化碳則會造成**全球暖化**。

← 化石燃料補充的速度遠遠趕不上我們使用的速度

全球暖化
地球大氣的整體溫度，部分由於人為因素而上升

核能

核能使用的是濃縮鈾的原子核裡所含的能量。當原子核分裂時，會釋放巨大能量可以用來將水加熱，以產生水蒸氣來轉動發電機。雖然核能只會製造些微的空氣汙染，卻會產生有害的核廢料。

核能

蒸氣

因為不斷地風化、侵蝕和人類開挖，地球的礦物、能量、地下水資源分布的並不平均。舉例來說，冰川移動時會將礦物帶離原本的地方，並儲存到其他地方。人類也會造成土地的變化，而且這些變化有時是不可逆的。興建城市，就算只蓋一棟新的建築物，就會讓那個地方的資源無法再被取得，或是資源就會被破壞掉。這些行為都會造成資源的不均勻分布，而且有很多資源都是無法再生，或是沒辦法在我們有生之年內恢復的。

再生能源

再生能源是可以被補充的資源。水力、太陽能、地熱、潮汐、生質和風力都是可再生能源。

水力發電

水力發電是透過收集水的重力位能來發電。河川的水流會匯集在水壩後面地勢較高的位置，並以經過控制的水流量排放出來（感謝地心引力），水流產生的動能就會推動渦輪，產生電能。

水力

太陽能發電

太陽能

太陽能發電是利用太陽輻射所帶的能量。太陽能的收集器有兩種：

- **集熱器**吸收太陽的輻射能將水加熱，熱水可以用來將房子加溫或是產生蒸氣來推動蒸氣渦輪，產生電力。

- **光伏收集器**會直接將太陽的輻射能轉換成電能。

我們目前的能源只有百分之 0.1 來自太陽能，因為要擷取太陽能的費用很高。未來或許能大幅降低成本以提高比例！

地熱發電

地球的中心非常地熱，熱到連石頭都能熔化。在某些地方，這些被
稱為**岩漿**的熔岩離地表很近，而且可以直接把水加熱成蒸氣。在挖
井抵達地表下蒸氣和熱水的來源後，就可以利用蒸氣來發電。蒸氣
在冷卻塔冷卻後，會重新凝結變回水，冷水會被重新注回地底，讓
這個過程能夠反覆地進行。

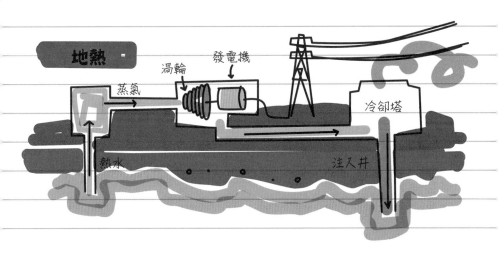

潮汐發電

潮汐發電會利用海洋潮汐的能量。海洋不斷地流動，每天會出現兩
次滿潮跟乾潮，在有些地方，滿潮跟乾潮的高度會有很大的落差，
水底下的渦輪就可以擷取海水漲退這
種用之不竭的能源。

風力發電

我們也可以利用**風力**來發電,風的動能可以推動渦輪,產生電力。
雖然渦輪必須要架設在風很大的
地方才能提高效率,但風能是目
前最主要的可再生能源。

生質能

生質能源利用儲存在生物內的化
學能發電,如果你曾經生火來煮
飯或是取暖,你就也貢獻過生質
能源了。植物、木頭和垃圾是常見的生質物料,稱為**生質原料**。生
質原料進行燃燒、脫水或
安定化處理時,就會出現可

> 如果生質原料沒有重新補充,生質
> 能源就不會再生。

以被轉換成電力的熱能。取得生質
能最常見的方式就是燃燒紙廠或木材廠的廢料,甚至是都市收來的
固體垃圾。也可以燃燒發電。 有點噁,但很環保!

隨 堂 小 測 驗

1. 請舉例一些可再生和不可再生能源的例子。

2. 請舉例化石燃料當成主要能源會產生的問題。

3. 使用核能會面臨什麼樣的問題?

4. 渦輪是什麼?

5. 哪一種發電方式會用到渦輪?

6. 太陽能收集器有哪兩種?它們的差別在哪裡?

7. 核能的能量從哪裡來?

8. 要怎麼使用水力才能發電?

9. 地熱怎麼將水加熱並產生蒸氣?

10. 生質能是什麼?生質原料有哪些?請舉例。

解答在下一頁

對答時間

1 可再生能源：水力、太陽能、地熱、風力、生質能和潮汐。不可再生能源：化石燃料和核能。

2 如果把地球上的化石燃料用完，我們會有好幾百萬年都沒有化石燃料可以用。燃燒化石燃料也會釋放很多空氣汙染物到環境中，釋放的二氧化碳會造成全球暖化。

3 核能會造成有毒廢棄物，而且這些廢棄物的處理與儲存也是難題。

4 類似螺旋槳的機械，可以用來推動發電機裡的金屬軸。

5 不管用什麼資源發電都會用到渦輪！

6 集熱器和光伏收集器。集熱器吸收太陽輻射的能量將水加熱，製造電力。光伏收集器會直接將太陽的能量轉換成電能。

7 核能使用濃縮鈾的原子核裡的能量。

8 河川的水流會匯集在水壩後面地勢較高的位置，以經過控制的水流量排放出來（藉由地心引力的幫助），然後水流產生的動能就會推動渦輪，產生電能。

9 岩漿，也就是地核產生的熔岩。

10 生質能源利用儲存在生物內的化學能發電。植物、木頭和垃圾都是生質原料的一種。

單元

5

外太空：
宇宙和太陽系

18

太陽系和
太空探索

我們的太陽系**超・級・大**！地球和太陽之間的距離大約是 150,000,000 公里（大約是 93,000,000 英里），而且這還只是太陽系的一小部分喔！整個太陽系系統包括所有受到太陽引力影響的天體，裡面除了太陽外，還包含了所有繞著太陽軌道運行的天體：8 個行星和像是衛星、小行星和彗星等的眾多物體。

以後可能會出現第 9 顆行星喔！科學家最近找到了證據，可以證明海王星外有一個巨大物體的引力，只是……還沒有人真正看過這個天體！

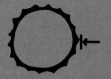

地球到太陽的平均距離（150,000,000 公里）是個很大的數字，用起來很麻煩，所以科學家決定把這個距離稱為 1 天文單位(AU)。

我們的太陽系*

*真實比例

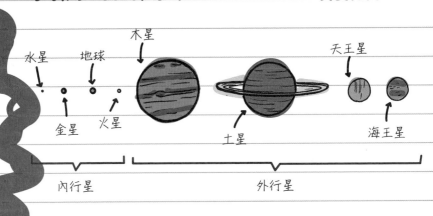

看模型的時候，要仔細看一下測量單位，了解**比例尺**變化對模型會有什麼樣的影響。比例尺模型會符合「真實比例」，也就是說可以將一個系統原本地呈現出來，並讓每個物體的關係符合比例。

內行星

最靠近太陽的四個行星叫做**內行星**。所有的內行星都屬於**類地行星**，也就是說它們「跟地球相似」。類地行星跟地球

> **比例尺模型**
> 用來呈現比實際物體大或小的物體

一樣，主要由岩石組成，並有以鐵為主成分的內核。許多類地行星的表面上，也有因為岩石撞擊而造成的隕石坑或坑洞喔！接下來就要介紹一下內行星有哪些（按照與太陽由近到遠的距離排列）和它們的特色。

水星 (Mercury)

- 因為沒有大氣層，所以行星的溫度非常極端（-180 ℃到 430 ℃）。
- 看起來很像地球的衛星，有很多懸崖和隕石坑。
- 沒有衛星。

金星 (Venus)

- 大小和質量都和地球相似。
- 大氣密度較高，多由會吸熱的二氧化碳組成——溫度約為 464 ℃。

地球 (Earth)

- 目前僅知的能維持生命存在的行星——這是因為地球有像是液態水、大氣和臭氧層這些獨有的特色。
- 有一個很大的衛星。

火星 (Mars)

- 因為含有氧化鐵（鐵鏽），所以看起來是紅色的。
- 有冰帽、裂谷和太陽系中最大的火山——奧林帕斯山。
- 大氣很稀薄，主要成分為二氧化碳。
- 有巨大沙塵暴也有季節。
- 有兩顆小衛星，分別是火衛一和火衛二。

外行星

太陽系的**外行星**是離太陽最遠的幾顆行星。外行星也稱作氣態巨行星，這是因為這些行星雖然有岩石或金屬核心，但主要的組成成分是含有氣體的汙泥。氣態巨行星並沒有固定的輪廓，而且比類地行星或內行星大很多。

木星（Jupiter）

* 太陽系中最大的行星。
* 主要由氫、氦、氨、甲烷和水蒸氣所構成。
* 至少有 66 顆衛星，其中一個是太陽系最大的衛星。
* 有一條看起來像白、紅和棕色彩帶的氣體風暴。木星上的大紅斑（木星表面上的巨大紅色斑點）則是一個巨大的風暴。

叫做木衛三

土星（Saturn）

* 太陽系第二大的行星，但密度卻是最低的。
* 主要由氫和氦所構成。
* 有複雜的行星環系統，主要是由冰、岩石顆粒和塵埃組成。
* 至少有 60 顆衛星（其中一個衛星還有活火山）。

天王星 (Uranus)

- 由於大氣中帶有甲烷，因此呈現藍綠色。
- 大氣主要由氫、氦和甲烷所構成。
- 有至少 27 顆衛星。
- 主要成分應該為岩石和冰。
- 天王星看起來很像是翻過來橫躺著，因為它的**自轉軸**和運行軌道平行（和其他的行星不同）。

自轉軸

天體旋轉時的假想線

海王星 (Neptune)

- 離太陽最遠的星球。
- 也是藍綠色的。
- 大氣會快速變化（有很多風暴點）。
- 有至少 13 個衛星和數個行星環。

只要將 8 大行星的英文字首拼起來，就可以組合成：

My Very Energetic Malamute Just Swam Until Nighttime

（我那精力充沛的雪橇犬一直游泳到半夜）

矮行星

矮行星比內行星和外行星還小，但還是會跟其他行星一樣繞著太陽的軌道運行。不過，這些星體也和其他行星不同，因為它們的引力不夠大，沒辦法吸引及清除軌道上的其他大型碎片「鄰居」。**穀神星、冥王星**和**鬩神星**是最大的矮行星，不過隨著科學家持續地探索太陽系外圍，之後可能會有好幾百顆矮行星出現。

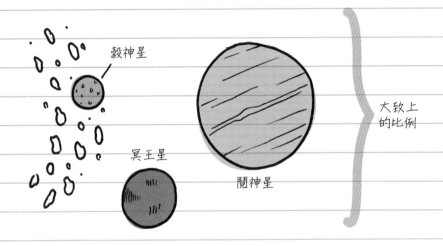

穀神星

冥王星

鬩神星

大致上的比例

冥王星曾經被當成第 9 大行星，但是科學家在 2005 年發現鬩神星後（比冥王星稍微大了些），就重新定義了「行星」這個詞，於是冥王星就被分類成矮行星了。冥王星其實超級冷，所以主要由岩石和凝結成冰的氣體構成。穀神星則位於火星及木星間的小行星帶上。

太陽系裡的其他天體

除了行星和衛星外，太陽系裡還有其他的天體：

小行星：一大塊不規則形狀的岩石，大多位於火星和木星間被稱為**小行星帶**的區域，或是分散在太陽系中。小行星是太陽系中大小僅次於行星和衛星的物體。

彗星：也叫做「髒雪球」，主要由繞著太陽運行的塵埃、岩石顆粒、冰凍的氣體和冰組成的，通常有很大的運行軌道。有時候當彗星經過內太陽系時，我們可以用肉眼看到它們，因為這時彗星會帶著長長的尾巴——因為彗星的一部分被太陽蒸發掉了。（這個尾巴不一定跟在彗星後面，而是都朝向與太陽相反的方向。）

歐特雲是由在冥王星外的數十億顆彗星所組成的星雲，是以第一個提出這個模型的天文學家**揚・歐特**命名的。

流星體、流星和隕石

流星體是很小片的岩石和粉塵（像是解體的彗星）組合成的。流星體進入地球大氣，因為大氣層摩擦燃燒成一道光痕，就會變成**流星**。流星進到地球後，沒有在大氣中完全被燃燒掉，就會被稱為**隕石**。

我們平時在夜晚中看到的流星，大概都只有一粒沙的大小

希望掉下來的不是隕石啊……

劃過天際的星星，就是流星。

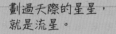

星星掉下來了？

那個叫流星

流星體
一片太空粉塵或岩石

流星
流星體進入地球大氣層後燃燒

隕石
流星撞上地球就變隕石

只占流星的很小部分

191

太空探索與研究

望遠鏡

太空裡的恆星和其他天體會釋放像無線電波或可見光等的電磁輻射。在地球上，我們會用特殊的電波望遠鏡來研究這些輻射，幫助我們了解外太空。

天文臺是放置望遠鏡的建築物。其他望遠鏡則是在繞著太陽運行的衛星上（降低地球大氣層的干擾）。

光學望遠鏡會收集太空的光並放大物體的影像。

無線電望遠鏡收集的是無線電波而不是光波。和光波不同的是，無線電波不會受天候狀況干擾，無論何時都可以到達地球表面。有些無線電望遠鏡是由許多分散在一大片區域中的大型天線盤組成的。

其他望遠鏡可以收集不同波長的光（像是 X 光、伽瑪射線等），讓我們更了解太陽系和宇宙。

太空探索

火箭的引擎非常有力,可以將衛星和太空探測器等物體送上外太空。

天然衛星和人造衛星都會繞著行星轉動喔

圍繞著行星或其他天體旋轉的東西就叫做**衛星**,人造衛星會收集像是天氣型態或圖片等的數據,然後再將這些資料傳送回地球。

太空探測器是在太空中移動的飛行器,會透過無線電波將數據收集及傳送回地球。我們對太陽系中行星和天體的了解就是透過太空探測器收集到的數據得到的。

可重複使用的**太空梭**可以將
衛星和太空人送到外太空，有
點像是飛往外太空的飛機。

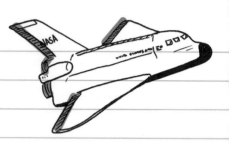

太空站就像是太空人
在外太空的實驗室兼
公寓。

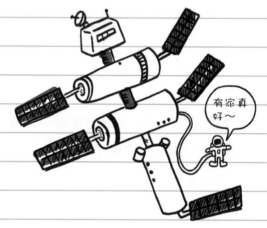

有家真
好～

在外太空測量距離

因為在外太空的物體彼此離得很遠，我們必須要用比較大的單位來
測量距離。科學家會用光年來測量外太空中的距離。1 光年指的是
光行走 1 年的距離，大約是 9.5 兆公里。距離地球最近的恆星離地
球大概有 4.3 光年的距離。

喔～火星
這裡有很
多岩石耶！

隨 堂 小 測 驗

1. 請將行星根據離太陽由近到遠的距離依序列出。

2. 小行星帶位於＿＿＿＿＿＿和＿＿＿＿＿＿之間。

3. 太空中的「髒雪球」就是＿＿＿＿＿＿。

4. 為什麼外行星會被叫做氣態巨行星？

5. 類地行星也被稱為＿＿＿＿＿＿行星。

6. 請解釋流星體、流星和隕石的差別。

7. 大紅斑是在＿＿＿＿＿＿星上的＿＿＿＿＿＿。

8. 請解釋什麼是矮行星。

9. ＿＿＿＿＿＿星有一個複雜的行星環系統。

10. 地球是目前已知唯一擁有＿＿＿＿＿＿的行星。

11. 太空中很遠的距離是以＿＿＿＿＿＿來測量的。

解答在下一頁

對 答 時 間

1 水星、金星、地球、火星、木星、土星、天王星、海王星

2 火星、木星

3 彗星

4 因為它們主要是由含有氣體的汙泥組成的。

5 內

6 流星體是太空中很小片的岩石和粉塵。流星是進到大氣層後燃燒的流星體。隕石則是撞擊地球的流星。

7 木、風暴

8 矮行星雖然和內行星及外行星相似，但卻沒有衛星。不過它們仍會像其他行星一樣環繞著太陽運行。矮行星沒辦法用自己的引力清除附近的運行軌道。

9 土

10 生命

11 光年

19

日月地系統

我們每天都會看到太陽、地球和月球的運行。海洋的潮汐、日落、晝夜長短、季節和月球的起落都是由太陽、地球和月球之間的互動造成的。

地球

地球的特色

地球的形狀像是被稍稍壓扁的**球體**,有點像健身球在手中被壓扁的樣子。也因為這樣,地球赤道周長比兩極周長來得長一些(不過差異沒有大到可以用肉眼就看出來)。地球赤道周長會稍微被拉伸是因為自轉的關係,就好像是在空中飛旋的麵團,會在空中拉長、變成披薩餅皮一樣。

地球的移動及含鐵的核心給了地球磁場。指南針其實就是指向地磁北極的磁鐵，不過地磁北極其實不在地球的北極下面喔！地磁北極每一年會稍微發生一些變化，因為地球的磁場會移動。

地球的運動

自轉：地球會依照一條通過南北極的假想垂直線進行旋轉，這個運動就叫做**自轉**。地球完成一圈自轉，或完整轉動一圈，需要 24 小時。地球的自轉會讓太陽看起來好像在空中移動。

> 就像是一顆地球儀

公轉：地球在自轉時也會繞著太陽公轉，也就是會繞著太陽轉圈。地球公轉一圈（完整繞行太陽一圈）會花費 365.25 天。我們使用的曆年是以地球**公轉**的時間制定的（1 年有 365 天）。地球繞行太陽運行的路徑就叫做**軌道**。其實地球的軌道看起來是**橢圓狀**的，就像一個被拉長的圓圈，呈現橢圓形的樣貌。這也表示說，地球到太陽的距離並非一年到頭都是相同的。

> 曆年每四年（閏年）就會增加一天來補足額外的 6 小時又 9 分鐘

地球傾角：地球也是傾斜的。地球的軸會從與其運行軌道垂直（就是與公轉呈 90 度角垂直）的線傾斜 23.5 度。

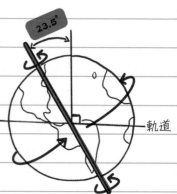

23.5°

軌道

因為地球傾斜，所以在不同的運行階段，光照射到地表的角度也會不同。

季節： 地球的公轉軌道和傾斜加在一起就產生了季節。北半球朝太陽傾斜時，太陽的光會照在地球角度比較高的地方，而且照射時間也會比較長，這就讓北半球獲得較多來自太陽的能量。能量和日照長度增加會讓北半球處於夏季。在夏天的時候，因為白天變長加上陽光照射角度更高，氣溫也就變高了。

當北半球傾角遠離太陽時，太陽光照射到的角度會比較低，日照時數也會比較短。所以這時冬天就來了：因為白天短且太陽光也比較弱，氣溫就會變低。

南北半球的季節永遠都是相反的。當北半球往太陽傾斜時，南半球就會遠離太陽，反之亦然。美國是冬天的時候，澳洲就是夏天。地球傾斜並不是藉由前後來回晃動來製造季節，季節是因為地球公轉到太陽的另一端而產生的。

至點：地球最傾斜向太陽的那幾天就叫做至點。在**至點**時，太陽會距離赤道最北邊或最南邊，所以太陽會在中午時達到天空的最高或最低點。通常至點會發生在 6 月 21 日或 12 月 21 日，這兩天也分別是一年最長和最短的兩個日子。太陽在空中的高度會在夏至抵達最高點，並在冬至抵達最低點。夏至是每年白天最長的日子；冬至則是每年夜晚最長的日子。

分點：地球在**分點**的時候不會傾向或遠離太陽，這時全球白天的長度會都相同。分點出現的那幾天，太陽會位於赤道的正上方，讓地球每個地方的晝夜都各有 12 個小時。分點會出現在春天和秋天的時候，大約落在 3 月 20 日和 9 月 22 日。

在春天的分點也叫做**春分**，是春天開始的日子。

在秋天分點則叫做**秋分**，是秋天開始的日子。

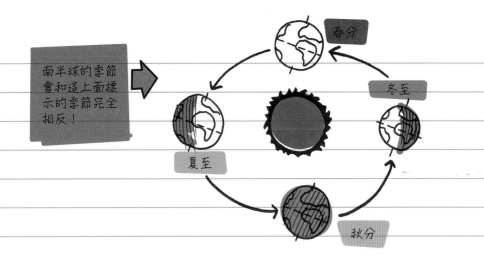

南半球的季節會和這上面標示的季節完全相反！

春分

冬至

夏至

秋分

月球

衛星指的是會圍繞著行星旋轉的物體，所以太空中的衛星，指的就是會這樣繞著行星運行的任何天體。我們的月球應該在地球歷史早期就成形了，那個時候年輕的地球跟和火星一樣大的碎片碰撞，後來碎片被引力聚集成一顆大球，便成了我們的月球。

月球的表面及組成

在晴朗無雲的夜晚看向月球，可以看到月球上有不同類型的表面。月球上有山、隕石坑和因為火山噴發後岩漿硬化產生的暗黑區域。

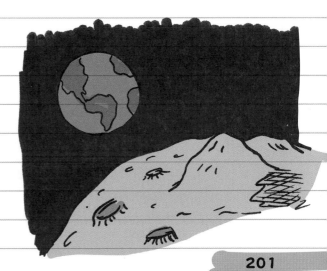

月球的山陵就叫做**月球高地**，而暗黑平坦的區域就叫**月海**。月球上面也會有「**月震**」喔！之前的太空任務也發現可能會有**水冰**蘊藏在月亮的兩極地區。

不是水也不是冰，也就是月球版冰沙！好吃！

月球的運動

公轉和自轉：

月球會不斷地移動，並會在大約 27.3 天左右繞地球公轉一週。月球繞著地球運行時，也會每 27.3 天左右就依照自己的軸旋轉一圈（有點像是地球繞著自己的軸自轉，但也同時繞著太陽公轉）。因為月球的自轉和公轉的<u>速度相同</u>，所以我們永遠都是看到月球的同一面。

你這個月就會完成公轉對嗎？

沒錯！只要 27.3 天。

去遊樂園玩「重力飛盤」這個遊樂設施的時候，雖然這個設施會讓你不斷地旋轉，但你仍會一直面向遊樂設施的中心點。月球也是這樣的——它雖然會旋轉，但永遠都是用同一面朝向地球。

月亮怎麼上來的？

重力飛盤

月相：月球會在夜空中閃閃發光是因為它會反射太陽光。太陽只會照亮一半的月球，但是因為地球和月球的位置會改變，我們每天晚上都會看到月球被照亮的不同部分。月球外觀的變化就叫做**月相**，其會因為地球、月球和太陽彼此間的相對位置而變化。當夜空中的月球慢慢變大顆，就是月球**漸盈**（就是「變圓」的意思）；當月球慢慢變小顆，就是月球**漸虧**（就是「縮小」的意思）。

人類是透過太空船才第一次看到月球的背面！

> **月亮會有 8 個月相：**

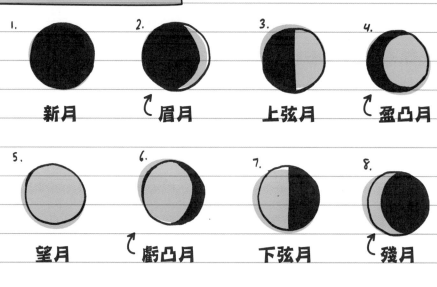

1. 新月	2. 眉月	3. 上弦月	4. 盈凸月
5. 望月	6. 虧凸月	7. 下弦月	8. 殘月

月球漸盈的過程是從新月到望月，然後再從望月漸虧到新月。**月週期**為 29.5 天，也是月球完成 8 個月相所需的時間。

我們稱這為「一個月」！

日蝕：月球走到地球和太陽中間時就會出現**日蝕**。月球在這個位置時，會擋住來自太陽的光，將自己的影子投射在地球上。日蝕出現的時候，地球有可能會完全或部分籠罩在月球的影子下。

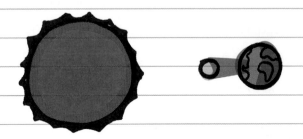

月蝕：地球也可能會擋住太陽射向月球的光，當地球走到太陽和月球之間，就會將自己的陰影投射到月球上，造成**月蝕**。月蝕出現的時候，部分的太陽光會透過地球的大氣層出現折射，讓月球出現紅光。

日月蝕其實不常見，因為太陽、月球和地球的位置必須巧妙連成一條線，但這其實是很難發生的事。

潮汐

月球的影響： 地球引力拉著月球，讓它繞著軌道運行時，月球的引力同樣也在拉扯地球，造成潮汐。**潮汐**就是海洋水位規律上升或下降。地球靠近月球的那一面，以及背對月球的那一面，會出現滿潮——也就是海水被拉向月球。當地球在「潮汐隆起」影響下自轉時，地球的滿潮點也會移動，所以大部分的地方每天都會有 2 次滿潮和 2 次乾潮。也因為地球要 24 小時才會完成 1 次公轉，所以每次滿潮和乾潮通常都會間隔 6 小時。

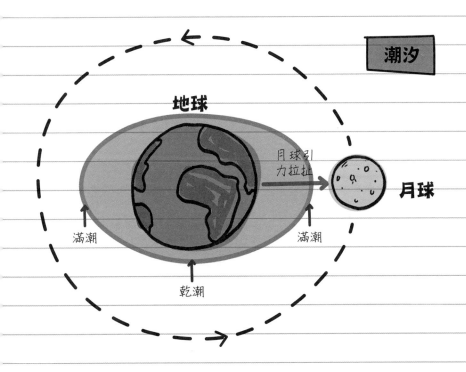

潮汐

地球

月球引力拉扯

月球

滿潮

滿潮

乾潮

太陽的影響：

當地球、太陽和月球連成一線，月球和太陽的引力就會疊加，造成更大的滿潮和乾潮，也被稱為**大潮**。當太陽和月球與地球相對的位置呈 90 度角，引力就不會連成一線、產生疊加，所以這時候的潮汐叫**小潮**，變化沒有那麼多。

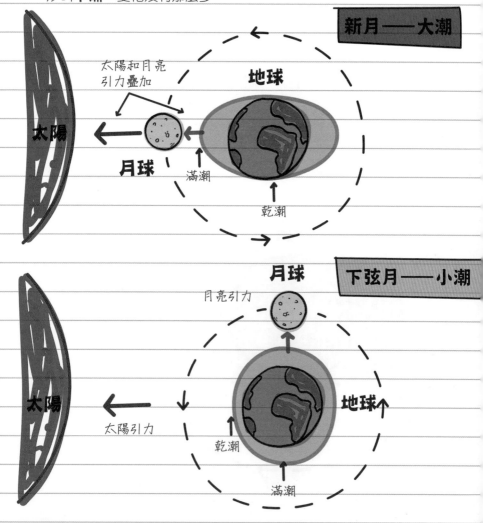

新月──大潮

太陽和月亮引力疊加

太陽

月球

地球

滿潮

乾潮

下弦月──小潮

月球

月亮引力

太陽

太陽引力

地球

乾潮

滿潮

隨 堂 小 測 驗

1. 地球會依照哪一條通過南北極的假想線進行旋轉？

2. 地球在每 1 年都會完成什麼運動？

3. 北半球什麼時候會是夏天？請解釋為什麼。

4. 如果地球傾斜的角度變大，地球的季節會出現什麼樣的變化呢？為什麼？

5. 請解釋至點和分點的差別。

6. 為什麼我們只會看到月球的同一個面？

7. 請解釋日蝕和月蝕為什麼會出現。

8. 月球的引力會對地球上的水產生什麼影響？

解答在下一頁

對 答 時 間

1. 軸線

2. 地球每 365.25 天會繞太陽公轉 1 圈。

3. 北半球更加傾斜向太陽時，太陽照射的角度就更高、更久，讓白晝變更長、更暖。

4. 季節會變得更加極端。夏天時太陽照射的角度會更直接，白晝也會變得更長。冬天的狀況則會完全相反。

5. 地球最傾斜向太陽的日子就叫做至點，會產生一年最長跟最短的兩個日子。分點是地球沒有傾向太陽的時候，這時全球晝夜的長度會都相同：白天和夜晚都各有 12 個小時。

6. 因為月球的自轉和公轉速度相同，所以我們永遠都是看到月球的同一面。

7. 日蝕的時候，月球因為恰巧位於地球和太陽之間，所以會擋住來自太陽的光線。月蝕的時候，地球會和太陽及月球巧妙地連成一線，阻擋著太陽的光線，將自己的影子投射在月球上。

8. 月球的引力會拉扯地球，導致潮汐（海洋的海平面上升和起伏）。

恆星和銀河

恆星

恆星是太空中會以光或熱的形式散發能量的物體。恆星是由因引力而相互吸引的氣體和塵埃組成的,當塵埃和氣體距離變近,恆星核心的溫度就會變得非常高,讓原子的核開始出現融合!兩個氫原子結合會變成氦原子,這個反應叫做**核融合**反應,會釋放非常巨大的能量,這個能量會以各種波長不一的光波(電磁能)在宇宙間傳播。

恆星的生命

這是恆星誕生到消失的過程:

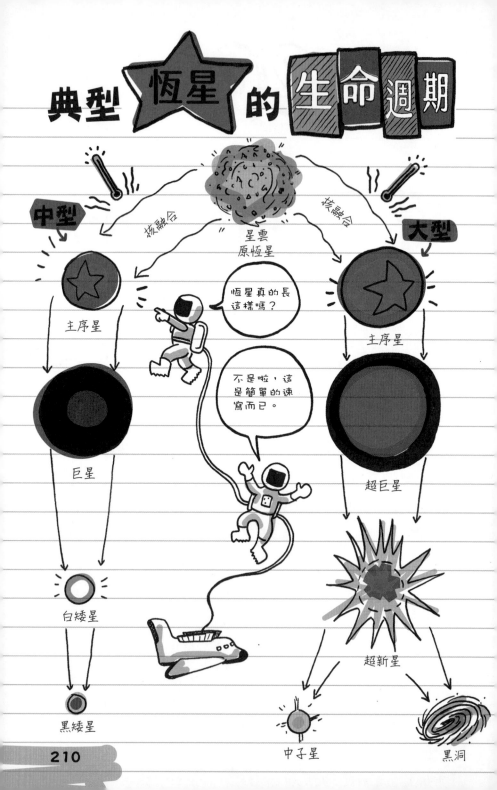

星雲： 氣體和塵埃組成的大型雲團。重力會隨著時間經過，將星雲拉聚在一起，這種凝聚的星雲就叫做原恆星。

核融合： 星雲收縮的時候，溫度會上升，變得非常熱（超過 1,000 億克耳文！），然後氫融合成氦的過程就會開始。核融合會以光和熱的形式釋放能量，形成恆星。

主序星： 恆星融合的時候會產生向外的壓力，將引力平衡。恆星會不斷用核心的氫原子當燃料來產生融合。大型恆星可能只會存在幾百萬年，因為它們燃料消耗的速度非常快。中型恆星（像是我們的太陽）可能可以存在約 100 億年（現在大概已經過了一半了！）；小型恆星則可以存在好幾兆年。

巨星： 中型恆星如果將自己全部的氫都轉換成氦，就會失去它的能量來源、開始冷卻。冷卻時恆星向外的壓力會減少，於是恆星的核心就會收縮。收縮的核心會產生高溫，然後恆星的外層就會開始膨脹、冷卻，最後被排出到宇宙中。生命週期來到這個階段的恆星，就會叫做**巨星**。大型恆星會形成**超巨星**，普通規模的恆星就會形成巨星。當巨星的核心因為這些擠壓變得熱到不能再熱，就又會再次出現核融合的狀況。

之後，巨星或超巨星可能會接著變成白矮星或爆炸變成超新星。

白矮星：巨星將所有的氦耗盡後，就會變成密度高、核心熾熱的白矮星。白矮星冷卻並停止發光後，就會變成**黑矮星**。

超新星：由超巨大恆星變成的超巨星其收縮的速度非常快。當收縮在一起時，核心溫度會變得非常地熱，這時較大的元素會在核心融合，直到形成越來越重的元素，像是鐵。鐵沒辦法透過融合釋放能量，所以會造成核心劇烈塌縮，將波動往恆星外層傳送出去，產生叫做超新星的爆炸強光。超新星崩塌後會收縮變成密度超高的球體，稱為**中子星**，因為只有中子才有辦法存在於它的核心中。比較小的超新星會形成中子星是因為中子有辦法抵抗將超新星拉聚在一起的引力。比較大的超新星因為引力會非常大，所以周遭沒有任何東西可以阻礙它塌縮。因為引力實在太過巨大，周圍所有的物體都會被吸走，甚至連光都無法逃脫，成了**黑洞**。

恆星在生命週期中拋射出去的塵埃和氣體會形成新的星雲，然後這個週期又會重新再次開始！事實上，很多地球上找到的成分（像氫、碳、氧氣和鐵都是）在祖先恆星時原本都是融合在一起的。

所以我們也是從恆星塵埃中誕生的！

恆星越大，演化的速度就會越快。
通常，像是白矮星這類的恆星可以存在最久，因為它們燃料消耗的速度沒有那麼快。

星光

抬頭望向天空時，所有星星的顏色看起來都一樣，但事實上，星星會發出不同顏色的光芒。不同的恆星會散發出不同的能量，這會影響光的顏色，這些主要取決於恆星的種類，或是它們在恆星週期所處的階段。

多數的恆星叫做主序星，隨著恆星的溫度升高，會散發出更亮、更藍的光。如果恆星的溫度比較低，就會發出微弱的紅光，不過白矮星和巨星算是例外，因為這些恆星的溫度和發出來的光芒不一致。白矮星是溫度高但亮度低的小型恆星，巨星和超巨星則是有強烈光芒的超大恆星，但它們的溫度其實不會比其他恆星高。

恆星大氣中不同的元素會釋放不同的**光譜**。光譜是光波長的組合，每個元素釋放出的組合都會是獨特的。天文學家可以透過觀看恆星放出的不同的光波長來了解恆星的組成。

星座

凝視晴朗無雲的夜空時，會看到很多的星星。大家在星光熠熠的夜晚所看到的形狀或圖像，就叫做**星座**。北斗七星（另一個更大的星座（大熊座）的一部分）應該是北半球夜空中最廣為人知的星座。

星座就像是投射在夜空中的地
圖，很久以前，旅人會透
過星星來指引方向。**北極**
星的位置在北極正上方。在北半球，星座看起
來就像是繞著北極星緩慢旋轉。我們在不同的時節，
或是在夜晚不同的時間，會看到不同的星座。

太陽

太陽其實跟我們在夜空中看到的星星一樣都是恆星。天文學家認為
太陽位於太陽系中央，屬於顏色範圍在白色到黃色的 G 型主序星。
太陽在銀河系中算是獨特的存在，因為它離其他的恆星非常遠。
很多恆星其實會群聚在一起，或是彼此按照軌道運行。事實上，我
們夜晚所看到的恆星，有半數以上可能都是繞著彼此旋轉的「雙
星」，因為彼此距離很近，所以看起來像是只有一顆恆星。

太陽的層圈構造

核心： 和其他的恆星一樣，太陽會透過氫融合產生光和熱，並在核心形成氦。

輻射層： 氫融合產生的能量從核心傳到輻射層。

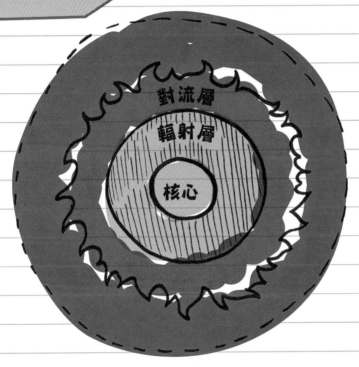

對流層

輻射層

核心

大氣層

對流層： 輻射層的能量傳到對流層，這裡的氣體會循環並讓能量在對流層形成漩渦。

大氣層： 太陽的大氣層會從太陽往外延展好幾百萬英里。

星系和宇宙

星系是由很大一群的恆星、氣體及灰塵所組成的。太陽位於銀河系中。**銀河系**的大小約為 10 萬光年。我們在夜空中所看到的乳白色銀河，其實就是由銀河系裡數十億顆的恆星組成的。我們的銀河系是螺旋狀的，但其實星系還可以分成下面幾種類別：

> 銀河系只是宇宙中好幾億個星系中的其中一個（每個星系中都有好幾千億的恆星！）

螺旋星系： 旋臂從中心延伸出來的星系。我們的太陽系位於銀河系的其中一條旋臂上，而銀河系的中央則有一個巨大的黑洞，有數十億的恆星環繞著它旋轉。

橢圓星系： 形狀像是一顆巨大的蛋。

不規則星系： 還有很多星系不是螺旋或是橢圓形，而是其它的形狀，這些星系都劃分在這個類別。

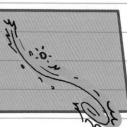

隨 堂 小 測 驗

1. 大的主序星會向外膨脹，變成＿＿＿＿＿＿。

2. 超巨星會因為什麼原因變成超新星？

3. 不同的恆星會散發出不同的能量，影響光的＿＿＿＿＿。

4. 通常恆星溫度較高，就會發出＿＿＿＿色的光。

5. 在我們的星系裡，為什麼太陽跟其他恆星相比算是獨特的存在？

6. 科學家可以透過分析恆星的＿＿＿＿＿來了解它的組成。

7. 白矮星冷卻並停止發光後，就會變成＿＿＿＿＿。

8. ＿＿＿＿＿星系的形狀像是一顆巨大的蛋。

解答在下一頁

對答時間

1. 超巨星

2. 超巨星被壓縮時，它核心的溫度會變得非常熱。核融合會導致核心裡面較大的元素，變成更重的元素，像是鐵。因為鐵沒辦法釋放能量，所以核心會劇烈塌縮，將波動傳送到恆星的外層，產生叫做超新星的爆炸強光。

3. 顏色

4. 藍

5. 我們的太陽是獨特的存在，因為它離其他的恆星很遠，這些恆星通常是群聚在一起或繞著彼此運行。

6. 光譜

7. 黑矮星

8. 橢圓

宇宙的起源和我們的太陽系

宇宙的起源

好幾個世紀以來我們都對宇宙的起源有很多理論，但是沒有太多證據可以支持這些理論。接下來我們會介紹上個世紀不同時期，曾經獲得支持的三個理論：

穩恆態理論： 宇宙一直都是以穩定的狀態存在，當宇宙擴張時，就會創造出新的物質，讓宇宙的密度維持一致。依據 1960 年代後的觀察和搜集到的諸多證據，基本上可以將這個理論排除。

振盪宇宙理論： 宇宙處於一個不斷膨脹和收縮的循環，其實就有點像是把氣球吹起來，又把氣放掉，然後再把氣球吹起來。不過，我們沒有證據可以證明宇宙會收縮。

大霹靂學說：我們的宇宙約在 140 億年前出現，一開始的大小比原子還小。當時的宇宙溫度和密度很高，然後開始向外擴張（爆炸）。新的物質冷卻後形成不同的物體，像是行星、衛星和恆星。而且我們的宇宙還在不斷的擴張。

大霹靂學說是目前最被廣為接受跟支持的，而且這個理論也因為新證據的出現不斷被修正，變得更為完善。

宇宙不斷擴張的證據

我們會因為自己的移動，而覺得波的頻率不同。這種頻率感受不同的狀況就叫做**都卜勒效應**。可以想像有一艘快艇往海外的方向開去 —— 這艘船會快速穿過迎面而來的海浪，但是當船往回開往海岸，行進的方向跟海浪前進的方向相同時，你就會覺得越過海浪的頻率變小了。

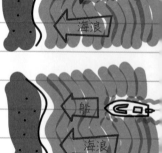

同樣的，當救護車朝你接近時，警鈴的音調聽起來會比較高，不過當救護車開走之後，警鈴的音調聽起來就會比較低。

這種聲音的改變是因為傳到你耳朵的聲波頻率改變了：當警鈴跟你的距離變近時，你感受到的聲波會比較近，會覺得聲音的音調比較高。

當警鈴跟你的距離變遠時，你感受到的聲波頻率就變低，會覺得聲音的音高比較低。科學家使用光的都卜勒效應來決定恆星和星系是在接近或遠離我們。不過科學家不是用聽的，而是用看的。

如果恆星朝我們靠近，它的光波就會受到擠壓，所以我們會覺得光比較藍一些；如果恆星和宇宙的其他物體一樣，都在遠離我們——光波看起來就會比較紅。

本星系群外的星系傳來的光，看起來會偏向光譜中的紅色端（**紅移**），這個發現也支持宇宙在 **向 外 擴 張** 的理論。

當我們看到夜晚的星光時，我們觀察到的其實是恆星約數百萬年前發出的光。星系間和恆星間的距離很遠，就算光移動的速度飛快，光波也還是得花數百萬年才能抵達地球。所以當我們觀察恆星和星系時，看的其實是宇宙很久以前，來自「過去」的光。

太陽系的形成

我們的太陽系約誕生在 46 億年前，是以星雲的方式——也就是一團浮動的氣體、冰質微粒和塵埃的形式出現。

推測是因為附近恆星爆炸的震波，讓星雲開始旋轉和凝結。當星雲旋轉的時候，它會變得像飛碟一樣扁扁的，就像是一塊麵團在空中旋轉成披薩的餅皮。引力會將這團氣體、塵埃和冰粒拉聚成一團物質團，這塊物質團又會再拉扯其他的氣體、塵埃和冰粒，這時中心物質的溫度和壓力會變得非常高，並引發氫融合，於是一顆恆星，也就是我們的太陽，因此誕生了。

星雲剩下的氣體、冰粒和塵埃會聚在一起，
變得越來越大塊，形成行星、衛星和
太空中的其他天體。

因為太陽的能量太強大，會把
比較輕的元素掃出內太陽
系。

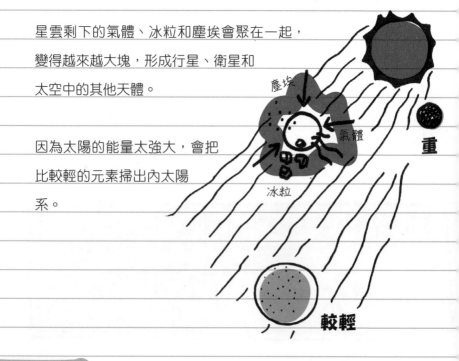

塵埃

氣體

冰粒

重

較輕

因此，靠近太陽的內行星大多都是由較重的元素組成，而外行星則大多是由較輕的元素和氣體組成。

引力的重要性

引力是太陽系誕生背後的重要條件之一（還有其他條件）。引力會將星雲彼此拉近，引發氫融合並形成恆星。引力會讓太空中的物質聚在一起，形成像行星和衛星等的天體，並讓行星留在環繞太陽的運行軌道。　引力，謝謝你啊！

過去對太陽系的理論

我們現在知道太陽系有 8 個行星和繞著太陽轉動的較小天體，不過，在很久以前，大家對太陽系也有些別的理論……

地心說：

像亞里斯多德和托勒密等希臘科學家都相信地球是太陽系的中心，他們認為太陽、月亮和他們當時知道的 5 個行星都會繞著地球轉動。

我們是宇宙的中心！

你覺得是就是吧……

223

日心說： 在 1543 年的時候，**哥白尼**
發表的論文指出地球和其它行
星都繞著太陽運行。他認
為，只有月亮，是繞著
地球運行的。

透過觀察金星以及
其它的研究，**伽**
利略也推論太陽
是在太陽系的正
中心。

這些理論模型都非常接
近現在對太陽系的理論，
但哥白尼和伽利略兩個人都因為他
們的研究而遭到嘲笑和迫害。

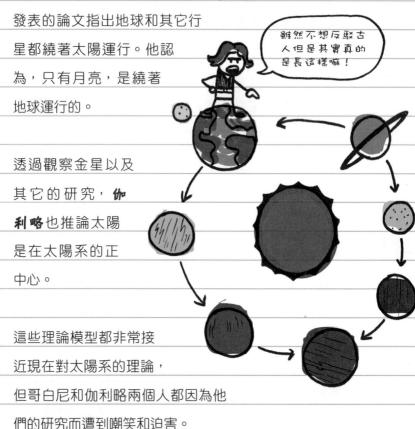

隨 堂 小 測 驗

1. 宇宙起源的三個理論中，哪一個最可信？為什麼？

2. 請解釋都卜勒效應的原理。

3. 如果你站在車子中不動，但有一列火車從你旁邊鳴笛而過，那笛聲在火車經過的前後會有怎樣的變化？

4. 我們是怎麼知道宇宙正在膨脹的呢？

5. 根據大霹靂學說，太陽系是如何形成的呢？

6. 為什麼內行星主要是由比較重的元素組成，而外行星則是由比較輕的元素組成呢？

7. 古希臘的科學家是怎麼看待太陽系的呢？

8. 哥白尼和伽利略的研究是如何改變太陽系的理論模型呢？

解答在下一頁

對 答 時 間

1. 在穩恆態理論、振盪宇宙理論及大霹靂學說中，大霹靂學說是最可信的，因為我們知道宇宙經過了劇烈的改變。我們目前沒有證據說明宇宙正在收縮，但我們知道宇宙正在擴張。

2. 都卜勒效應指的是對聲音或光波的頻率及波長感受的改變。當波源與接收波的人之間的距離縮短，那人感受到的波長就會比較短，感受到的頻率也就比較高（反之亦然）。

3. 火車往你開過來時波會受到擠壓，所以鳴笛聲聽起來就會比較尖銳。當火車駛走、遠離你，聲波就會因為你和火車間的距離增加受到拉扯，所以鳴笛聲聽起來就比較低沉。

4. 透過研究銀河所釋放的光波，我們就可以辨識出光裡的紅移，也就表示我們會覺得光所有的波長會比平常還要長。這就表示銀河正在遠離我們。

5. 來自像附近恆星爆炸的震波，讓星雲開始凝結。當星雲因為引力更進一步凝聚時，太陽就因此誕生，而剩下的物質就凝集成行星。

6. 來自太陽的能量會把比較輕的元素往外排開，所以比較靠近太陽的行星就會失去比較輕的元素。

7. 希臘科學家認為地球是太陽系的中心，且所有一切都繞著太陽旋轉。

8. 在這個模型中，他們把太陽放在太陽系的中心。

單元 6

地球、天氣、大氣與氣候

礦物、岩石與地球的結構

礦物與用途

礦物是大自然中天然形成的固體無機物質。礦物有**晶體結構**，也就是說礦物中的原子會依一定且重複的排列方式進行排列。結晶礦物形成的方式有很多，但最常見的兩種分別是：

1. **岩漿冷卻：** 熔融狀的岩石稱為岩漿，
   來到地表後就會冷卻。岩漿冷卻後，
   裡面的原子就會形成結晶。在**火成**
   岩中常可以發現。

火成岩
岩漿冷卻形成的岩石

2. **溶液中生成：** 含有純物質的溶液在水分被蒸發掉後，被留下
   來的離子就會形成結晶。冰晶棒棒糖其實就是水蒸發
   掉後，糖在棒子上形成結晶而來的喔！另外，有時候
   溶液中的溶質會**沉澱**，也就是說這些溶質會從溶液
   中的離子狀態變成固體。

我們可以根據礦物的物理性質，辨別與分類礦物：

顏　色

條痕： 科學家會拿礦物在白色磁磚上劃一條線，產生的粉狀線
條就叫做條痕。條痕可以顯現礦物粉末型態，而且粉末的顏色通
常會和礦物本身的顏色不同。

光澤： 礦物的光澤。金屬礦物會反射光線，而非金屬礦物則會有
玻璃、珍珠或土狀的光澤。

解理和斷口：礦物的晶體結構會決定礦物斷裂的方式。解理是礦物斷裂形成光滑平面；斷口則是礦物會斷裂成凹凸不平、粗糙的碎片。斷口的礦物比解理的礦物堅固。

解理

斷口

硬度：礦石被劃傷的難易度。鑽石是最堅硬的礦物，而且因為鑽石非常堅硬，所以只有其他的鑽石才有辦法在上面留下痕跡。

比重：礦物會沉下去還是浮上來？礦物或任何物質的比重，說的是這個物質的密度和水的密度間的比較，如果礦物的密度是水的 20 倍，那它的比重就會是 20。礦物比重為 1 時，表示礦物和水的密度相同。

礦物的用途

寶石是最值錢的礦物，非常稀有且漂亮，像鑽石就是其中一個例子。**礦石**是含有實用物質的礦物，像是鐵、鉛、鋁或鎂。礦石需要經過處理才能取出有用的材質。許多礦物內含有矽和氧，這些礦物就叫做**矽酸鹽類**，地殼內大多數的礦物都屬於矽酸鹽類。

我們也會吃在食物裡的礦物，讓身體保持強壯，許多綜合維生素內都有像是鈣等的礦物。

岩石和岩石循環

岩石是混合不同礦物、火山玻璃、**有機物質**或其它礦物的混合物。仔細地去看岩石時，你會看到不同的顏色以及偶爾出現的閃光，這就表示岩石裡有不同的成分和礦物。

有機物質
有生命或無生命的事物

岩石循環讓我們看到岩石如何形成跟改變。岩石剛開始看的時候可能會覺得它們非常相似，但其實是非常不同且複雜的。岩石可以依據生成的方式，分成三大類：**火成岩、沉積岩**和**變質岩**。岩石循環可以告訴我們每一類岩石生成的方式。

就好像各自都有自己的故事！

風化
曝露在空氣、水和冰中的岩石，因化學或物理風化而分解。

風化和侵蝕會讓岩石分解，讓火成岩變成**沉積物**（岩石、礦物或生物的鬆散碎片）。

經過巨大的壓力後，沉積物就會被壓密、膠結而變成**沉積岩**。

是熱造成的！

來自地球的高溫、高壓會讓岩石擠壓與變形，變成**變質岩**。

接下來，岩石會因為地球深處的高溫而熔化，變成岩漿。

岩漿

上升到地表附近後冷卻變硬的岩漿，就會變回**火成岩**。這個循環可以從任何一個階段接續下去。

岩石循環

火成岩

侵蝕和壓密

熔融和冷卻

沉積岩

熔融和冷卻

熱和壓力

熱和壓力

侵蝕和壓密

變質岩

循環的過程可以從任何一個階段接續下去。舉例來說，火成岩會隨著熱和壓力成為變質岩。岩石循環仍然會維持能量守恆——物質會改變型態，但不會增加或受到破壞。

花崗岩

火成岩

冷卻後的岩漿會形成火成岩。岩漿冷卻後，原子就會結晶變成礦物顆粒。像花崗岩這類在地表下慢慢冷卻生成的岩石，就叫做**深成岩**（或侵入火成岩）。深成岩的顆粒會比較大。（顆粒比較大是因為結晶的時間比較久。）

> 可以把深成岩當成是「入侵者」。
> 這類岩石會像「入侵者」一樣，
> 在地表下靜悄悄地緩慢生長。

火山岩（或噴發火成岩）是熔岩在地表快速冷卻形成的岩石。因為是快速冷卻的岩漿，所以火山岩的礦物顆粒會比較小。

黑曜石就是由熔岩快速冷卻形成的，這種岩石幾乎沒有顆粒，且看起來和玻璃很相似。

喔～好亮！

變質岩

地球會將岩石擠壓與加熱成變質岩。岩石會變熱、變軟，接著就會因為巨大的壓力而變形。像板岩這類**葉理狀**變質岩具有層次結構，而像大理石這類**非葉理狀**變質岩則不具有層次。

但它不會熔化喔，如果熔化了，就變成火成岩了！

沉積岩

地表上露出的岩石大多都是沉積岩。沉積岩是沉積物經過壓密及膠結而形成的。通常沉積岩是一層一層堆疊而成，所以最早成型的那一層就會在最底下。這些堆疊的岩層就叫做**地層**。

地層可以有很多不同分層喔。

疊加原理就指出當這些岩層隨著時間累積，最底部的岩石年代就會比上層的岩石還要古老（但先決條件是沒有出現倒轉）。科學家會使用地層彼此的相對位置，來推算岩石、地層和化石的年份——這個過程就叫做**相對定年**。

相對定年基本上就是一個東西之於另一個東西的年份。這就
好比是一個謎團的線索——如果你知道其中一層岩石的年
份，那我們就可以預估這個岩層周遭岩石的年份，然後對相
關時間有更完整的了解。

地球的組成與結構

地表上的岩石大多是由矽和氧組成的，另外有
一小部分則是鋁、鐵和其他的元素。如果再
往地球深處挖掘，那裡的岩層就會有所不
同，事實上，地球就像是一顆水蜜桃：

地殼：水蜜桃的果皮就像是地球的地殼，是地球的最外層。地殼
主要是由土壤和岩石組成，在大陸下方最厚，在大洋下方最薄。地
殼有時候可以達到 70 公里那麼深，但其實如果把地殼跟水蜜桃的
果皮拿來相比擬，水蜜桃的果皮還是太厚，沒辦法完全反映地殼的
真實比例。

地函：水蜜桃的果肉就像是地球的地函，是地球最厚的分層。
地函有著極其炙熱的濃稠岩漿，會以範圍巨大的**熱對流**緩慢循
環、推動著地殼。

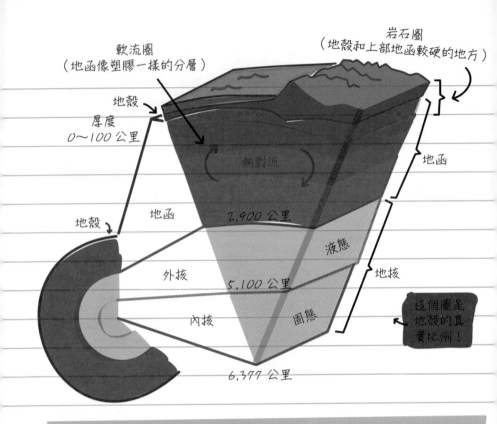

外核： 地球的外核就像水蜜桃果核的外殼，多為熔化的液態鐵和鎳組成。這個液態外核讓地球產生磁場。

內核： 地球的內核就像水蜜桃果核的核仁，多由固態的鐵和鎳組成。內核的溫度比外核高，但因為地核需要承受其上方分層所產生的巨大壓力，所以鐵和鎳還是維持固態。

深度越深，密度、壓力和溫度越大。可以想像一下壓在地球內核上的重量有多重！

隨 堂 小 測 驗

1. _____ 冷卻後會產生礦物。

2. 礦物有 _____ 結構。

3. 請寫下用來分類礦物的特性有哪些。

4. 礦石是什麼？

5. 岩漿冷卻後會形成 _____ 。

6. 變質岩是因為 _____ 和 _____ 形成的。

7. 地層是什麼？

8. 地球由內到外的分層分別是： _____ 。

9. 組成內核和外核的鐵和鎳，在內核是 _____ 態；在外核是 _____ 態。

10. 沉積岩為什麼會變成變質岩？

解答在下一頁

對答時間

1 岩漿

2 結晶

3 顏色、條痕、光澤、解理、斷口、硬度、比重

4 礦石是內含有用物質的礦物，鐵是其中一種。

5 火成岩

6 擠壓、熱

7 地層是層層疊疊的沉積岩。

8 內核、外核、地函、地殼

9 液、固

10 因為熱和壓力會將沉積岩熔化，直到它變成變質岩。

運動中的地殼

地球的地殼，以及上部地函與地殼相接、較堅硬的部分，會一起稱為 **岩石圈**。地球的岩石圈就像蛋殼一樣碎成好幾大塊，我們稱它們為 **板塊**（也叫做 **構造板塊**）這些板塊會在地函中像是塑膠一樣的 **軟流圈** 上面移動。

岩石圈
（地殼和上部地函較硬的部分）

地球表面以及地表上像是褶皺山脈、地震、火山等的地質特色，都是由岩石圈板塊活動（彼此相處還不融洽的構造板塊）所造成的。

岩石圈

地殼及上部地函與地殼相連接、較堅硬的部分

造山運動

不同類型的板塊活動會產生不同類型的山脈，依照形成原因可分為以下類型：

斷塊山：當板塊彼此遠離的時候，會產生被向外拉的岩層，我們叫它**斷層**。這種狀況有時候會造成比較大塊的岩石傾斜和分開，產生平行山脊和山谷。像提頓山脈和內華達山脈這類在寬闊、平坦的山谷上，有鋒利、鋸齒狀山脊的山脈，就是典型的斷塊山。

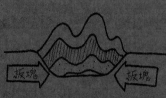

褶皺山：板塊向彼此靠近，並從側邊對岩石施加巨大的壓力，導致岩石摺疊和擠壓在一起。通常在褶皺山裸露出來的表面，就可以看到這些岩層，像美國東岸的阿帕拉契山脈就是古老褶皺山脈。喜馬拉雅山脈則是比較年輕，且侵蝕得比較少的褶皺山脈。

火山：當火山的熔岩冷卻時，就會產生一個堅硬的外層。這些冷卻的熔岩層層堆疊起來後，火山就會形成像錐子形狀的山，像聖海倫火山以及喀斯喀特山脈等的幾十座火山，都屬於這個類別。

海底火山：海底火山爆發後會在水下形成許多小山丘。熔岩不斷累積後，火山就會來到海面，形成像夏威夷這類的火山島。

大陸漂移

觀看世界地圖時，你會發現像南美洲、非洲等的一些大陸，似乎可以完美地拼湊在一起。德國氣象學家**韋格納**提出**大陸漂移說**來解釋這個現象。大陸漂移說認為這些大陸原本是一片連接在一起的巨大陸塊，韋格納將其稱為**盤古大陸**。科學家在南美洲東岸以及非洲西岸都找到了恐龍、植物的化石與相似的岩石，也就讓他們產生一個問題：難道恐龍曾經穿越大陸嗎？

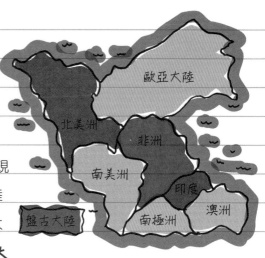

科學家在非洲、印度和南極洲大陸上都發現三疊紀時期的路上爬行類化石——感謝韋格納的大陸漂移說，我們現在可以知道為什麼啦！

板塊構造

板塊的位移與移動會影響地表和地貌。板塊邊界處（板塊邊緣交界處），板塊會分開、碰撞、交疊或彼此摩擦。地函熱量分布不均會導致**熱對流循環**，也就會推動板塊水平移動。

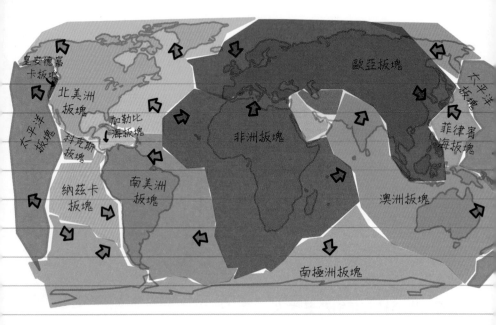

板塊分離

兩板塊相互分離，這類的板塊邊界稱作**張裂性板塊邊界**。當板塊

互相分離時，地函的岩漿就會湧出，變成新的地殼填滿板塊之間的

縫隙。新岩漿形成的區域，密度會比周遭的區域還要低，所以通常

會向上抬升，並且在海床上形成中洋脊。相

互分離的板塊也會形成裂谷，也是地

球被拉扯開來的地方。

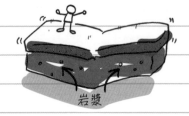

岩漿

海底擴張

科學家透過聲波繪製出海床的樣子，並發現一系列

的水下中洋脊，產生了**海底擴張說**這個理論：當海床的板塊分離，

炙熱的岩漿就會被往上推動，透過裂縫湧出，形成由**玄武岩**這種火

成岩組成的中洋脊。

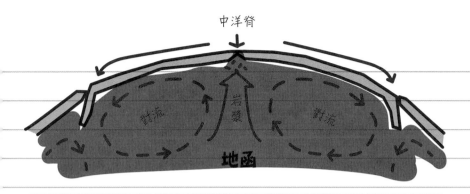

中洋脊

岩漿

對流　對流

地函

大西洋的中洋脊現在就在擴張喔──每年都會擴張 2.5 公分呢！

科學家發現離中洋脊越遠的岩石年代越古老，而這個發現支持了岩石是在中洋脊形成的這個想法。海床上岩石的磁性也支持了海底擴張說，因為地球的磁場每 20 到 30 萬年就會反轉一次。從中洋脊向兩側延伸，會發現岩石的磁場對換，證明這些岩石是在不同的時間點形成的。

板塊碰撞

兩板塊彼此靠近，這類的板塊邊界稱作**聚合性板塊邊界**。這些板塊邊界會有大型地震出現，而且通常是發生在地殼的深處。地殼可以分成兩種：**海洋地殼**和**大陸地殼**。海洋地殼的密度比大陸地殼還要大，所以當海洋地殼和大陸地殼碰撞在一起，密度較大的海洋地殼就會向下沉入地函，這個過程稱為隱沒。

隱沒
板塊向下沉入地函。

密度較大的物質會沉到密度較小的物質下。

下沉板塊附近的區域稱為**隱沒帶**。

隱沒板塊周圍的岩石會熔化成岩漿，因為岩漿的密度不像地殼或岩石圈的岩石那麼大，所以岩漿會向上湧出地表，形成火山。火山會噴出岩漿——但是當岩漿來到地表後，我們就會叫它**熔岩**。

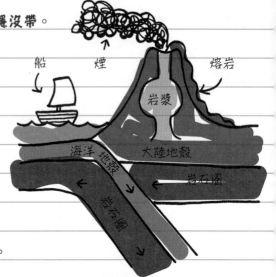

大陸地殼彼此的密度差異不大，所以當兩個大陸地殼碰撞時，就不會發生隱沒。相反的，地殼會彼此擠壓，形成褶皺和彎曲，也就是我們所謂的山脈。

中洋脊熔岩冷卻後會形成海洋地殼。中洋脊噴發的熔岩越多，就會把海洋地殼從中洋脊越往外推開。海洋地殼越被往外推，冷卻和硬化的程度就會越高。所以當兩海洋地殼碰撞時，比較古老（冷卻程度跟密度較高）的地殼就會沉到比較年輕（溫度較高且密度較低）的地殼下面。

碰撞的兩海洋地殼中，一定會有一塊密度比較低。

板塊滑動

兩個板塊依照不同水平方向滑動時，它們的邊緣會摩擦，導致地震。像是加州等**地震**頻繁地區，就位於此板塊邊界的頂端。板塊滑動會造成**斷層**，也就是岩床上的巨大裂縫。這類的板塊邊界稱作**轉型板塊邊界**。

斷層
岩石因為板塊滑動後卡住，產生的裂縫

地震

岩石和其它板塊摩擦而被拉緊時，就會累積位能……等到岩石裂開、移動後，就會把所有儲存的位能釋放出來。這種移動和分裂會產生像波浪一樣，向外傳遞的震動——也就是所謂的地震。

因為不斷疊在彼此之上

可以把緊繃的岩石想像成一條被拉扯的橡皮筋。橡皮筋會不斷被拉扯，直到超過了可承受的極限後，就會斷裂，並釋放在拉扯時累積的所有位能。

地震波和地震儀資料

地震釋放的能量會以**地震波**的震動形式釋放出來，並向外朝各個方向傳遞。地震波的來源就是運動的起源，也叫做**震源**。地表離震源最近的地方叫做**震央**。離震央越近，越能感受到地震的影響，因為離震源越遠，震動強度就越小。

> **地震波**
> 由地震產生的能量波

初達波（P 波）和次達波（S 波）

地底的地震波可以分成兩種：

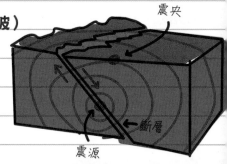

震央

斷層

震源

1. **初達波**，也叫做 **P 波**，介質振動方向和波行進方向平行。　→←→←→←

2. **次達波**，也叫做 **S 波**，介質振動方向和波行進方向垂直。

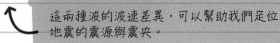

這兩種波的波速差異，可以幫助我們定位地震的震源與震央。

因為 S 波和 P 波是在地球內部傳遞，所以不會對我們產生太大的影響。**表面波**是沿著地球表面傳遞的地震波，是一種移動非常緩慢、且具有巨大破壞力的波。

地震儀和芮氏規模

為了要測量地震波的強度，或是所謂的**等級**，科學家會使用**地震儀**來記錄全世界的地震波。科學家可以利用不同地震記錄站的距離資料，找出地震的震央。

等級
測量地震釋放的能量有多大，由地震儀所記錄的地震波高度而來。

地震儀
紀錄地震波的儀器

地震的規模是以**芮氏規模**進行測量。芮氏規模是以地震波的大小作為基礎。大型地震大多是屬於芮氏規模的 6 到 9。這個規模的等級每往上提升 1 單位，地面晃動的程度就會增加 10 倍，而挾帶的能量則會增加 32 倍。

海嘯

在海底出現的地震可能會產生地震海浪，我們稱之為**海嘯**。

當這些海嘯接近陸地時會變得非常高大——有時候甚至可以達到九層樓那麼高，並造成很大的破壞。在 2004 年，印尼蘇門答臘就經歷了史上最嚴重的海嘯，造成 23 萬人死亡。2011 年，另一個極具破壞性的海嘯則襲擊了東日本的北太平洋海岸。

火山

岩漿或是熔岩的密度，都比地殼和岩石圈的堅硬岩石還要低，所以會不斷上湧到地表，當上湧的高壓岩漿找到可以衝出地表的開口，就會從這個地方噴出。火山通常會造成板塊碰撞或是分離，會形成一道很長的裂縫或**裂谷**。岩漿也可以從**熱點**直接「衝出」來，這一個點是無數滾燙岩漿往地表湧竄的地方。當岩漿不斷上漲的巨大壓力找到出口，就會往地表噴發，產生**火山**。有些岩漿

夏威夷就是喔！

因為承受極大的壓力，所以火山爆發就會將熔岩、岩石、灰燼及熱氣推到數千公尺高的空中。

科學家如果追蹤火山過去噴發的時間，並且對火山使用監控器材，就可以預測火山噴發的時間。

隨 堂 小 測 驗

1. 什麼是熱點？

2. 離中洋脊越遠的岩石就越_____。

3. 地震波的來源（在震央下）叫做什麼？

4. 什麼是褶皺山脈？

5. 韋格納將涵蓋所有大陸的陸塊叫做_____大陸。

6. 海底地震造成的海浪叫什麼？

7. 解釋中洋脊和海床岩石年代的理論叫做什麼？

8. 來自海洋的_____證據支持韋格納提出的盤古大陸理論。

9. 地震的大小是以_____規模測量的。

10. 地殼及上部地函與地殼相連接、較堅硬的部分叫做_____。

11. 當海洋和大陸板塊相互碰撞，會有什麼結果？

解答在下一頁

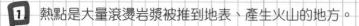

對答時間

1. 熱點是大量滾燙岩漿被推到地表、產生火山的地方。

2. 古老

3. 震源

4. 褶皺山脈是板塊向彼此移動，從板塊兩側對岩石施加壓力，所形成的山脈。

5. 盤古

6. 海嘯

7. 海底擴張說

8. 化石

9. 芮氏

10. 岩石圈

11. 海洋地殼會滑到大陸地殼下，因為海洋地殼的密度比較高。這個過程就叫做隱沒。岩漿會在下沉處周遭的隱沒帶產生，當岩漿上湧來到地表，就會形成火山。

風化與侵蝕

地表會隨著時間經過，不斷變化。雖然地球會不斷製造山脈和陸塊，但它也會不斷地受到風化和侵蝕的破壞。

風化

岩石被分解成比較小的碎片，像是把堅硬的糖果壓碎成小碎屑和碎片一樣。主要可分成兩種類型：**物理風化**和**化學風化**。

岩石因物理力量碎裂就叫做**物理風化**。

凍融作用：岩石裂縫中的水結冰、膨脹，將裂 縫撐大。當這個過程不斷重複，岩石就會被往外推得更分開。

植物與動物：植物的根會對岩石施加壓力，使岩石破碎。另外，動物也會在岩石上挖洞或築巢，將岩石破壞、碎裂。

就算很小的植物也會喔！

磨蝕作用：水和風夾帶的顆粒撞擊岩石，緩慢摩擦岩石的表面——就像是拿磨砂紙去摩擦岩石。

壓力釋放：地底岩石浮到地表時，岩石上的壓力就會比較小，所以岩石就會膨脹並裂開。

熱脹冷縮：岩石受熱後就會膨脹，但冷卻後，就會收縮。這個持續不斷的過程會逐漸對岩石施加壓力，直到它碎裂開來。

化學風化是岩石因為化學反應分解——像是碳酸飲料會侵蝕牙齒的保護層一樣!

天然酸類：空氣或土壤中的二氧化碳和水產生反應後，會形成碳酸，並會對石灰岩等特定的岩石，造成腐蝕（侵蝕），若形成「酸雨」會加速這個過程。

植物酸：植物的根部會產生有機酸類，可以溶解岩石中的礦物。

氧化：氧氣會和岩石與鐵這類的金屬產生反應，將它們分解。氧氣和鐵反應產生的鐵鏽，就是氧化的一個例子。很多紅色岩石之所以會是紅色，就是因為裡面含有很多鐵，並出現鐵鏽而產生的!

土壤

土壤是我們在地上看到的泥土，可以幫助植物生長。**土壤**是經風化後變得非常細小的岩石、生物的有機物質、水和氣體和在一起的混合物。土壤的分層叫做**化育層**。土壤隨著數千年時間經過發展，越成熟的土壤就會有更多的化育層，或是分層。

最靠近地表的土壤含有**腐植質**，它們是動物或植物腐爛後所產生的有機物質。腐植質是植物成長不可或缺的元素：動物或植物腐爛後分解而成的養分，會透過土壤中的腐植質再次回到大自然中。

侵蝕

如果海浪把你蓋的沙堡沖走，那就表示你的沙堡遭到海浪侵蝕了。

侵蝕指的是風化的物質被帶走。造成侵蝕的主要四種力為：

1. 水： 下雨的時候，引力會將水往下拉，讓水在地球上流動。

蝕溝、河川及**溪流**：流動的水就叫做**逕流**或**集水區**，會形成蝕溝（像是地球的水溝或排水溝）將沉澱物帶走。隨著時間經過，這些蝕溝就會形成大型的河川。水移動得越快，可以帶走的顆粒就越重。

片流：雨水落到像小山丘這樣的傾斜表面時，就會形成一片水，並會在叫做**片狀沖蝕**的過程中，將比較鬆軟的沉澱物帶走，有點像是巨大的滑水道。

2. 冰： 叫做**冰川**的巨型冰塊會在地表上移動，帶走大片的岩石、摩擦岩石的表面，磨損岩石產生凹槽。冰川就像是冰組成的河川，會緩緩地在山脈間往前推動。

3. 引力： 沒錯，引力是讓水和冰川往下流動的力。但是引力不只會讓水移動，更可以透過**塊體運動**產生侵蝕，也就是土地侵蝕。**山崩**和**土石流**就是個例子。

山崩

岩石鬆動、反彈，並從山丘或山脈往下滑動。

土石流

跟山崩類似，但會夾帶泥土：水中堆積的沉澱物會形成泥漿、變得沉重。水增加的重量會將泥漿從山丘上往下拉，造成土石流。

---

4. 風： 風會將鬆散的岩石和沙刮到岩石的表面上，然後將這些顆粒帶到其他的地貌上。

沉積

沉積是指沉澱物因為風或水的作用力而沉積或落下。這類的例子有：

三角洲：富含養分的沉積物因為河川沉積後，形成三角形區域。

氾濫平原：沉澱物因為附近河川或溪流氾濫後沉積，形成沉澱物區域。

冰磧石：因為冰川沉積的碎片。

落石堆積或**碎石坡：**從附近懸崖掉落的破裂岩石。

沙丘：由風或水堆積的沙丘。

地形圖

地形圖會包含高地（山脈）和低地（山谷）等地形的所在位置。海平面以上的高度就叫做**海拔**。海拔在地圖上會用**等高線**來表示，等高線是將相同高度的點相連在一起所繪製而成的線。

地形圖

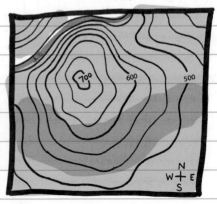

地形
土地的形狀和地形
特色

隨堂小測驗

1 請解釋物理和化學風化的差別。

2 請舉出兩個物理風化的例子。

3 請舉出兩個化學風化的例子。

4 請寫出「腐植質」的定義。

5 水侵蝕土地的方式有哪些？

6 什麼是凍融作用？

7 請舉出現實生活中化學風化的例子。

8 地形圖可以告訴我們什麼資訊？

9 氾濫平原是怎麼形成的？

10 請解釋風化、侵蝕和沉積的差異。

11 為什麼冰川會讓物質產生移動？

解答在下一頁

對 答 時 間

1. 物理風化就是用物理方式分解岩石。化學風化就是岩石因為化學反應而分解。

2. 以下任兩種答案皆可：凍融作用、植物和動物的行為、磨蝕作用、壓力釋放或熱脹冷縮。

3. 以下任兩種答案皆可：天然酸類、植物酸或氧化作用。

4. 腐植質是動物或植物腐爛而來的有機物質。

5. 流動的水會產生河川和蝕溝、溪流會侵蝕土地、片狀沖蝕會將泥土帶走。

6. 裂縫裡的水凍結。水凍結後，就會膨脹、將裂縫撐大。

7. 富含鐵的岩石所形成的鐵鏽。

8. 土地的形狀和地形特色

9. 氾濫平原是沉澱物在附近河川氾濫後沉積形成的。

10. 風化指的是岩石分解成比較小的碎片。侵蝕指的是風化的岩石被帶走。最後，沉積則是沉澱物落下。

11. 冰川移動時，會摩擦地表和帶動岩石、沉澱物及其他物質。

第七題的正確答案不只一個喔！

地球的大氣
與水循環

地球的大氣

地球的**大氣**是環繞地球的一
層薄薄氣體，也是地球上生命
能夠存在的原因。大氣就像是
地球的毯子：它會吸收並捕捉
剛剛好的太陽熱量，讓我們的
地球可以維持適合居住的溫度。
大氣同樣也會保護我們對抗有害的
輻射，並含有像是氧氣、二氧化碳等人
類、動物和植物存活需要的氣體。

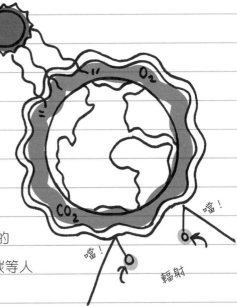

組成

我們常常會直接叫它「空氣」。

大氣是由氣體和**氣膠**（固體顆粒）組成的。氣體主要的成分有：

78% 的氮氣

21% 的氧氣

1% 的其他氣體

像是氬氣、二氧化碳、水氣、臭氧（一種無色的有毒氣體）、甲烷、一氧化碳、氫氣等。

大氣中的每種氣體都扮演著重要的角色。**水氣**像是非常細的噴霧，可以產生雲與天氣現象。臭氧會吸收來自太陽的紫外線輻射（UV光）。植物在進行重要的反應過程時會用到二氧化碳，而且二氧化碳也是一種會捕捉太陽熱量、讓地球變暖的**溫室氣體**。目前，地球大氣中會吸熱的二氧化碳實在太多了，導致整體的氣候變暖並出現變化——我們把這個現象稱為全球暖化，或是**全球氣候變遷**。

大氣中除了氣體之外，還有叫做氣膠的固態微粒。這些微粒包含了從大海蒸發的鹽、地面的粉塵、植物的花粉、火山造成的火山灰、酸類以及其他因為人類汙染產生的微粒。氣膠因為會反射跟吸收陽光，所以會對天氣和氣候造成影響。

大氣層

大氣總共有五個分層（依照離地面的距離，由近到遠排序）：

> 每一層的厚度都不太一樣，所以這只是平均值。

1. 對流層（距離地表 0～16 公里）

- 離地球最近的一層（地球最高的山，高度只有約 8 公里喔）
- 大多數的天氣現象都發生在這一層
- 包含大多數的空氣分子
- 熱源為地表的溫度，所以對流層內高度越高，溫度越低。

2. 平流層（距離地表 16～50 公里）

- 在對流層之上
- 大型客機大多是飛在這一層。
- 臭氧層在平流層的頂端。
- 因為在平流層頂端的臭氧會吸收來自太陽的紫外線輻射，所以平流層氣溫隨高度上升而升高。

> **臭氧層**
> 大氣中的一層氣體，可以保護人類和動物不受太陽紫外線的傷害。

3. 中氣層（距離地表 50～80 公里）

- 溫度到中氣層時會急遽下降，因為這裡能吸收熱量的臭氧及物質非常少。
- 進入我們太陽系的流星，常常會在這裡燃燒殆盡。我們平常看到的流星就是在這一層出現的。

> 中氣層（mesosphere）的字首「meso」，就是「中間（middle）」的意思，所以「中氣層」指的就是在大氣中間的分層。

261

4. 增溫層（距離地表 90～500 公里）

· 大氣中最熱的分層。

· 可以過濾來自太陽的 γ 射線和 X 射線。

5. 外氣層（距離地表 500～10,000 公里）

· 大氣最外面的分層

· 幾乎沒有任何物質，且最終會消散
到太空中。

· 衛星會依軌道在此層繞地球運行。

外氣層（exosphere）的
字首「exo」指的就是
最外面（outside），暗示
這是最外面的一層喔！

補充小知識：電離層（Ionosphere）

1. 字首「ion」指的是帶電的粒子——電離層是由
一層帶電的粒子組成。

2. 這一個分層會吸收太陽的調幅（AM）無線電
波，而入夜、沒有太陽後，電離層就會將無線
電波從城市反射到另一個城市。

其實不能算是一個真
正的層，而是位於其
他氣層之間。

也是因為電離層
的關係，無線電
的接收在晚上會
比較好！

臭氧層

我們呼吸的氧氣是由兩個氧原子結合在一起；臭氧則是由三個氧原
子結合在一起。在平流層頂端的臭氧層，可以保護我們遠離太陽的
紫外線——這種輻射線會造成曬傷跟皮膚癌。

臭氧層的破洞並不是造成全球氣候變遷的兇
手，不過很多人都有這種誤解。

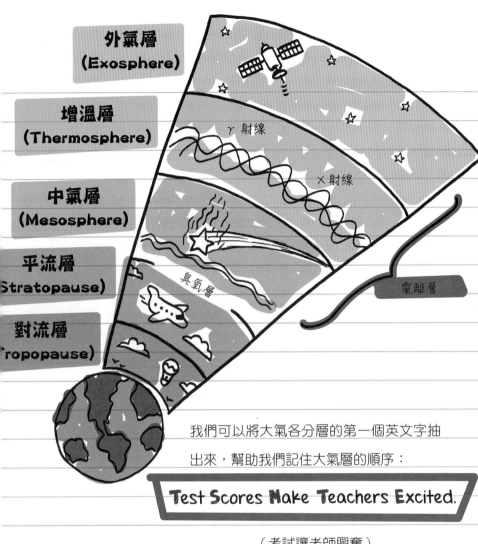

| 外氣層
(Exosphere) |
| 增溫層
(Thermosphere) | γ 射線 |
| | X 射線 |
| 中氣層
(Mesosphere) |
| 平流層
(Stratopause) | 臭氧層 |
| 對流層
(Tropopause) | 電離層 |

我們可以將大氣各分層的第一個英文字抽

出來，幫助我們記住大氣層的順序：

Test Scores Make Teachers Excited.

（考試讓老師興奮）

拯救臭氧層

冰箱及噴霧罐（像頭髮定型液）裡的化學物
質──氟氯碳化物 (CFCs) 會壞臭氧層。因為
使用氟氯碳化物，已經造成南極洲大陸上的臭
氧層出現破洞。想看臭氧層目前的狀態，可以
到這個網站：ozonewatch.gsfc.nasa.gov.

壓力的改變

因為重力會將分子拉向地表，所以大多數的空氣分子都會集中在地表。也因此，氣壓在對流層是最大的。在對流層中高度越高氣壓越小。

> 到海拔高的地方，呼吸就會變得比較困難，因為氣壓會隨著海拔升高而降低，所以大氣中的氧氣會變得比較稀薄。登山者為了能夠適應不同的空氣狀態，會在高海拔營地花上好幾個月的時間，做登頂的準備。

哇嗚！

溫度的改變

溫度跟氣壓一樣，會隨著高度而改變。地表會因為吸收太陽輻射而變熱。因此，對流層也會從地表獲得大部分的熱量。所以在對流層中，隨著你離地表距離越遠，溫度就會變得越低。

平流層的熱源為臭氧層，因為臭氧層會吸收很多來自太陽的輻射。加上臭氧層位於平流層的頂端，所以在平流層高度越高，溫度也會越高。

中氣層越靠近臭氧層的部分，溫度越高。由於臭氧層的位置離中氣層底端較近，所以中氣層內高度越高，溫度越低。

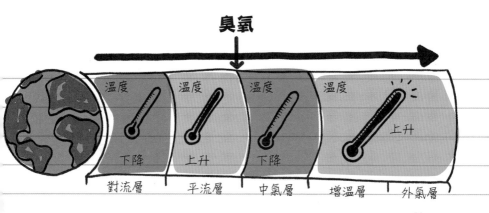

增溫層跟外氣層的溫度，也會隨著離地表距離越遠而上升，不過因為這些地方的分子實在太少，所以你不會覺得「熱」。

水循環

水會透過水循環，在陸地、海洋和大氣間進行交換。**水循環**包含了不斷重複的蒸發、蒸散、凝結、降水和逕流：

蒸發指的是液體因為加熱而變成氣體。太陽光會讓海洋和地表上的水變熱變成水氣，並上升到大氣中。另外，植物也會透過**蒸散**或**蒸發散作用**的方式，將水氣釋放到空氣中。

> **蒸散或蒸發散作用**
> 植物將水氣釋放到周遭環境中

凝結

氣體冷卻變成液體的過程。水蒸發到空氣後上升，遇到較冷的空氣會使水分子聚集在一起，形成細小的液態水滴，再形成雲。

降水是雲裡的水滴變大、變重，並從大氣中以雨、雪、
冰雹和霰的方式落下，回到地表。

降水落到地表後，就會被吸收並匯集到河川和溪流中，最終流
向大海。在地面上流動的水叫做**逕流**；在地表下流動的水叫做
地下水。

溫暖的空氣經過地表和海洋時，會讓水蒸發回到大氣中，周而復始
這個循環！所以水永遠不會增加或離開我們的生態系，只是以不同
的形式循環而已。

隨 堂 小 測 驗

1. 大氣中的氣體主要是由＿＿＿＿＿和＿＿＿＿＿組成的。

2. 對流層內高度越高，溫度就會越＿＿＿＿＿。

3. 大氣中最熱的分層是增溫層，不過因為這地方的＿＿＿＿＿實在太少，所以你不會覺得「熱」。

4. 請描述什麼是平流層。

5. 天氣現象主要出現在＿＿＿＿＿層。

6. 臭氧層可以保護我們不受什麼傷害？

7. 越靠近地表，氣壓就越＿＿＿＿＿。

8. 請描述什麼是中氣層。

9. 請描述什麼是水循環。

解答在下一頁

對答時間

1. 氮氣、氧氣

2. 低

3. 分子

4. 平流層在對流層之上，飛機大多是飛在這一層。平流層的頂端存在臭氧層。

5. 對流

6. 紫外線

7. 高

8. 中氣層在平流層之上，溫度在這裡會急速下降。中氣層也表示是在大氣中間的分層。

9. 循環從地表開始說起，水會先從地表蒸發，由液態轉變成氣態，然後上升。接下來，變成氣體的水會透過冷卻而凝結，變成密度較高的液體。雲跟雨得形成就是因為這個原因喔！雨、雪或任何形式的水回到地面的過程，都叫做降水。水落到地表後，會被海洋、植物和溪流吸收。不斷循環，周而復始。

天氣

天氣指的是大氣在特定時間和地點的狀況。天氣包含了以下的資訊：

> 氣溫　　　　風

> 溼度（空氣中的水氣量）　　　雲

> 降水，像是雨、雪和冰雹

氣溫

不同溫度的空氣會導致氣壓及密度的差異，產生風和對流。在不同的氣溫下也會讓水蒸發（溫度變高）或是凝結成降水（溫度變低）。

相對溼度的大小也會受到氣溫的影響：比較溫暖的空氣因為分子移動得比較快，所以可以容納比較多的水，而且聚集成水分子的速度比較慢。所以當冷空氣遇到暖空氣，空氣中的水就常常會凝結，造成下雨。

暴風雨來臨時，你通常可以感受到氣溫的變化。

氣壓、溫度和空氣密度會相互影響並控制空氣的流動。氣壓是每個分子彼此或與周遭碰撞後，形成的推力。當溫度上升時，空氣中分子的移動就會變快，對周遭物體施加更多壓力。同樣的，當溫度下降後，空氣中分子的移動就會減少，施加的壓力也比較少。**空氣密度**是指某個單位空間內，空氣分子的質量。空氣密度越高，出現的碰撞就會越多，空氣壓力跟溫度也就更大。這也是為什麼低海拔區域溫度通常較高；高海拔區域溫度通常較低的原因。

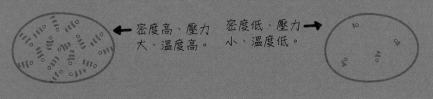

← 密度高、壓力大、溫度高。

密度低、壓力小、溫度低。 →

全球與地方風系

風
空氣的流動

大氣內的空氣受熱不均，造成氣溫的差異。由於比較暖的空氣會膨脹，所以它的密度跟壓力就會比冷空氣還要小。風是因冷、暖空氣造成的氣壓差及密度差而產生的，空氣會從高壓地區往低壓地區流動，產生風。

行星風系

全球各地不同的氣溫，會讓風繞著地球循環。太陽光照向地球時，會直射靠近赤道的地方，而不是兩極的區域；也因此，赤道附近的空氣受熱就會比兩極來得多。所以來自赤道的溫暖空氣會上升、並往兩極流動；來自兩極的冷空氣也會流向赤道，取代那裡的空氣。

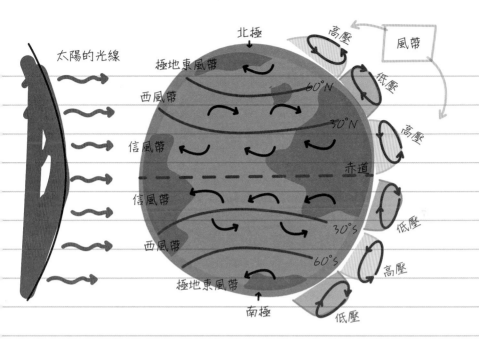

地球的自轉加上各地氣溫的差異，會使來自赤道和兩極的風產生彎曲，流向不同的地方。這種現象稱為**科氏效應**。科氏效應會導致風向東或向西偏，在地球各地產生可以預測的風向型態。

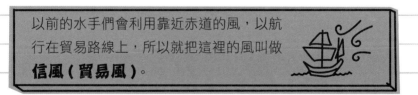

以前的水手們會利用靠近赤道的風，以航行在貿易路線上，所以就把這裡的風叫做**信風（貿易風）**。

噴流

雖然大部分的風是在地表流動，但是在高緯度、對流層頂也有風的流動。在北美洲，來自北極的寒冷、乾燥空氣，會與遙遠南方的溫暖、溼潤空氣在交會處形成全球**噴流**。

氣溫的差異會讓噴流變得非常強勁——達
到每小時 250 至 300 公里的穩定速度，
而且這種氣流通常會由西向東吹。

地方風系

海洋與陸地的交會處每天都有微風吹拂，這是因
為陸地溫度的升降比水還要快（水的日夜溫度幾乎維持相同）。陸
地白天時會加溫，也會透過傳導將上方的空氣加熱，這個溫暖的空
氣上升後，就會與來自海洋的冷空氣產生對流。白天時，比較冷的
風會往岸上流動，稱為**海風**。夜晚時，海洋上的空氣會比陸地上的
空氣溫暖而上升。透過這種方式產生的對流，就會形成由陸地吹向
海洋的風，叫做**陸風**。地形也會造成地方風，像是山谷的溫度差異
或是從隘口匯集的風也都是一種例子。

溼度

溼度是空氣裡的水分或是水氣含量。通常，溼度會以
相對溼度來表示，說的是空氣最多可以容納的水
氣量與空氣實際的水氣量比較。當空氣的相對溼度
是 100%，空氣中的水分子就處於完全**飽和**，沒辦法
再容納任何的水氣。

空氣越暖，就可以容納更多的水氣，所以溼度為 50% 的暖空氣，就會比溼度為 50% 的冷空氣，實際擁有更多水氣。

露點

清晨在草上出現的水珠，就叫做**露珠**，是由空氣中的水氣凝結而成。**露點**是表面形成露水時的氣溫，會受到空氣中的水氣含量以及氣溫影響。

雲

水氣在空中凝結後，就會變成雲，所以雲其實就是空氣中的水氣達到露點的指標。當溼潤的空氣冷卻、水氣在大氣中細小的塵土或鹽粒上凝結時，就會產生微小的水滴或冰晶，進而形成雲。

我們可以透過雲的形狀和高度，將雲進行分類。雲主要的三種形狀有：

1. 卷雲： 出現在海拔很高、溫度非常低的區域。低溫會導致水氣凝結成像羽毛般的冰晶。

卷雲

2. 積雲： 位於中至低海拔的蓬鬆雲朵。通常會在天氣晴朗的時候出現，但厚度較厚的灰色積雲常會導致雷雨。

積雲

3. 層雲： 通常是一大片，會出現在低海拔地區。霧其實就是很靠近地表的層雲。

層雲

這些不同類別的雲，會出現在不同海拔區域，雲的第一個字，就會顯示這些雲大概的高度：

卷——指的是高層雲，卷雲多屬於這一類。

高——指的是中層雲，高積雲就屬於這一類。

層——指的是低層雲，層雲多屬於這一類。

會造成降水（像雨或雪）的雲，它們的名字常常會有**雨**這個字。舉例來說，積雨雲就是會造成風暴的積雲。

降水

雲裡的小水滴聚集在一起，變得又大又重的時候，就會從天空以降水的形式落下。依據氣溫跟其他的條件因素，降水會有以下幾種形式：

雨　　**雪**

冰雹　　**冰珠**　　**凍雨**

氣團與鋒面

氣團是一大塊在地表上移動的空氣，會影響天氣狀況。氣團造成的天氣類別，主要是受氣團的發源地影響。像在溫暖水面上形成的氣團，就會攜帶比較溫暖、潮溼的空氣。

冷鋒指的是冷氣團向暖氣團移動，取代暖氣團的位置。不同氣團之間的交界，會對天氣帶來很大的影響。冷空氣和暖空氣因為密度不同，所以相遇後不會混合在一起，而是出現一個向上抬升，一個向下沉的情況。

因為鋒面代表天氣的變化，所以是做天氣圖預報時的重要指標。天氣圖上會用不同符號顯示即將到來的鋒面。鋒面的種類有：

冷、暖空氣相遇時，常常會造成雨或風暴。

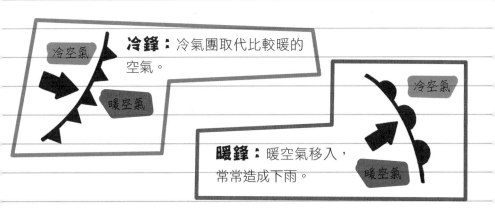

冷鋒：冷氣團取代比較暖的空氣。

冷空氣

暖空氣

暖鋒：暖空氣移入，常常造成下雨。

冷空氣

暖空氣

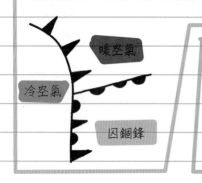

囚錮鋒：冷、暖鋒面同時來臨，但冷鋒面前進的速度比較快，使暖鋒被向上抬升，常常造成下雨。

暖空氣

冷空氣

囚錮鋒

滯留鋒：冷、暖鋒相遇並停留在原地，但只要其中一個鋒面開始往前移動，就不再是滯留鋒。

冷空氣

暖空氣

劇烈天氣

雷雨

當溫暖、溼潤的空氣快速上升到空中，並冷卻下來，就會在空氣分子上形成電荷，讓雲的底端帶負電，頂端帶正電。風暴雲（發展旺盛的積雨雲）會讓地面產生正電。正電荷和負電荷會湧向彼此，產生一道我們稱為**閃電**的電流。閃電的溫度非常高，會讓四周的空氣膨脹。因為這個空氣膨脹的速度比音速還要快，所以會產生音爆，也就是我們聽到的**雷聲**（所以雷聲其實就是空氣膨脹的聲音）。

龍捲風

積雨雲中的暖空氣快速上升（像是冷鋒移入）時，造成的上升氣流可能會產生漏斗雲。如果漏斗雲延伸到地面，就會產生短暫以漩渦方式旋轉的風，稱為**龍捲風**。龍捲風極具破壞性，但是通常持續時間短暫，而且行經的範圍有限。

颱風（或是颶風）

颱風是威力最強大的風暴，會在熱帶海域上的低壓地區成型。在低壓區域的暖溼空氣會上升，產生極具威力的強風。地球自轉會讓北半球的風和雲以逆時鐘的方向旋轉。

颱風眼是風暴的中心，但很讓人意外的是，這個區域其實非常風平浪靜。

應該
沒事吧……

天氣預測

氣象學家是研究大氣和預測天氣的人。

氣象學家會用溫度、氣壓、溼度、降水和其他從人造衛星上獲得的資訊進行天氣預測。**雷達**（全名是「**無線電探像與測距**」）也會被用於收集天氣資訊，因為它發出的訊號若遇上積雨雲或雨滴時會產生偏轉，所以可以顯示出一個區域的降水量（雷達地圖會用不同顏色顯示降雨大小）。氣象學家會收集不同來源的資訊製作天氣圖，進行天氣預報。

天氣圖

天氣圖上面畫有**等壓線**，是氣壓相同各點的連線。另外，因為氣壓的差異會產生風，所以風大的地方常常會有較緊密的等壓線。

若等壓線越寬鬆風就會比較小。另外，天氣圖上溫度相同各點的連線，叫做**等溫線**。天氣圖上也會顯示氣團和鋒面。

等壓線 (isobar) 跟等溫線 (isotherm) 的字首「iso」，指的就是相同 (same) 喔。所以等壓線說的是壓力相同的區域；等溫線指的是溫度相同的區域。

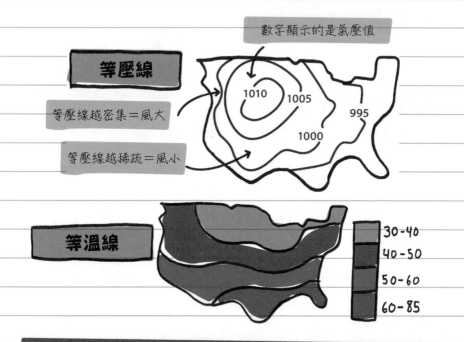

數字顯示的是氣壓值

等壓線

等壓線越密集＝風大

等壓線越稀疏＝風小

1010　1005　995

1000

等溫線

30-40
40-50
50-60
60-85

像是劇烈天氣等的一些自然災害，在發生前會有訊號可以做預報；但是像地震等的其他自然災害，就比較難預測。不過以所有的自然災害來說，科學家都可以研究過去災害發生的地點、規模大小和頻率，對未來可能發生的災害進行預測。透過使用人造衛星來監測龍捲風和劇烈風暴，我們就可以找出高風險的區域，並決定要在哪些地方建立防範風暴的地下室或堤防，或使用科技來保護自己。

隨 堂 小 測 驗

1. 冷空氣跟暖空氣，哪一種的氣壓比較高？為什麼？

2. 為什麼雲常出現在低氣壓區域上空？

3. 卷雲是由什麼組成的？它們的位置通常在哪裡？

4. 請舉出三種降水的形式。

5. 低層雲的名字裡通常會有哪個字？如果要替風暴雲取名，名字裡面一定會有哪個字？

6. 很接近地面的雲，其實就是什麼呢？

7. 看起來像棉花糖且通常出現在中海拔區域的，是哪種雲？

8. 要怎麼知道空氣中的水氣已經達到露點了呢？

9. 請解釋海風與陸風的作用。

10. 雷雨是怎麼出現的？

11. 地圖上等壓線如果很密集，代表的是什麼意思？

解答在下一頁

對答時間

1. 暖空氣的氣壓比較高，因為跟冷空氣相比，暖空氣內分子的移動比較快且碰撞也比較多。

2. 氣壓較低表示比環境較暖的空氣，這團暖空氣會上升，裡面的水氣會凝結，變成雲。

3. 卷雲是由細小的冰結晶組成的，通常位於比較高空的地方。

4. 可以從以下正確答案中任選三種：冰珠、凍雨、雨、冰雹及雪。

5. 層；雨

6. 霧

7. 積雲

8. 有雲或霧出現的時候。

9. 白天時，陸地較熱，變暖的空氣會上升，然後海風就會帶來比較涼的空氣。夜晚時（陸地比大海涼），大海上比較暖的風就會上升，這時比較涼的陸風就會從陸地吹向大海。

10. 當溫暖、溼潤的空氣被迫快速上升，就會在空氣分子上產生電荷。這個暖空氣會凝結成風暴雲，帶來雨水。帶電的雲容易產生雷聲和閃電。

11. 表示會有很大的風。

氣候

氣候說的是一個區域很長一段時間的平均天氣（像是溫度和降水）狀況。舉例來說，阿拉斯加沿海地區的氣候就會比中墨西哥還要冷及潮溼。

氣候因子

緯度

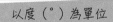

以度（°）為單位

緯度衡量的是一個地點在赤道以北或以南的距離。在不同緯度下，接收到的太陽光及熱量會有所不同。太陽的光線會直射赤道附近的區域，所以這些地區的溫度通常會比較溫暖。至於靠近兩極的區域，因為陽光入射的角度比較低，接受到的熱量較少，所以通常都很寒冷。不同緯度的區域，會對應到不同的氣候：

熱帶區域：赤道到南、北緯 23.5°的區域。這個區域的溫度，除非位於高海拔地區，不然大多都是全年炎熱。

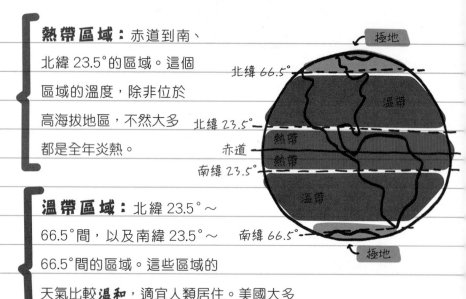

溫帶區域：北緯 23.5°～66.5°間，以及南緯 23.5°～66.5°間的區域。這些區域的天氣比較**溫和**，適宜人類居住。美國大多數的區域都位於溫帶區域。

極地區域：位於地球的兩極——也就是南、北緯 66.5°以內的區域。寒帶區域的太陽輻射很少，所以通常是全年冰寒。

海拔

海拔指的是海平面以上的高度，也是會影響氣候的因子。對流層是最靠近地面的分層，所以裡面的空氣會因為吸收來自地表的傳導而變熱。大氣層內高度越高，空氣分子就越少，能夠吸收地表熱量的分子也就變少了，所以會造成高層溫度降低、變冷。通常海拔每增加 1 公里，溫度就會下降約 6.5 ℃，

也就是每上升 1,000 英尺，溫度就會下降約 3.6 ℉。

水

以局部來看，水不論是要變熱或冷卻，都需要比空氣還要多的時間，所以沿岸區域的溫度變動會比較小。以全球來看，洋流同樣也會對沿海氣候造成影響。來自赤道的溫暖海水會形成向外流動的洋流，讓附近的陸地和空氣變暖。洋流流動到兩極後，冷卻的海水就會再度流回赤道，讓流經區域的空氣及陸地溫度降低。墨西哥灣流就是源於赤道附近的洋流，會一路流經佛羅里達到冰島。

如果冰島沒有墨西哥灣流的暖化作用，就會非常寒冷。

山脈

山脈不僅因為海拔高而對氣候造成影響，更會影響降雨的模式。當溫暖、溼潤的空氣接近一座山時，會沿著迎風面的地形上升並冷卻。空氣冷卻之後，水氣就會凝結、沉降，變成雨水。等空氣把所有的水分都倒在那座山後，離開的空氣會變得非常乾，使背風側形成**雨蔭**（降水非常少的區域）。

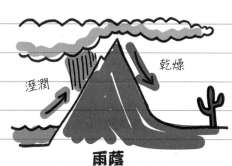

溼潤

乾燥

雨蔭

城市

城市也會對局部氣候造成影響。城市裡有許多建築物和黑色的柏油路，它們會吸收太陽的熱量，讓空氣變熱。鄉村地區則是相反，有比較多的植被，可以透過蒸發散作用幫這個區域降溫。

城市的溫度可能會比周遭區域高上 5 ℃，所以有時候城市也會被稱為「熱島」。

氣候類別

氣候學家（專門研究氣候的科學家）使用的分類系統，看得是不同區域的平均溫度和降水程度。在這個系統，總共有六種氣候類型：

1. **熱帶氣候：**沿著赤道的炎熱天氣——可進一步分成熱帶雨林氣候或熱帶莽原氣候。南美洲的雨林就是一個例子。

2. **乾燥氣候：**像沙漠般的環境。例如北非的撒哈拉沙漠。

3. **寒帶氣候：**南北極周遭區域的冰寒氣候環境——像是南極洲大陸。

4. **溫帶氣候：**溫度適中、和緩，通常位於沿岸地區。地中海就屬於這個類別。

5. **大陸性氣候：**年溫差極大（附近沒有海水可以調適溫度）。像美國中西部地區和加拿大都屬於這類氣候。

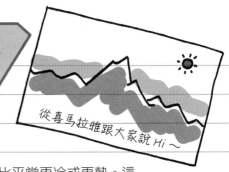

從喜馬拉雅跟大家說 Hi～

6. 高山氣候： 高海拔地區的氣候。
喜馬拉雅山就是一個例子。

聖嬰及反聖嬰現象

每隔一段時間，太平洋的海水會變得比平常更冷或更熱。這種不尋常的暖化現象被稱為**聖嬰現象**。相反的，不尋常的變冷現象就叫做**反聖嬰現象**。聖嬰現象出現的那幾年，信風會變弱，所以太平洋由東向西流動的水就會減少，只有很少的冷水能夠湧升到表面。這種情況會造成南、北美洲西岸地區的海水比平常更暖。海水溫度變暖會帶來雨水，造成一些區域淹水，

另一些區域乾旱。

呼～～～！

反聖嬰現象出現的那幾年，情況則會相反：信風會變得非常強，將溫暖的海水從西太平洋帶到更遠的區域，如此一來，就會有更多深海的冰冷海水翻湧上來。反聖嬰現象出現時，美國的天氣通常都會比較乾，但還是會因地而異。

氣候變遷

對於複雜的全球氣候系統，我們還有很多不了解的地方，但是科學家都同意大氣中的粒子、太陽輻射的變化、地球自轉軸角度的變化還有溫室氣體都會對氣候造成全球性的影響。

在地球的歷史上，氣候已出現了無數次的變化，而且這種變化之後還會持續下去。我們如何知道、應對及適應不斷變化的氣候，會決定我們在地球存活的能力。

大氣中的粒子

當固體和液體粒子進到大氣，雲的量就會增加，阻擋讓地球變暖的太陽輻射。

雖然因為人為汙染讓進入環境的粒子變多了，但一些自然界的活動也會造成大氣中的粒子增加——像是隕石的撞擊、森林火災和火山爆發等，火山爆發會噴出灰燼及粉塵到大氣中。

太陽輻射的變化

太陽釋放的能量並不會總是相同，太陽有時候會出現太陽黑子，也就是太陽上的深色斑點。太陽黑子的數量和太陽釋放的能量與全球溫度之間是有相關性的。

地球自轉軸角度的變化

目前，地球的自轉軸偏移角度是 23.5 度。但在過去，地球傾斜的角度可能更多或更少。氣候會因為地球的傾斜而受到影響，因為陽光照射地球的角度，會因地球傾斜的程度而異。

另外，在地球的歷史上，大陸、海洋和山脈
的移動都會造成局部區域的氣候變遷。

溫室氣體

像二氧化碳、二氧化硫和其他的溫室氣體，
會把熱量困在大氣中。**溫室效應**說的是大氣因為
這些吸收熱量的氣體而變暖。雖然這樣說，但溫室氣體其
實是非常重要，因為它們會吸收熱量，讓動植物可以存活下來
（不然夜晚會變得更冷）。**碳循環**跟水循環相似，可以使全球生態
系的碳總量在很長的一段時間內，都維持穩定的狀態。森林火災、
火山爆發及生物的呼吸等過程，都會增加大氣中碳的總量。但與此
同時，植物和海洋的吸收作用也會帶走一些大氣中的碳。

可是從 18 世紀晚期開始，人類開採跟燃燒太多的化石燃料（用於
交通、發電等），讓二氧化碳的濃度遠遠超過人類歷史中的正常
值。但是要形成化石燃料需要花上好幾億年的時間，碳被吸收的速
度不夠快，所以沒有辦法將人類增加的碳平衡掉。

利用證據、實驗和回溯到數十萬年前的歷史數據，科學家已經確定
溫室氣體的排放正在造成全球暖化，進而導致地球大氣的整體溫度
上升。

23.5°

自轉軸

我們的氣候也因為這樣出現改變，地球的平均氣候正在以一種非常可怕的速度暖化，並造成以下這些影響：

- 冰帽融化
- 海平面上升
- 森林火災
- 棲地變化
- 極端氣候事件和型態

隨 堂 小 測 驗

1. 山脈會對局部氣候造成什麼樣的影響？

2. 請解釋聖嬰現象出現時，會跟往常有什麼不同。

3. 緯度會對局部氣候造成什麼影響？

4. 為什麼靠近水的陸地，溫度變化會比較小呢？

5. 城市的溫度跟附近的鄉村地區有什麼樣的差別？

6. 請寫出「溫室效應」的定義。

7. 請解釋什麼是碳循環。

8. 是什麼造成我們大氣的二氧化碳濃度失衡呢？

解答在下一頁

對答時間

1. 山脈會影響降雨模式——有迎風側及背風側（雨蔭）。另外依據山的高度，山頂會比山下還要冷。

2. 聖嬰現象發生的那幾年，信風會減緩下來，所以水的移動就比較少，造成比較冷的海水無法湧升到表面。聖嬰現象會造成一些地區淹水，以及其他地區乾旱。

3. 由於地球傾斜，太陽會以比較低的角度照向高緯度地區，所以高緯度地區得到的熱量較少，也就會比較冷。

4. 水冷卻和變熱的速度比陸地慢，所以冬天的時候，水會讓空氣變暖；夏天的時候，水會讓空氣冷卻。

5. 因為柏油會吸收熱量，所以城市的溫度會比較高，而且城市裡可以進行蒸發散作用的樹木和植物也不夠，沒辦法讓周遭降溫。

6. 溫室效應指的是大氣中的溫室氣體吸收太陽輻射而使地球變暖的過程。

7. 碳循環是大自然平衡大氣中二氧化碳含量的方式。森林火災和生物呼吸作用都會釋放二氧化碳到大氣中。不過在這同時，植物和海洋的吸收作用也會帶走大氣中的碳。

8. 燃燒化石燃料和釋放更多二氧化碳到大氣中，超過碳循環能平衡的範圍。

單元 7

生命：
分類及細胞

生物與生物的分類

有生命的東西叫做什麼？**生物**就是在指任何有生命的事物。那到底什麼叫做有生命呢？有生命表示：

以生物最基礎的單位——細胞，構成

會成長、改變跟發育

會回應**刺激**（讓生物產生反應的事，像是陽光、溫度或其它環境因子）

消耗能量存活

繁殖

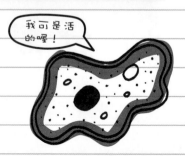

我可是活的喔！

分類

科學家是透過生物的結構和彼此間的關聯性，將生物進行分類。接著，科學家會將生物分門別類，然後依照共同特徵進行分類。

生物的分類階層

科學家將生物從最廣到特定的範圍進行分類，以下是從最高到最底的生物分類排序：

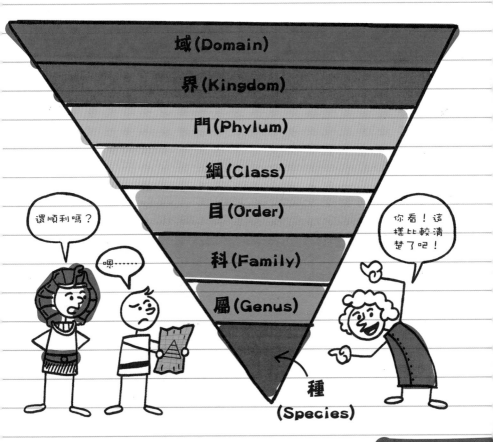

如果想要記住分類系統的順序，在英文裡可以這樣記：

好吃，容易認了！

Dear King Philip Came Over For Great Spaghetti!

（親愛的飛利浦國王來吃義大利麵囉！）

二名法

林奈創建了一個生物分類的系統，這個系統用了拉丁文以及**二名法**，代表「一個物種的名字裡含有兩個專有字」。第一個字是生物的**屬名**，也就是相似種的最小組合，第二個字是**種名**。二名法有點像是我們的姓和名——其中一個代表的意思更明確。像 *Tyrannosaurus rex*（暴龍）及 *Canis lupus*（灰狼）。二名法讓人們容易把物種的名字和牠們的特徵做連結，不管哪一國的科學家，只要看到「*Canis lupus*」就知道是灰狼。

分類越細的類群裡面的物種就會越少——所以界裡的物種就會比屬裡的物種還要多。

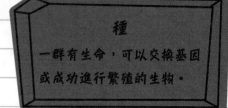

種

一群有生命，可以交換基因或成功進行繁殖的生物。

域：真核生物
（有複雜細胞
結構的生物）

界：動物界

門：脊索動物門

綱：哺乳綱

目：食肉目

科：貓科

屬：貓屬

種：家貓

界

科學家將生物分成六個界。以下是每個界的特色：

植物界

- 多細胞（由一個以上的細胞組成）

- 細胞有細胞壁包覆

- **自營性生物：**字面上的意思是「自己提供養分」，因為這類生物能夠不必攝食就獲得營養。

- 透過**光合作用**產生食物。

> ### 光合作用
> 透過陽光、二氧化碳和水產生能量

- 繁殖的方法：

  - 有些植物在花裡有種子。

  - 松柏類（像松樹等的這一類植物）的毬果內有種子。

  - 苔類和蕨類則是使用**孢子**。

> ### 孢子
> 類似種子的植物細胞，可以繁殖出新的植物

- 許多植物可以透過複製自己的根（例如楊樹）或是水平生長的走莖（像是草莓）來進行**無性**生殖。

動物界

- 多細胞

- **異營性生物：**字面上的意思是「使用其他養分的」，因為這類生物會吃其他生物（不管是活的或死的）當作食物。

- 可以再分成脊椎動物或無脊椎動物

- **脊椎動物**這類動物有脊椎骨和其他骨頭來提供牠們保護及活動性，哺乳類、魚類、兩棲類、鳥類及爬蟲類都屬於這類動物。

- **無脊椎動物：**這類動物沒有脊椎骨，龍蝦、螃蟹、昆蟲和蜘蛛（群體最龐大的無脊椎動物）等**節肢動物**都屬於這個類別。牠們有分節的身體，還有覆蓋在身體表面的堅硬外骨骼。其他無脊椎動物還包含了軟體動物類、蠕蟲等的其他類群。

真菌界

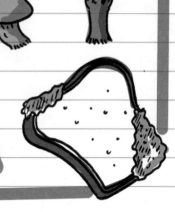

- 單細胞或多細胞
- 包含了蕈類、酵母菌和黴菌。
- 屬於異營性生物
- 用孢子繁殖
- 有細胞壁

長在什麼上面，就吃什麼喔！

原生生物界

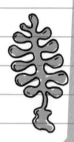

- 大多數是單細胞
- 有些是異營性生物，有些則是自營性生物。
- 包含變形蟲、藻類和草履蟲

古菌界

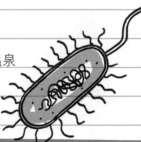

- 單細胞
- 生存在極端的環境中，像是溫泉及非常鹹的水裡。

細菌界

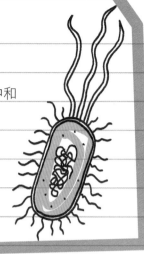

- 單細胞生物

- 包含所有種類的細菌——我們在土壤、水中和
  其他生物身上可以找到的細菌都算。

- 有些是異營性生物,有些則是自營性生物。

> 嘴巴裡面的細菌數量,可是遠遠超過
> 地球的總人口數喔!但它們大多都是
> 無害的。

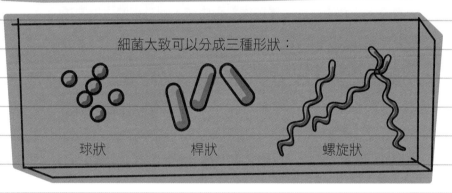

細菌大致可以分成三種形狀:

球狀　　　　　桿狀　　　　　螺旋狀

病毒

病毒是以蛋白質殼體包覆一串遺傳物質
(DNA)的顆粒。病毒會附著到健康的細胞上,
將自己的遺傳物質注入細胞。病毒會用
這個細胞製造出和它一模一樣的後代,接
著讓細胞裂開,將複製出的病毒顆粒釋放出
去——這就叫做**活性週期**。

另一方面，病毒也會處於潛伏的狀態，讓自己的遺傳訊息跟細胞的遺傳訊息一起被複製——這就叫做**潛伏期**。病毒的潛伏期可以持續很長一段時間，但也可以在任何時間點進入活性週期。

病毒幾乎可以感染所有的生物。在人類身上，病毒會造成流感、水痘、愛滋病和其他各種疾病。感染細菌的病毒就叫做**噬菌體**。

病毒有生命嗎？

乍看之下，我們可能會覺得病毒有生命，因為它們可以繁殖並傷害被它們感染的細胞。但病毒需要宿主細胞，它們沒有辦法獨自生存，必須利用宿主細胞的身體機能才有辦法進行複製。

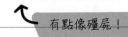
有點像殭屍！

免疫力

要治療病毒感染非常困難，通常身體可以自己對抗病毒，然後獲得**免疫力**（抵禦再次感染的能力）。病毒感染的時候，細胞會製造叫做**干擾素**的蛋白質，保護其他細胞不受感染。接種**疫苗**或打針的時候，其實就是把很小量的去活性病毒打到身體裡面，讓身體可以獲得免疫力。

隨 堂 小 測 驗

1. 生物共有的特色是什麼？

2. 二名法是怎麼運作的？

3. 請將生物的分類階層，依照最廣到最細的順序寫出來。（提示：第一個是域，這樣記得接下來是什麼了嗎？）

4. 請解釋自營性生物和異營性生物的差別，並各舉一個例子。

5. 生物六界是哪六個？

6. 請寫出病毒的定義。

7. 為什麼病毒不被視為生命呢？

8. 什麼是免疫力？

解答在下一頁

對 答 時 間

1. 生物會消耗能量、由細胞所組成、會成長跟改變、會對外部刺激出現反應，以及繁衍。

2. 二名法中，第一個字講的是生物的屬，第二個字講的是生物的種。

3. 域、界、門、綱、目、科、屬、種。

4. 自營性生物是可以自給自足的生物，像是植物的光合作用。異營性生物則是會吃其他生物當食物，像真菌就是長在什麼上，就吃什麼。

5. 植物界、動物界、真菌界、原生生物界、古菌界和細菌界。

6. 病毒是以蛋白質殼體包覆一串遺傳物質 (DNA) 的顆粒。

7. 病毒沒有辦法靠自己存活，它必須要使用活細胞的機能跟補給，才能繁殖。

8. 免疫力是抵禦生病的能力。身體在被病毒感染後，就會製造可以先幫我們做好準備、抵禦未來再被同株病毒感染的細胞。

細胞學說及構造

細胞學說

細胞是生命最基礎的架構單元，所有生物都是由細胞組成的——最小的生物是由**單細胞**組成的。除此之外，不同的細胞會有不同的功能，像是肌肉細胞和胃部細胞的功能就不同。

細胞非常地微小，所以沒有辦法直接用肉眼看到。細胞是在顯微鏡被發明後才首次被發現，由**虎克**在 1660 年代首次觀察到細胞發現的。

經過一段時間後，科學家將他們的發現總合在一起，提出了**細胞學說**：

所有的生物都是由細胞（單或多細胞）構成的。

細胞是生命最基本的單位（結構或功能都是）。

每個細胞都是由現有的細胞繁衍而來的（細胞分裂形成新的細胞）。

因為只要一個細胞就能構成生物，所以設想一個小小細胞需要做多少的事情：它需要消耗、儲存和使用能量，還要能保護自己跟繁殖。細胞裡的不同構造可以協助細胞完成這些生存必須的功能。

把細胞想像成一個工廠：每個結構都像是一個機器，有不同的功能，可以讓工廠持續運作。

胞器

胞器像是細胞的零件，它能做很多事情，包含：

處理跟釋放能量

破壞和消化物體

複製遺傳資訊

典型的植物細胞

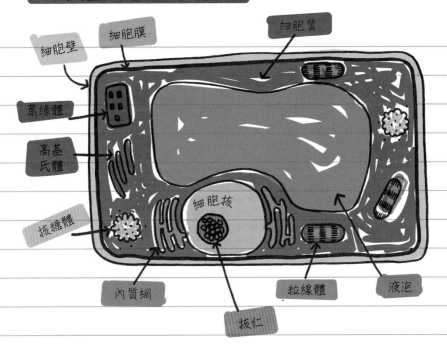

細胞壁 細胞膜 細胞質

葉綠體

高基氏體

核糖體

細胞核

內質網

核仁

粒線體

液泡

典型的動物細胞

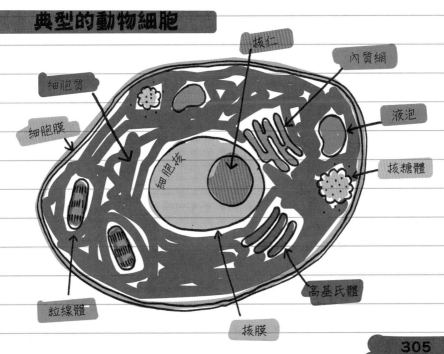

核仁 內質網

細胞質

細胞膜

液泡

細胞核

核糖體

高基氏體

粒線體

核膜

細胞器（由外到內）包含了：

細胞膜

每個細胞都有**細胞膜**，這是細胞外面的一層膜，可以讓細胞維持完整。細胞膜也會控制進出細胞的物質，有點像是城堡的大門。這種膜是**半透性**的（也叫做**選擇通透性**），也就是可以讓特定的東西通過，或將特定的東西阻攔在外或內。

細胞壁

除了細胞膜外，植物、藻類、真菌類和一些細菌都有**細胞壁**。可以把細胞壁當作城堡高聳的城牆，是一個可以保護細胞並幫助塑型的堅固、強韌外層。

許多細胞壁（尤其是植物的）都是由一個叫做**纖維素**的醣類組成。纖維素是一條長長的纖維，可以讓水和其他的物質通過。其他物種的細胞壁則是由各式不同的物質組成（真菌裡有幾丁質、細菌裡有肽聚糖……）。

細胞質

細胞壁裡像果凍一樣的物質，叫做**細胞質**。

細胞質裡包含了細胞的構造、胞器和各種活動。

像是果凍沙拉裡面的水果！

細胞骨架則是由蛋白質纖維還有中空的蛋白質管所組成，會維持結構並幫助物質在細胞內移動。

核糖體

核糖體是細胞裡的蛋白質製造工廠。蛋白質是所有細胞的基本成分之一：它們存在於多數的細胞構造中，同時也是細胞內發生主要反應的場所。核糖體會接收來自遺傳物質的指令，製造特定的蛋白質。

細胞核

細胞核是細胞的控制中心，裡面蘊含細胞的**染色體**，是由 DNA（**去氧核糖核酸**）組成的一串遺傳訊息密碼。細胞核裡面包含：

核膜：

細胞核周圍的雙層保護膜，控制進出細胞核的物質。

核仁：

細胞核內很小的一個結構，可以製造核糖體，並將它運送到細胞質。

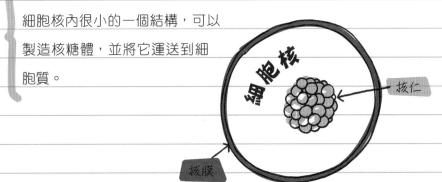

液泡

液泡是細胞裡可以暫時儲存東西的泡泡，可以儲存
水、食物和廢棄物。

植物細胞裡
的液泡可能
會非常大。

溶體

溶體有點像是細胞的垃圾跟資源回收站，裡面的化學物質可以分解
食物、細胞廢棄物和像是細菌或病毒等跑進細胞的外來物質。溶體
可以消化和破壞死掉的細胞或細胞內老舊的部分，以及回收物質來
製造其他細胞。

粒線體

粒線體是細胞的發電廠，會透過與氧氣產生反應，釋放食物中的能
量。像肌肉細胞這種需要較多能量的細胞，擁有的粒線體數量就會
比較多。

內質網

內質網是細胞的傳輸設備，是由折疊的膜組成，可以處理以及移動
物質。

高基氏體

高基氏體是包裝、分類及配送的設備，會將來自內質網的蛋白質和
其他物質進行分類，並將它們包裝跟配送到該去的地方。

葉綠體

葉綠體（只有植物細胞才有）是含有**葉綠素**的食物生產結構。葉綠素是一種色素，可以讓植物呈現綠色，並且會利用來自太陽的能量將水和二氧化碳變成葡萄糖這種比較簡單的糖。

細胞可以分成兩大類：

原核細胞和**真核細胞**。這兩者的差別在於，原核細胞沒有被膜包住的細胞核，也沒有粒線體或胞器，可是真核細胞有。原核細胞構造很簡單，一些單細胞細菌就屬於這類。真核細胞比較複雜，原生生物、真菌、動物和植物就屬於這類。

動物細胞 vs. 植物細胞

動物和植物的細胞在很多方面都很相似，但還是有所差別：

所有的植物細胞都有細胞壁，這是由纖維素構成的堅韌屏障，會包覆著細胞膜。

如果動物有細胞壁，可能就會變得脆脆的！大多數的動物細胞內有類似骨架的構造，而不是細胞壁。

植物細胞有可以利用陽光產生食物的葉綠體。

如果動物有葉綠素，我們直接坐在太陽下就能有午餐吃了。

植物細胞通常會有一個很大的中央液泡，會占掉很多空間。

如果動物有液泡，我們能維持不吃不喝的狀態更久。

多細胞生物

多細胞植物和多細胞動物有不同的細胞來分別進行不同的功能。一群不同的細胞一起做類似的工作就叫做**組織**。組織合作在一起，就會成為像是心臟、胃或肝臟等的**器官**。器官一起合作就會組成**器官系統**，例如消化或呼吸系統。

隨 堂 小 測 驗

1. 請解釋什麼是細胞學說。

2. ＿＿＿＿＿＿是細胞內的控制中心。

3. 核膜有什麼功能呢？

4. 植物細胞有由＿＿＿＿＿組成的細胞壁，可以提供結構支持。

5. 粒線體的功能是什麼？

6. 植物細胞有＿＿＿＿＿，是胞器中含有＿＿＿＿＿（綠色的色素）的部分，可以利用陽光生產食物。

7. 請解釋溶體有什麼功能。

8. 細胞會將食物和廢棄物儲存在＿＿＿＿＿中。

9. 核糖體會接受來自遺傳物質的指令，製造特定的＿＿＿＿＿。

10. 一群不同的細胞一起做類似的工作，就叫做＿＿＿＿＿。

解答在下一頁

對答時間

1. 所有生物都是由細胞構成的，而且是生命最基礎的架構單元。另外，每個細胞都是由現有的細胞繁衍來的。

2. 細胞核

3. 核膜是包覆細胞核的保護壁，會管控進出細胞核的物質。

4. 纖維素

5. 可以提供細胞能量。

6. 葉綠體、葉綠素

7. 溶體有點像是細胞的垃圾跟資源回收站，它們含有化學物質，能夠分解和回收其他的細胞部分。

8. 液泡

9. 蛋白質

10. 組織

細胞運輸

細胞會不斷從周遭吸收和釋放東西。細胞跟我們的身體很像,我們會不斷地喝水、吃東西和排出廢棄物(我們每次吐氣,就會將身體裡廢棄的二氧化碳排放出來)。細胞的運作方式也差不多:它會不斷地消耗氧氣、食物和水,並排出廢棄物。

細胞膜就是細胞所有活動的守門員。這個膜是選透性的,也就是說它會讓一些東西進出細胞 —— 但不是所有的東西。(是有選擇性的)東西要透過主動和被動運輸的方式,才能進出細胞。

被動運輸

被動運輸是指東西不用任何能量就可以在細胞內、外移動。可以分成三種類別：

1. **擴散**是指分子從高濃度區域移動到低濃度區域的過程。如果細胞裡面的濃度比較低，分子就會進到細胞中。細胞會想要找到一個**平衡**（的狀態）。舉例來說，你的細胞會不斷消耗氧氣，所以細胞內的氧氣濃度就會比空氣的氧氣濃度低。當呼吸的時候，來自空氣的氧分子就會擴散到肺部的細胞中。

   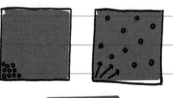
   擴散

   擴散也可以反向運作——將東西排出細胞外。舉例來說，把氧氣用掉後，細胞就會產生二氧化碳，接著，因為細胞裡的二氧化碳濃度比空氣中的高，我們就會把二氧化碳從細胞裡面呼出來。

2. **滲透**是一種擴散的作用，它其實就是水分子透過膜，從高濃度處移動到低濃度處的過程。把葡萄乾等果乾泡到水中，它們就會**發泡**——水會通過細胞壁，填滿整個果乾。水從一個濃度高的地方（碗）流到一個濃度低的地方（葡萄乾裡面）。

   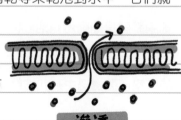
   滲透

3. 在**促進性擴散**中，細胞膜上的運輸蛋白，
   以在不用能量的情況下將物質送入或
   送出細胞。

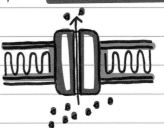

促進性擴散

主動運輸

主動運輸需要能量才能讓物質在
細胞內外移動。載體蛋白會和分
子結合，並利用細胞的能量（**三磷**
酸腺苷 (ATP)），將分子運送到細胞
內。當分子以逆濃度梯度的方式進行
移動。也就是說 —— 要讓分子從低濃度區
域移動到高濃度區域，就會需要用到能量。

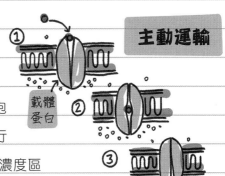

主動運輸

載體
蛋白

細胞的代謝

細胞的**代謝**包含了所有可以讓細胞維持生存的化學反應。代謝包含
了釋放或產生能量所需要的化學反應、生產身體所需要的化學物質
（像是蛋白質）以及排出廢棄物。

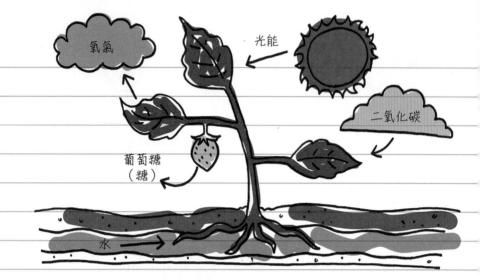

光合作用

光合作用是植物為了利用陽光產生能量所進行的化學反應。在光合作用中，植物內名為葉綠素的綠色色素會使用太陽的能量，將二氧化碳和水轉換成葡萄糖（糖分子）的能量形式。光合作用釋放的廢棄物之一為氧氣。光合作用可以用下面的方程式表示：

$$6\ CO_2 + 6\ H_2O + 光能 \longrightarrow \longrightarrow C_6H_{12}O_6 + 6\ O_2$$

二氧化碳　　　　水　　　　　　　　　　　　　葡萄糖　　　　氧氣

細胞的呼吸作用

在**呼吸作用**中，食物裡的葡萄糖會和氧氣產生反應，在粒線體製造出二氧化碳、水和能量，以及反應時產生的廢棄物：二氧化碳和水。

呼吸作用就像是我們自己的代謝及呼吸系統。我們會吃東西和吸進氧氣。然後化學反應會將分子拆解、重新排列，釋放我們需要的能量。

吸氣和吐氣的時候，你會吸進呼吸作用所需要的氧氣，然後將呼吸作用產生的廢棄物——二氧化碳和水，吐出來。（**呼吸**其實就是吸氣和吐氣，呼吸可以讓你得到氧氣，提供細胞呼吸作用所需的能量。）呼吸作用會以 ATP 的形式釋放能量。

葡萄糖　　　　氧氣　　　　二氧化碳　　　　水　　　能量

光合作用和呼吸作用是完全相反的過程——我們可以比較一下兩者的公式。

發酵作用

發酵作用是另一種會透過分解食物釋放能量的化學反應。發酵作用釋放的能量比呼吸作用的少，而且是在沒有氧氣供給細胞呼吸時才會進行。發酵作用與呼吸作用相似，而其中的差別在於，發酵作用不會用到氧氣——它會分解葡萄糖分子，以 ATP 的形式釋放能量。

> **發酵作用**
> 不需要用到氧氣，將食物裡的糖分解以釋放能量

當氧氣不足以提供細胞呼吸的需要時，你的肌肉就會利用發酵作用獲得能量。發酵作用產生的其中一個廢棄物是**乳酸**。肌肉的痠痛和抽筋就是因為發酵作用造成乳酸在肌肉累積造成的。**好痠！**

生產必要的化學物質

細胞的新陳代謝會製造細胞生存所需的化學物質。細胞製造出的分子有：

胺基酸：可以合在一起，製造蛋白質的化合物。

蛋白質：由一串胺基酸組合而成的巨分子。

酶

酶是可以幫助化學反應進行的分子。進行化學反應需要一定程度的能量，而酶可以降低對這個能量的需求。我們可以把酶當作一個媒人，因為分子進行反應時，須要真正地接合在一起，而酶可以讓分子彼此連結，幫助反應進行。因為每種酶的形狀都是用來接合不同特定的反應物，所以每個反應使用的酶都不相同。舉例來說，身體內的一些酶會把食物分解成比較小的分子，而其他的酶則幫助將這些較小的分子傳送到血液中。

隨 堂 小 測 驗

1. 細胞膜是選透性的，這是什麼意思？

2. 請舉例可以選擇性進入細胞膜的事物。

3. 請寫出「被動運輸」的定義以及它的三種形式。

4. 將擴散和滲透作用進行比較與對比。

5. 解釋主動及被動運輸的差別。

6. 酶的功能是什麼？

7. 呼吸作用和發酵作用間有什麼差異？

8. 呼吸作用是在哪個細胞器進行的？

9. 呼吸作用的終產物是什麼？

10. 請解釋光合作用的過程。

解答在下一頁

對答時間

1. 所謂的「選透性」是指某些東西可以穿過細胞膜，但其他東西不行。

2. 氧氣、二氧化碳等。

3. 被動運輸是物質不透過能量，就能進出細胞。被動運輸可以透過擴散、滲透和促進擴散作用進行。

4. 擴散是分子從濃度高的地方移動到濃度低的地方；滲透指的是分子透過細胞膜從濃度高的地方，移動到濃度低的地方。

5. 主動運輸會需要能量。主動運輸中，運輸蛋白會和分子結合，並用細胞的能量來運送分子。被動運輸不需要能量。

6. 酶會透過讓反應物連結在一起，幫助化學反應進行。

7. 呼吸作用需要氧氣，而發酵作用則不需要。而且，呼吸作用釋放的能力比發酵作用還要多。

8. 呼吸作用會在粒線體中進行。

9. 呼吸作用的終產物是能量、水和二氧化碳。

10. 光合作用中，葉綠素會使用太陽的能量，將二氧化碳和水轉換成葡萄糖。光合作用釋放的廢棄物是氧氣。

第二題的正確答案不只一個喔！

細胞生殖與蛋白質合成

細胞的分裂及有絲分裂

生物成長的時候，生物裡的細胞數量會增加，就算這個生物不再繼續生長，細胞還是會不斷死亡與被替代。那新的細胞又是從何而來的呢？**細胞分裂**時，細胞會從一個分裂成兩個。兩個細胞會再分裂成四個，然後這四個細胞又會繼續分裂，變成八個，並不斷持續下去。如此一來，就可以從一個細胞，長成一個完整的生物。

細胞週期

每個細胞都會經歷一個生長週期，細胞週期有很多個階段，其中一個階段是細胞的分裂，而這個過程就叫做**有絲分裂**。有絲分裂就是細胞經由分裂製造出相同的細胞。

細胞分裂時，細胞核會分裂開來，每個**子細胞**都會跟原本的母細胞一模一樣。（原本的**母細胞**在有絲分裂結束後就不會再存在。）

染色體複製

我好孤單啊！

有絲分裂

哇！就像在照鏡子一樣耶。

細胞週期的另一個階段，是細胞普遍花最多時間的階段。這三個階段合在一起，就叫做**間期**。細胞處於間期的這段時間內，會成長和複製它的染色體（含有全部細胞DNA 的一個構造）和胞器，為有絲分裂做準備。子細胞細胞核內染色體的數量和種類都會相同。

從細胞分裂開始到下一個分裂開始的這段時間，就是一個完整的細胞週期。不同細胞的週期長度都不同。

科學家使用「母」來形容要分裂或繁殖的舊細胞，然後用「子」來描述製造出來的細胞。

因為有絲分裂主要是細胞核的分裂，只有擁有細胞核的生物才會有這個過程——所以只有真核細胞會進行有絲分裂（不像細菌這類沒有細胞核的原核細胞）。

無性生殖

無性生殖指的是親代細胞獨自繁殖，製造出來的子代會和親代有一模一樣的基因。

有絲分裂

細胞分裂不只是成長時需要，在無性生殖上也會用到。行無性生殖的生物，基因會跟親代完全一模一樣。像水母、一些蠕蟲以及許多植物，會在生命的某個階段進行無性生殖。像細菌和原生生物這類的單細胞生物，無性生殖就是它們主要的繁殖方式。

二分裂

雖然只有真核生物（由複雜細胞組成的生物）可以透過有絲分裂進行無性生殖，但很多原核生物（細菌）也會透過無性生殖的方式進行繁殖。不過它們用的不是有絲分裂，而是一種叫做**二分裂**的分裂方式。二分裂中，細胞會複製它的遺傳物質，接下來細胞會拉長，讓遺傳物質分開。這之後細胞會從中間縮緊，造出兩個與親代細胞相同的子細胞。

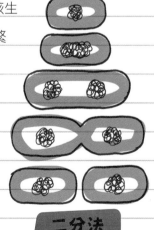

二分法

出芽生殖與再生

你有看過馬鈴薯上面長的芽嗎？那就是無性生殖喔。

在一些多細胞動物身上，細胞會透過細胞分裂（有絲分裂）繁殖出**芽體**，芽體的細胞會和親代細胞完全相同。等到芽體長得夠大了，就會脫落並自力更生。長出來的芽會和親代完全相同。

植物可以透過**營養器官繁殖**的方式進行繁殖，這是指植物會產生**走莖**，或是水平生長、會長出根的莖，並在最終會形成新的一株植物。植物可以用來進行繁殖的方式還有**斷裂繁殖**，也就是一部分的植物會斷裂，接著這一小塊植物就會再長出一株新的植物。

野生草莓

走莖

像海星這類可以進行**再生**（重新長出失去的身體部分）的動物，也可以透過再生的方式進行無性生殖。像是把海星切成兩半後，被切成兩半的海星會各自再生，成為新的生物。

有性生殖

像是動物和植物在內的許多生物，都會進行有性生殖。進行**有性生殖**的時候，雄性和雌性生物會將牠們的遺傳物質結合在一起繁衍下一代。這些下一代和無性生殖繁衍出來的下一代不同，都是獨一無二且跟親代完全不同的。

有性生殖的時候，雄性的**生殖細胞**（稱為**精子**）會和雌性的生殖

細胞（稱為**卵子**）結合。精子和卵子結合

的過程叫**受精**，而受精產生的細胞，就叫

做**受精卵**。受精卵會慢慢透過有絲分裂和

細胞分裂的方式，成長、發育成生物。

> **受精**
> 雄性和雌性的生殖
> 細胞相結合
>
> **受精卵**
> 因為受精形成的細
> 胞，有完整一套染
> 色體

有性生殖 vs. 無性生殖

有些生物的生殖方式可以無性、有性或兩

種一起。不過這兩種生殖方式各有什麼好

處呢？

優點

- 有性生殖可以產生更多變異。每個後代都有自己獨一無二的遺傳物質。變異越多就表示後代有更多不同的性狀，幫助牠們在不同的環境下生存。

- 無性生殖需要的能量比較少。無性生殖不會需要交配，所以只要一個親代就可以進行。族群可以透過無性生殖快速擴張。

缺點

- 無性生殖因為沒有遺傳上的變異，如果生存條件不利，族群可能會很快就滅絕。如果有寄生蟲盯上這個生物，那這個族群會很快就消失，因為這些生物都是一模一樣的。

- 有性生殖更費力、費能量，因為生物需找到能交配的對象。生物如果沒有成功找到交配對象，那牠們就沒辦法繁衍後代。

DNA（去氧核糖核酸）

像頭髮或眼睛的顏色這類的性狀，會透過 DNA（存有遺傳資訊的一串遺傳物質）從親代傳給子代。DNA 會緊密地纏繞在蛋白質分子上，形成染色體。

你可以把 DNA 想像成一條拉鍊。細胞複製時，DNA 拉鍊就會被解開。解開的兩邊隨後會各自與另一條相對應的一邊搭配在一起，這條新的半邊拉鍊會和原本搭配的長得一模一樣。最後，我們就會得到兩條一樣的新拉鍊。每條拉鍊都是由一半舊、一半新拉鍊組合在一起的。

互補的含氮鹼基會組成拉鍊上的拉鍊齒，這種互補的含氮鹼基會相互結合，所以鹼基對都是成對出現的。含氮鹼基總共有四種：**腺嘌呤、胸腺嘧啶、胞嘧啶和鳥糞嘌呤**，分別以 **A**、**T**、**C** 和 **G** 這四個字母代表。這些字母（含氮鹼基）的排列法則就可以組成「語言」，告訴細胞如何製造出一個生物，像是：**AGGCATCGAATCG**……之類的，而且這條訊息可以長達數十億個字母唷！

這串字母中，A 永遠都只會和 T 搭配；C 則是只會和 G 搭配，也就是說 A 和 T、C 和 G 的數量，永遠都會相同。

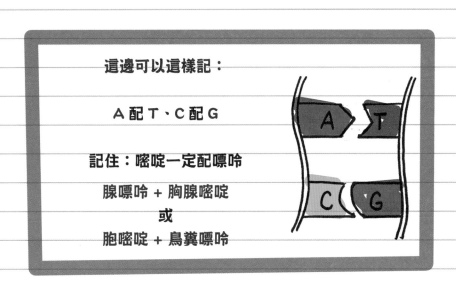

這邊可以這樣記：

A 配 T、C 配 G

記住：嘧啶一定配嘌呤

腺嘌呤 + 胸腺嘧啶
或
胞嘧啶 + 鳥糞嘌呤

突變

有時 DNA 複製也會出錯。這種錯誤就叫做**突變**，可能是由紫外線、化學物質和 X 光等的一些因素引起。有些突變會導致生物死亡。不過大多數的突變因為變異幅度很小，所以不會影響生存。每隔一段時間，突變就會產生能夠幫助生物生存的表徵性狀。基因突變是生物演化的方式之一。

基因

基因是為特定性狀編寫的一小段 DNA 串。基因就像是一本使用手冊，而 DNA 就是手冊裡面的文字跟教學步驟。

每一個染色體都含有數千個基因。有性生殖的時候，這些基因會透過生殖細胞（精子和卵子）從親代傳給子代。因為兩個親代的生殖細胞會結合形成後代，後代就會有來自兩個親代的基因和性狀。

蛋白質的合成

DNA 其實是用來產生不同蛋白質的編碼，蛋白質會再製造細胞和組織，創造出各式各樣的遺傳表徵。蛋白質是非常複雜的分子，由串在一起的胺基酸組合而成。要編碼一個胺基酸，需要三個鹼基對（像是 CTG 或 AAC）。如果蛋白質是一條很長的串珠項鍊，那胺基酸就是項鍊上的珠子。胺基酸的順序（或序列）會決定蛋白質的種類。

雖然 DNA 存在於細胞核裡，但製造蛋白質的卻是在細胞質裡的核糖體。為了把來自 DNA 分子的訊息傳到核糖體，細胞會用叫做 **RNA** 的信使來做這件事。RNA 的全名是：**核糖核酸**。

RNA 是根據 DNA 的樣式產生的，但是它和 DNA 不同的地方在於，DNA 是雙鏈，RNA 則是單鏈——就像是半個 DNA（也就是拉鍊的一邊）。RNA 鏈就像是一個樣式或模板，可以用來製造各種蛋白質。

DNA 和 RNA 的另一個差別是，它們使用的鹼基類別不同。雖然 RNA 也會使用鹼基對，但它不會用到 DNA 使用的胸腺嘧啶 (T)，而是使用尿嘧啶 (U)。

RNA 可以分成三類，每一類都有不同的功能：

mRNA：也叫做**攜訊 RNA**，會將 DNA 編碼從細胞核送去細胞質。

rRNA：也叫**核糖體 RNA**，核糖體就是靠它組成的。為了製造蛋白質，核糖體會與 mRNA 的分子相連接。

tRNA：也叫**轉移 RNA**。傳送 RNA 分子會將胺基酸傳送到核糖體。

人類基因體

人類有上萬個基因，這些基因都在染色體裡，共同組成我們所說的人類**基因體**。科學家長久以來，都在努力要怎麼將染色體上每個基因的位置繪製出來。這個計畫就叫做**人類基因體計畫**。科學家正在想辦法找出遺傳性疾病的位置，希望能幫助避免以及更進一步了解這些疾病。

隨 堂 小 測 驗

1. 細胞在細胞週期中花最多時間的是哪個階段？這個階段會發生什麼事？

2. 無性生殖的形式有哪些？

3. 請將無性生殖與有性生殖進行比較跟對比。

4. 細胞分裂的功能是什麼？

5. DNA 出現突變的時候會怎樣呢？

6. _____ 和卵子的結合就叫做 _____，因為這樣產生的細胞就叫做 _____。

7. DNA 的含氮鹼基是哪些？它們是怎麼配對的？

解答在下一頁

對答時間

1. 間期。這個階段，細胞會透過生長和複製其染色體與胞器，為分裂做準備。

2. 無性生殖的方式有：有絲分裂、二分裂、出芽生殖和再生。

3. 無性生殖時，繁衍出來的下一代會和親代完全相同。有性生殖時，後代的基因會是完全獨特的。有性生殖需要更多能量以及兩個親代，而無性生殖僅需一個親代，需要的能量也比較少。

4. 細胞分裂會被用來取代老舊細胞，以及用於成長。無性生殖時也會需要細胞分裂。

5. 突變有時候會造成生物死亡，另一些時候則會帶來很大的幫助，但大多數時候，突變其實不會對生物的存活帶來太多的影響。

6. 精子、受精、受精卵。

7. A（腺嘌呤）、T（胸腺嘧啶）、C（胞嘧啶）和 G（鳥糞嘌呤）。A 和 T 會搭配在一起；C 和 G 會搭配在一起。

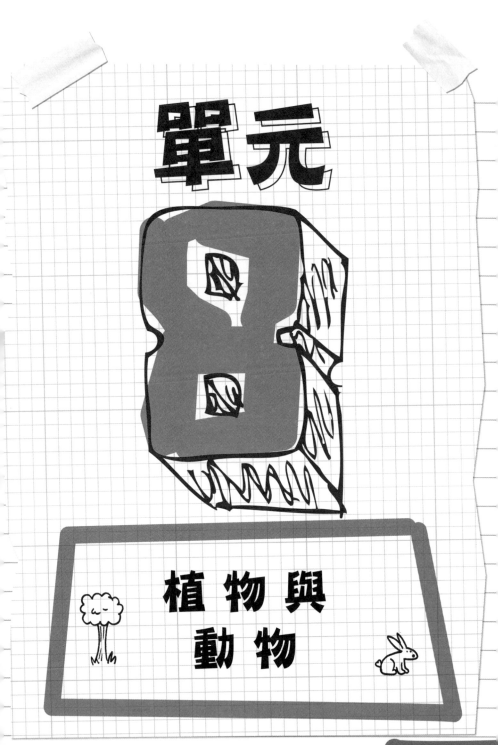

單元

8

植物與動物

32

植物的構造與繁殖

有些植物非常微小，有些植物則可以長

到三十層樓那麼高 —— 但所有的植物卻

都是由有著細胞壁以及綠色色素的細胞所組成的，

這個綠色色素就叫做葉綠素，可以透過光合作用利用

太陽產生能量。植物也有紅色、橘色和黃色的色素，這

些色素叫做**類胡蘿蔔素**，同樣也會參與光合作用。

嘿，最近好嗎？

地球上的第一批植物，可能是生存在水中的綠藻。隨著生物適應了

陸地上的生活，蕨類、針葉樹和開花植物也在這數百年間的時間出

現。透過發展出可以讓它們向上生長及保存水分的構造，植物才能

從水生進一步邁向陸生。

植物在陸地上為了要保存水分，就發展出叫做**角質層**的蠟質保護層。結構支撐的部分，植物發展出強韌的細胞壁，裡面充滿纖維素這種強韌的纖維。

大多是像苔類的極簡單植物

維管束植物與非維管束植物

非維管束植物沒有可以幫助攜帶和分送水或養分的結構，所以細胞會各自吸收水分和養分。

維管束植物有像管子一樣的結構，會攜帶和分送養分。大多數的維管束植物都有種子，但像蕨類等少數維管束植物，卻是沒有種子的。

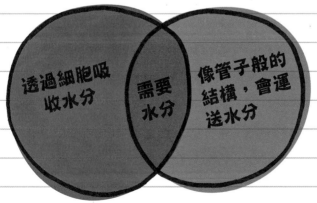

維管束植物

透過細胞吸收水分　需要水分　像管子般的結構，會運送水分

非維管束植物

維管束組織

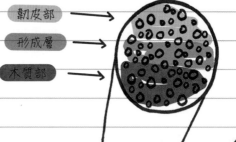

韌皮部 →
形成層 →
木質部 →

木質部：堆疊在一起形成導管的管狀細胞，可以將來自根部的水配送到植物的不同部位。木質部也會提供植物結構上的支撐。

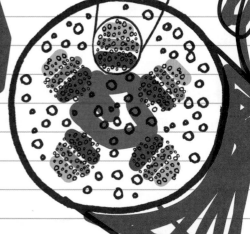

韌皮部：堆疊在一起，形成管子的管狀細胞，會運送要使用或儲存的食物。

形成層：這種細胞會產生新的木質部和韌皮部細胞，在某些植物中會位於木質部和韌皮部之間，增加植物根與莖的厚度。

要記得木質部製造的管子是**運輸水分**，而韌皮部製造的管子則是**輸送食物**。

無種子植物

無種子植物會透過**孢子**這種很小的繁殖單位進行繁殖。無種子植物可以分類為兩種：非維管束及維管束植物。

無種子非維管束植物

無種子非維管束植物大概只有幾個細胞那麼厚而已，因為每個細胞都會自己透過細胞膜，直接從周遭吸收水分和養分。無種子非維管束植物大多生長在水分充足的潮溼環境中。其有**假根**，是種代替根的細小、富含纖維的構造。假根也可以固定植物。無種子非維管束植物包含了苔類、蘚類與角蘚類。

這類植物通常是一個發展中生態系裡的先鋒物種（尤其是在較潮溼的氣候）。

無種子維管束植物

像是蕨類、石松、木賊和卷柏這類的**無種子維管束植物**會長得比較大，因為它們有可以運送水分和養分的結構。除了蕨類和木賊外，大多數的無種子維管束植物都已經不存在地球上，我們只能透過化石來認識它們。

種子植物

種子是適應了陸地的繁殖單位。種子與孢子不同，裡面存有食物資源，還有種皮可以保護種子。這就像是父母給小孩便當跟外套，讓他們有辦法在學校生存一樣。種子植物可以進一步分成**裸子植物**（種子沒有包覆在果肉中）和**被子植物**（種子包覆在果肉中）。我們吃的水果都屬於被子植物喔！

有種子的植物，都是維管束植物，而且大多都有這三個結構：

> **要記得：**
> 裸子植物產出的種子**沒有果肉保護**（像是松樹）。
> 裸子植物**不會開花**。
> 被子植物產出的種子有果肉保護。

1. **葉子**：植物進行光合作用的器官。有些葉子是扁平狀的，另一些可能是針狀，而且還有一些葉子有別的不同形狀。

表皮：有著蠟質角質層的外層，可以避免水分流失及保護樹葉。葉子會藉由**氣孔**（表皮上的開孔）與周遭環境交換像是氧氣跟二氧化碳這類氣體。**保衛細胞**可打開或關閉氣孔。

有點像是你的嘴唇

葉子的水分會因為氣孔而流失，所以氣孔在炎熱的日子中通常會關上。

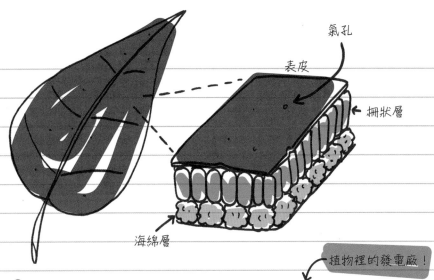

氣孔

表皮

柵狀層

海綿層

植物裡的發電廠！

柵狀層： 位於表皮下，含有可以透過光合作用製造能量的葉綠體。

海綿層： 位於柵狀層下。它之所以會叫海綿層是因為細胞的排列方式——這些細胞排列得很鬆散，所以會空出很多氣囊來儲存二氧化碳或氧氣，就像海綿一樣。維管束組織，也就是用來輸送水分和養分的組織，大多都位於海綿層。

2. 莖： 支撐葉子和樹枝……等。

3. 根： 植物中可以吸收土壤中水分、氣體和氧氣的構造，並能儲存食物。從結構上來看，根同樣也可以提供植物支撐力，避免植物被吹倒或沖走。

莖

根

開花植物的繁殖

所有的被子植物都會開花。花朵的雌性器官被來自植物雄性器官的花粉**授粉**或受精之後，開花植物內部就會結出種子。大多數植物同時會長有雄性和雌性器官。

卵細胞會在叫做**子房**的雌性繁殖構造中生長。子房還有一條長長的、向外延伸的管子，叫做**雌蕊**，雌蕊周圍會有雄性繁殖器官**雄蕊**。雄蕊會製造**花粉**，這是種含有精子細胞的有色「粉塵」。**柱頭**是植物接受花粉的構造。

子房的卵子與花粉的精子結合，就會產生種子，而這個過程叫**授粉**。雄蕊的花粉透過柱頭轉移到雌蕊後，就會出現授粉。大多數的植物都會有避免自花授粉的適應機制，像是精子和卵子細胞有不同的成熟時間，或利用花蜜引誘昆蟲，讓昆蟲將花粉帶到其他植物上。花粉內的精子細胞會來到柱頭，往下移動到雌蕊，抵達子房裡的卵子細胞。

親代植物必需讓種子傳播、遠離自己，這樣種子才不會和它們競爭陽光、水或土壤裡的養分。

植物已經適應了不同的**種子傳播**方式，像是：

- **隨風散播：** 種子非常輕，有羽毛般的絨毛，因此可以隨風飄走。

  像是蒲公英上的種子被吹走

- **藉水散播：** 種子會順著溪流往下漂走。

- **動物散播：** 種子會勾在動物的體毛、羽毛或皮膚上。動物也有可能把水果吃掉，然後透過排泄將種子散播到其它地方。

- **自己裂開：** 種子的果實乾掉後裂開，把種子往不同的方向彈出去。

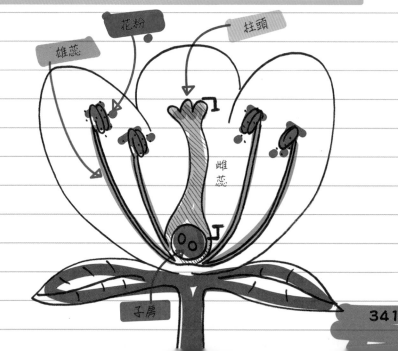

種子如果有適合的水和溫度，就能利用儲存在種子的營養**萌芽**或生長。種子的保護膜會裂開，接著主要的根部就會延伸到土壤裡面。種子會持續生長，長出根、莖和葉子，讓植物可以製造食物維持生長。

隨 堂 小 測 驗

1. 花朵裡面含有精子細胞的構造是哪個？

2. 請解釋根的功能。

3. 請舉出無種子維管束植物的例子。

4. 非維管束植物沒有根，但會有什麼？

5. 為什麼無種子非維管束植物只有幾個細胞的厚度？

6. 會開花的種子植物是哪一種？

7. 能夠進行光合作用的綠色色素叫什麼？

8. 開花植物的雄性繁殖構造叫什麼？

9. 請解釋植物氣孔的功能。

10. 種子未經果肉包覆的植物叫做什麼？

11. 植物的木質部有什麼功能？

12. 無種子植物會用什麼來繁殖？

解答在下一頁

對 答 時 間

1. 雄蕊上的花粉

2. 根會提供穩定性，收集水分和儲存養分。

3. 蕨類

4. 假根

5. 因為每個細胞都得從周遭環境直接吸收養分和水。

6. 被子植物

7. 葉綠素

8. 雄蕊

9. 氣孔是葉子可以與周遭環境交換氣體（氧氣和二氧化碳）的開孔。

10. 裸子植物

11. 木質部會將來自根部的水分傳送到植物的其他部位。

12. 孢子

第三題的正確答案不只一個喔！

動物：
無脊椎動物

動物的特色

大多數的動物都有以下這些特色：

多細胞（由很多細胞組成）

異營性生物（會吃不同的生物）

會移動（會為了追逐食物、棲身處和安全而移動）

多數的動物都有**對稱性**，也就是從分界線的兩側看起來相等。人類、狗和其他許多動物都是**兩側對稱**，也就是如果你在牠們身上畫一條線，線的兩側看起來會都一樣。另一些動物則是**輻射對稱**，身體的對稱部分會以圓形排列，像海星就屬於這類動物。但是還有另一小部分的動物是**不對稱**動物——像一角鯨的左上顎，就長了一根長牙。

無脊椎動物

沒有脊骨的動物就叫做無脊椎動物。**無脊椎動物**包含各式各樣的動物，像是蠕蟲、海綿動物、蚌蛤類、貝類、龍蝦和蚱蜢等。世界上絕大多數的動物都屬於無脊椎動物。

海綿動物

科學家最初把海綿動物當成植物，因為牠們有**固著性**，不會移動。但海綿動物其實跟植物不同，牠們是異營性生物。**海綿動物**會過濾水中的微生物當作食物。

在有性生殖方面，大多數的海綿動物都是**雌雄同體**，也就是說牠們同時擁有雄性和雌性的構造。海綿動物可以進行**有性**或**無性**生殖，這就表示牠們雄性和雌性的 DNA 都可以結合，繁殖擁有全新遺傳資訊的後代；另外，牠們也可以行無性生殖，繁衍出跟親代完全相同的後代。

刺胞絲動物

刺胞絲動物是中空、由兩層細胞組成的動物，內層細胞包圍著消化腔。這類動物的口腔周圍有觸手環繞。

也是進行排泄的地方喔！

刺絲胞動物包括了水母、海葵、水螅以及珊瑚。刺絲胞動物會從觸手射出刺細胞來捕捉獵物，所以大家才都說水母會螫人。

扁蟲

扁蟲是種又長又扁、兩側對稱的蟲。多數的扁蟲都是寄生蟲，住在像人類或是狗這類的宿主身上，獲得食物跟棲身處。**條蟲**就是其中一種寄生扁蟲，會居住在宿主的腸道中，吃裡面的食物。

條蟲的身體由節片組成，節片內同時擁有雄性和雌性的繁殖器官。條蟲成長時，身體的節片就會增加，變得越來越長。牠們會透過卵傳播到別的宿主體內。一個個節片會充滿受精的卵，然後裂開。這些卵會經由動物的排泄物離開宿主，掉到草上或其他植物上。當其他動物把那些草或植物吃掉時，條蟲的卵就可以進入新宿主的身體啦。**實在是太噁心了！**

有些條蟲可以長到超過 20 公尺呢！

蛔蟲

蛔蟲就好像兩條彼此包覆的長條管子，並有一個充滿液體的空腔將內外兩層管子隔開。蛔蟲的身體構造比扁蟲還要複雜，因為蛔蟲除了有口腔外，還有用來排泄的肛門。

分節蠕蟲

分節蠕蟲也叫**環節動物**，牠們的身體是由不斷重複的環或節組成的。（牠的身體結構因為就跟名字一樣，所以很好記。）環節動物的循環系統是閉鎖式的：有一個用來進食的嘴巴，還有一個用來排泄的肛門。

蚯蚓和水蛭都是環節動物。蚯蚓住在土壤中，吃土壤裡的有機物獲得能量。牠們的皮膚可以進行氣體交換。為了讓氣體可以進入皮膚，蚯蚓身上會覆蓋著一層薄薄的黏液（所以蚯蚓才會黏糊糊的）。

軟體動物

軟體動物是種身體軟軟的生物，通常會有一層外殼。
牠們的身體由一層叫做外套膜的組織包覆著。有殼的軟體動物牠們的殼是由外套膜分泌而成的。蝸牛、扇貝和章魚都屬於軟體動物。

節肢動物

節肢動物身上有相連的**附肢**，像是爪子、腳和觸角等。節肢動物的體外由堅硬的**外骨骼**包覆，但外骨骼不會隨著這些生物成長，所以隨著節肢動物長大，牠們會退去舊的外骨骼再長出新的，這個過程就叫做**蛻皮**。

> **附肢**
> 附著在其他更大物體上的結構。
> 手臂其實就是種附肢，因為牠們（通常啦）跟身體是相連接的。

昆蟲占節肢動物裡面最大宗，但還是有許多其他各式各樣的生物也屬於此分類，像蜘蛛、蠍子、蜈蚣和甲殼類生物就也都屬於節肢動物。節肢動物的族群是最大的，涵蓋超過一百萬種的物種。

昆蟲

昆蟲是族群非常多樣的生物，但多數昆蟲，像是螞蟻，身體都可以分成三個部分：

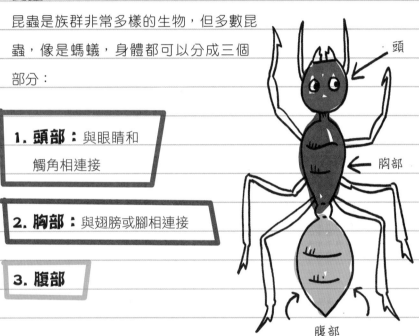

頭

胸部

腹部

1. **頭部：**與眼睛和觸角相連接

2. **胸部：**與翅膀或腳相連接

3. **腹部**

昆蟲跟大多數的軟體動物一樣，有著開放式的循環系統，也就是說牠們的血液不會跟人類一樣只在血管裡面流動，而是在牠們的體內流動。

許多像蝴蝶、螞蟻、蜜蜂和甲蟲等的昆蟲，成蟲時的樣貌會徹底地轉變。

昆蟲經歷的身體變化稱為**變態**。

變態
身體的轉變

變態可以是四個階段：

卵

幼蟲

蛹

成蟲

或是三個階段：

卵

若蟲

成蟲

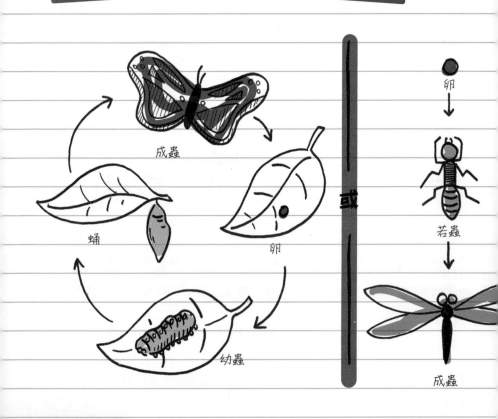

成蟲

蛹

卵

幼蟲

或

卵

若蟲

成蟲

幼蟲或若蟲階段的重點就是吃（毛毛蟲基本上就是一張嘴巴，再搭上一個會走路的胃）。成蟲階段的重點則是繁殖。許多成蟲甚至完全不會進食。 ← 可惜了，錯過很多好吃的！

蛛形類

蜘蛛、蠍子和壁蝨都屬於蛛形類。蛛形類只有兩個身體部位：第一個是**頭胸部**，也就是頭部跟胸部相連在一起的區域，而另一個部位是腹部。這類動物的足則有四對。

蜈蚣和馬陸

蜈蚣和馬陸有長長、分節的身體。蜈蚣身體的每一節都有一對足，而馬陸則是每一節都有兩對足。

甲殼類

甲殼類住在水裡，而且大小差異非常大。大多數的甲殼類有觸角、協助咀嚼用的附肢和五對足。甲殼類動物包括了螃蟹、龍蝦、水蚤、蝦子和藤壺。

棘皮動物

棘皮動物有帶刺的皮膚，是輻射對稱（身體部位繞著中心均勻排列）。棘皮動物沒有頭或腦袋。這類動物有海膽、海星、向日葵海星和沙錢。

隨堂小測驗

連連看：把述語跟正確的定義連起來

1. 異營性生物

2. 蛛形類

3. 蚯蚓

4. 頭胸部

5. 節肢動物

6. 海綿動物

7. 蛔蟲

8. 刺絲胞動物

9. 兩側對稱

10. 附肢

A. 有閉鎖式循環系統的環節動物

B. 有嘴巴和肛門的蠕蟲

C. 以其他生物為食的生物

D. 有外骨骼和關節附肢的無脊椎動物

E. 有兩層細胞的中空動物，像是水母、海葵、水螅和珊瑚

F. 蛛形類的頭和胸部區域

G. 固著的無脊椎動物

H. 有兩個身體部位的節肢動物

I. 分界線兩側一模一樣

J. 附著在某些更大的東西的結構

解答在下一頁

對 答 時 間

1. C
2. H
3. A
4. F
5. D
6. G
7. B
8. E
9. I
10. J

動物：脊椎動物

脊索動物

脊索動物是在成長階段中會長出以下部位的動物：

脊索

沿著身體長度向下延伸，提供支持的桿子（像是脊骨）

脊索

神經索

沿著動物的身體長度延伸，成為動物的神經系統

好想吃鮪魚。

神經索

咽裂

體腔及體外之間的開孔，通常只有在胚胎發育的早期階段才會出現

咽裂

脊索動物中群體最大的是脊椎動物。脊椎動物是有頭顱和**內骨骼**的動物，內骨骼是提供身體支撐的內部骨骼，提供肌肉連接點和提供器官保護。內骨骼包含了像是你的胸腔、腿骨和頭顱這類的地方。

脊椎動物可以是冷血或是溫血動物。冷血動物也叫做**外溫動物**或變溫動物，牠們的身體溫度會隨著外在的溫度改變。如果外面是寒冷的，那外溫動物身體的溫度就會更冷，活動力也會比較低。**內溫動物**就是溫血動物（或恆溫動物），這類動物身體內部的溫度不會有很大的波動。舉例來說，人類是內溫動物；蜥蜴是外溫動物。

外溫動物
冷血／變溫

內溫動物
溫血／恆溫

魚類

魚類（脊椎動物中最大的群體）會用**鰓**在水中呼吸，這個構造可以利用水進行氣體交換。魚的身側有鰭，可以幫助牠們在水中游動，而且牠們的身體頂端跟下方也有鰭，可以穩定身體。

魚類有硬骨或是**軟骨**形成的內骨骼，軟骨是堅硬但有彈性的組織。

（你的耳朵和鼻子就是軟骨構成的，也正是因為這樣，我們才能用手把鼻子和耳朵壓扁。）大多數的魚類都是硬骨魚。

硬骨魚

硬骨魚有魚鱗，而且身上會覆蓋著一層黏液，幫助牠們在水中滑順地游動。魚的身體內也有像氣球一樣叫做**鰾**的構造。泳鰾就像氣球一樣，會充氣跟消氣，讓魚能夠浮起來跟沉下去。

魚會利用**體外受精**的方式來繁殖，這是種讓卵在身體外受精的過程。雌魚會將卵排出，然後雄魚會游過魚卵，釋放精子讓卵受精。

軟骨魚

軟骨魚的骨骼大多是由軟骨組成的。牠們通常會有一個吸盤狀的嘴巴，裡面會有爪子或牙齒幫助牠們吸附在宿主魚身上。這類魚通常會吸食其他魚類的血液，就像隻吸血鬼魚一樣。鯊魚和魟魚則是另一種軟骨魚。

兩棲類

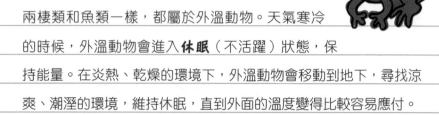

兩棲類是生活史中的部分時間住在水裡，
部分時間住在陸地上的動物。青蛙、蟾蜍和蠑螈都
屬於兩棲類。

兩棲類和魚類一樣，都屬於外溫動物。天氣寒冷
的時候，外溫動物會進入**休眠**（不活躍）狀態，保
持能量。在炎熱、乾燥的環境下，外溫動物會移動到地下，尋找涼
爽、潮溼的環境，維持休眠，直到外面的溫度變得比較容易應付。

兩棲類會使用肺和皮膚來進行氣體交換。你有注意
到青蛙身體是黏糊糊的嗎？兩棲類得不斷地維
持身體潮溼，才能透過皮膚進行氣體交換。

大多數的兩棲類和魚類一樣，會進行體外受精。
兩棲類的幼體和成體長得完全不同。兩棲類成長
時會經歷變態，也就是一種生理的轉變。像蝌蚪這類的兩棲類幼
體，就只能住在水中，牠們有鰓，而沒有腿。兩棲類幼體隨著成
長，會長出腿和肺，且較能在水比較少的地方生存。不過當成體需
要進行繁殖時，就還是會回到水裡。

爬行類

← 根據化石紀錄，出現的時間是在兩棲類後

爬行類是居住在陸地上的脊椎動物。爬行類跟魚類和兩棲類一樣，都屬於外溫動物。如果蜥蜴覺得冷，就會坐在岩石上曬太陽，把自己曬暖。相反的，蜥蜴如果覺得熱，就會在岩石下涼爽的地方找個掩蔽處；冬天的時候，很多爬行類都會有類似冬眠的**半冬眠狀態**。烏龜、蜥蜴、鱷魚和蛇就屬於爬行類。

爬行類動物行體內受精，也就是精子是在雌性體內讓卵受精的。爬行類會產軟殼蛋，這是為了讓牠們可以在蛋不會死亡的情況下在陸地上把蛋生下來的適應方法。牠們的蛋也是**有羊膜的**。在有羊膜的蛋裡面，蛋黃會提供胚胎成長需要的食物。雞生下的也是羊膜蛋——蛋裡面黃色的部分，就是蛋黃。

鳥類

鳥類是有翅膀、腿、喙和羽毛的脊椎動物。（事實上，鳥類是唯一有羽毛的動物。）鳥類是**內溫動物**，牠們必須使用外部能量來在自己體內產生熱量，而不是直接接收環境中的熱量。牠們下的蛋是硬殼蛋，並會坐在上面讓蛋保溫，直到寶寶從蛋內孵化。大部分（但不是全部）的鳥類都可以飛，但像企鵝和鴕鳥就不能飛，不過企鵝會游泳；鴕鳥則是跑得很快。

哺乳類

從化石紀錄來看，出現的時間跟其他動物相比，是比較晚的。

狗、鯨魚、人類、熊和袋鼠都屬於**哺乳類**。哺乳類這個名稱的由來是因為牠們有**乳腺**，可以製造乳汁來餵食牠們的寶寶。哺乳動物跟鳥類一樣，都是內溫動物。為了維持體溫，哺乳類動物通常會有毛髮，這些毛髮有隔離的功能，讓牠們不用燃燒太多能量來維持身體的溫度。

與其他動物相比，哺乳類動物通常會花比較多時間來照顧牠們的後代。

不過很重要的一點是因為，哺乳類動物可以靠牠們乳腺分泌的乳汁，照顧後代數週或數月的時間。所有的哺乳類都是體內受精。

哺乳類動物主要可以分成三種：

1. **單孔類：**會產下革質蛋殼的哺乳類動物。目前存活的單孔類動物只有五種：鴨嘴獸和另外四種針鼴（有點像是長著刺的食蟻獸）。所有的單孔類都住在澳洲、塔斯馬尼亞島和新幾內亞。

2. **有袋類：**有袋類生產完後，會讓小孩在育兒袋內成長，袋鼠、負鼠和袋熊都屬於這個類別。

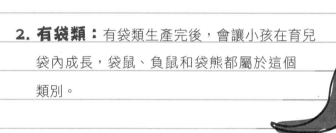

3. **胎盤類：**發展完全的哺乳類會有一個叫做**胎盤**的囊狀器官，可以在子宮內提供養分。胎盤有一條**臍帶**，這條帶子可以將食物、水和氧氣送給胚胎，再將不要的廢物傳回去給媽媽。你的肚臍就是臍帶和媽媽連結的地方喔！

那該死的肚臍到底在哪裡？

有 95% 的哺乳類屬於胎盤類動物。

哺乳類動物可能是**草食動物**、**雜食動物**或**肉食動物**的。舉例來說，牛是草食動物，只吃植物；人類是雜食動物，會吃植物和肉；山獅則是肉食動物，只會吃肉。

與其他種動物相較下，哺乳類動物比較有辦法學習跟記憶東西，牠們有複雜的神經系統和較大的腦。

哺乳類在恐龍時代就已經存在，不過大多是居住在地底的小型齧齒類動物。等到恐龍滅絕後（大約是在 6,500 萬年前），因為競爭變比較小，哺乳類動物才有辦法在恐龍留下來的生態棲位空缺中適應和演化。現在全球各類棲地中都居住著各式各樣的哺乳類動物。

隨 堂 小 測 驗

1. 脊椎動物是有 _____ 的動物。

2. 脊椎動物都是 _____ ，也就是動物成長過程的某個點，會發展出脊索、神經索和咽裂。

3. 哪一種哺乳動物會生蛋？

4. _____ 、 _____ 、和 _____ 都是無脊椎外溫動物。

5. 魚類可以分成 _____ 骨或 _____ 骨魚。鯊魚會有 _____ 骨骼。

6. 雌性哺乳動物會如何養育幼體？

7. 兩棲類可以用 _____ 和 _____ 進行氣體交換。

8. 魚類要怎麼控制自己的浮沉？

9. 爬行類如何在寒冷的天氣中生存下來？

10. 請列出哺乳類的三種飲食習慣，並解釋之。

11. 請描述外溫動物維持身體適當溫度的一些方式。

解答在下一頁

對答時間

1. 內骨骼

2. 脊索動物

3. 單孔類

4. 魚類、兩棲類、爬行類

5. 硬、軟、軟

6. 牠們的乳腺會製造乳汁

7. 肺、皮膚

8. 魚類會有可以充氣和消氣的鰾，幫助牠們浮起來跟下沉。

9. 天氣寒冷時，爬行類會進入半冬眠的狀態。

10. 吃肉的哺乳類叫做肉食性動物。只吃植物的哺乳類叫做草食性動物。吃植物也吃其他動物的哺乳類叫做雜食性動物。

11. 因為外溫動物要靠環境來控制身體的溫度，所以如果外在環境很熱，外溫動物就可以鑽到地底、把身體泡在水中或找一個有陰影的地方來幫助自己降溫。如果外在環境很冷，外溫動物就會找個有太陽的地方或是被太陽曬到的石頭來讓自己溫暖起來。

第十一題的正確答案不只一個喔！

動物和植物的
體內恆定
與行為

體內恆定

體內恆定說的是任何能讓生物在外在不管發生什麼情況，還能維持體內平衡的行為。像是，當外在環境很熱時，人類就會出汗。流汗就是一種對熱的恆定反應，讓我們可以維持穩定的體溫。在動物中，體內恆定包含了各種可以維持體溫、血糖值和血氧值的反應。而植物也會維持體內的恆定性，讓它們的水和養分可以保持在正確的平衡上。體內恆定是動物和植物對於環境改變，也就是對於**刺激**的反應。

> **體內恆定**
> 不管外在環境條件如何改變，都能夠維持合適的內部平衡之行為

> **刺激**
> 外在環境的改變

植物的體內恆定與行為

向性

向性是植物在刺激之下的成長。**向光性**就是植物對光的成長反應，會導致植物朝向窗戶生長。植物的向性有很多種——像是植物會對地球的引力（根往下長；莖往上長）以及碰觸（藤蔓纏在牆上）產生反應。

向性

植物對刺激的成長反應

蒸散作用

蒸散作用是指植物釋放水蒸氣到環境中。蒸散作用是植物控制水分平衡和溫度的其中一種方式，也是蒸發的其中一種形式。葉子上面有叫做氣孔的迷你開孔來進行氣體交換。氣孔打開時，有些水分會散逸，蒸發到環境中。氣孔打開的頻率越高，植物的蒸散作用也就更旺盛。沙漠植物和松柏類植物有縮小了的氣孔，所以會散逸的水分也比較少，它們也得以留住更多水分。

哇！太陽真毒！

蒸散作用也能當作一種冷卻機制（有點像是流汗），也可以幫忙把
含有豐富養分的水從根部向上拉到葉子。

休眠

許多樹在冬天是光禿禿的，這是因
為樹會進入 **休眠** 的狀態來應對
寒冷的氣候，這是個植物的成長和
活動都休止的時期。植物會為了保存能
量而進入休眠。當氣候處於寒冷或乾燥
這種不利於生存的條件時，植物就會
停止生長，讓自己可以在惡劣的條件中
生存下來。春天時，它們會將儲存在根部
的能量傳送回樹枝，這樣就能長出葉子再
次製造糖分。

休眠
不活躍的狀態

動物的體內恆定與行為

動物的行為

動物的行為是為了適應環境而產生的，而這些行為通常是因為環境
的刺激或改變產生的結果。

行為可以分成**先天的**或是**後天學習的**。先天行為是已經編寫在動物基因上的行為，不需要透過學習獲得。舉例來說，游泳對鯨魚來說就是種先天行為——不需要教牠們，經歷幾百萬年來的演化，早就編寫到牠們的 DNA 裡了。我們常常說這些行為是**本能**。其他的行為則是經由學習得來的，像是獅子會透過觀察母親的行為，學習如何狩獵。

溫度的控制

動物身上有各種機制可以幫助牠們控制體內溫度，當動物覺得熱時，血管會擴張，將血液送到皮膚表面讓一些熱蒸散掉。運動後，臉會因為血液湧到皮膚表層而變得潮紅。

動物會用各種行為以及反應讓自己的身體能夠維持在正常的溫度。當跑步一段時間後，你可能會開始流汗，流汗就是一種能幫助控制體內溫度的機制。相反的，狗則是透過喘氣來調降自己的溫度。

內溫動物不需要靠環境來維持自己的體溫，有些哺乳類動物會長出厚厚的一層毛來過冬，將身體努力產出的熱量留在體內，但是到春天的時候動物就會換毛，讓自己的身體不會過熱。

適應氣候

動物和植物會去適應當地的氣候。
適應就是可以讓生物存活下來的
行為或構造。像仙人掌為了適應沙
漠的生活，就長出肉質莖來留住水
分，以及長出厚厚的蠟質表皮來避
免水分流失。

當外面變冷的時候，像熊這類的動物
就會進入我們稱為**冬眠**的不活動狀
態。動物冬眠時，牠們的心跳和呼吸
頻率都會變慢，體內溫度也會降低。
在冬眠期，動物會找一個巢穴或是地

> **冬眠**
> 在寒冷的冬天時，活
> 動力降低及新陳代謝
> 變緩慢的一段時期

底洞穴後進入深眠。外面的天氣回暖後，動物就會醒過來，再次出
來活動。

夏眠就像是因應炎熱天氣的冬眠。
許多兩棲類會躲到地底下，利用夏眠
度過夏季炎熱的月份。

> **夏眠**
> 在天氣炎熱乾燥時，活
> 動力降低及新陳代謝變
> 緩慢的一段時間

遷徙

當外面環境變冷時，有些動物會決定搬到
比較溫暖的地方。季節性的移動叫做
遷徙。天氣變冷、食物變少時，鳥類
就會遷徙到比較溫暖的地方，有
時候這趟曲折的來回旅程甚至
可以長達七萬多公里。

唉，你們這樣就過不了萬聖節了！

合作行為

有時候動物為了達到某些目的，就會一起合作，像是蜜蜂和螞蟻都
會合作，建立複雜的群落。另外一些動
物，像是大猩猩，則是居住在有
特定社會階級的群體中。

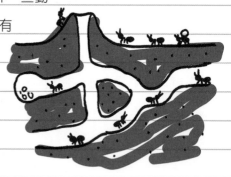

交配行為

許多動物的行為其實是為了要吸引伴侶，像是很多鳥類，就有複雜
的求偶叫聲和舞蹈等。雄鳥會使盡全力，用色彩繽紛的羽毛和最適
合的舞蹈動作來吸引雌鳥的注意力。

所以不是只有人類會
努力想辦法脫單啊！

隨 堂 小 測 驗

1. 請描述動物維持身體正常溫度的一些方式。

2. 什麼是向性？

3. 植物和動物什麼時候會變得不活躍？

4. 植物和動物不活躍的例子有哪些？

5. 請解釋什麼是合作行為並舉例。

6. 請解釋蒸散作用進行的方式。

7. 動物行為可以分成先天或後天學習這兩類，請解釋這兩者的差異。

解答在下一頁

對答時間

1. 有些動物冷的時候就會長毛，熱的時候就會掉毛。

2. 向性是植物應對刺激的成長反應。

3. 當外在條件不利於植物和動物的成長和生存時，它們就會進入不活躍的狀態。

4. 為了能在極端溫度中活下來，植物會進入休眠的狀態，也就是會停止成長來保留能量。天氣寒冷時，有些動物會冬眠，牠們會找一個巢穴或是地底洞穴深眠過冬。炎夏時，有些動物則會進行夏眠（有點像是在夏天的冬眠）。至於鳥類等另一些動物則會遷徙，也就是旅行去找合適的氣候。

5. 合作行為是指動物為了達到某些目的而合作的行為。像是一群獅子會一起打獵，這樣捕捉到獵物的機會就更大。

6. 蒸散是植物將水釋放到環境中的方式。當植物的氣孔打開或關閉時，有些水就會蒸發。

7. 後天學習行為是動物從經驗或觀看其他動物學來的行為。先天行為（或本能）是已經編寫在基因上的行為，不需要特別去學習。

第一題、第四題和第五題的正確答案不只一個喔！

單元 9

人類的身體與身體的系統

36

骨骼與
肌肉系統

人體的結構層級

人體有點像是個工廠：它有個組織架構以及能完成不同工作的各種系統：

細胞是身體最小的單位。

有點像是工廠裡的一個作業員

當一群細胞一起做相同的工作，就會把它們叫做組織。身體裡面有各式各樣的組織，像是皮膚、肌肉和神經等等。

像是一個工廠裡的作業員團隊

當組織在一起合作去完成一個更大的任務，就會把它們叫做器官。你的腎臟、心臟、肝臟和腸子都是器官喔。

像是一個有許多團隊的部門

器官也能在一起工作喔——它們會組成器官系統。器官系統是由數個不同的器官一起合作來完成一個任務。舉例來說，循環系統就是一個器官系統，可以讓血液、氧氣和養分在你的體內循環。

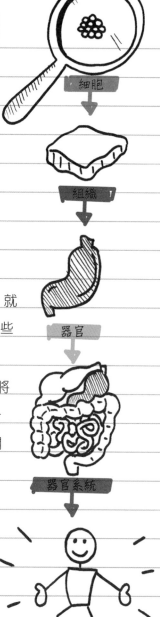

全部的部門一起合作

組織類型

我們的身體是由四種主要的組織形成的：

1. **上皮組織：**身體外層的組織（換句話說，就是你的皮膚），也是構成身體內部表層的一些組織。

2. **結締組織：**將組織連結在一起。韌帶就是將骨頭連接在一起的結締組織。（骨頭是另一種結締組織喔。）結締組織也會做填補空間用。耳朵和鼻子裡的軟骨就也是結締組織的一種。

3. **肌肉組織：**可以收縮和舒張，產生動作的組織。

4. **神經組織：**可以將訊息傳送到全身的組織。

皮膚

皮膚是身體的最外層，也是最大的器官。皮膚有好幾個功能：

保護身體不要受傷

形成屏障，避免細菌和生物跑進你的身體

避免水分流失

調節體溫

有神經末梢，可以將溫度、感覺和疼痛的資訊傳達給大腦

在有來自太陽的紫外線時，製造維生素 D（維生素 D 會幫助身體吸收鈣質）

釋放廢棄物（汗腺也會排出身體的廢棄物）

身體很熱的時候，血管就會擴張，讓流到皮膚表面的血液增加，釋放熱能。（所以運動完後臉才會變得紅紅的喔！）你的皮膚裡面有數百萬個汗腺，你覺得熱的時候，就會流汗，當汗水蒸發時，身體就會降溫。身體變冷時，血管就會收縮，限制流到皮膚的血液，避免熱量流失。

皮膚是由三個分層組成的：**表皮層**是最外面的分層；**真皮層**位於

表皮層下方，也是血管、神

經末梢、毛囊及汗腺與脂腺

所在的地方；**脂肪層**則在最

底層，是身體用來儲存脂肪

的地方，脂肪可以提供身體

保暖與緩衝。

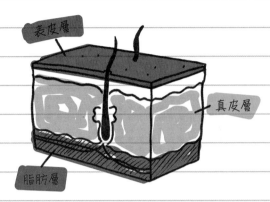

表皮層

真皮層

脂肪層

肌肉系統

肌肉系統控制著我們的動作——包含可以讓你進行走路或跑步的動

作，或是像心跳或胃翻攪這種，你無法自己控制的動作。

你可以控制的肌肉叫做**隨意肌**，而你沒有辦法控制的肌肉則叫**不

隨意肌**。手臂和腿的肌肉是隨意肌，而胃和心臟的肌肉則是不隨

意肌。

肌肉可以透過收縮和舒張產生動作。你的肌肉會利用能量進行收

縮，產生機械能（或動作）及熱能（或熱量）。

肌肉的大小會依據使用程度而改變。如果你每天都做伏地挺身，你的手臂和胸肌就會變壯、變大。

肌肉組織的類別

我們的身體有三種肌肉組織：

1. **骨骼肌：**會帶動骨頭的隨意肌，手臂和腿的肌肉就是屬於這一種。將骨骼肌與骨頭相連接的結締組織叫做**肌腱**。骨骼肌通常是兩兩一組在骨頭的周遭運作——如果其中一邊的肌肉收縮，另一邊的肌肉就會放鬆。

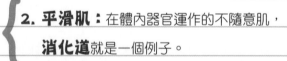

2. **平滑肌：**在體內器官運作的不隨意肌，**消化道**就是一個例子。

3. **心肌：**讓心臟跳動的不隨意肌。心肌只存在於心臟。

骨骼系統

骨骼系統有很多的功能：

> **支撐你的身體，並幫助塑型。**

> **保護像是肺和腦等的體內器官。**

> **儲存鈣和其他礦物質。**

骨骼和肌肉系統會一起運作，產生動作。

軟骨

骨骼是由堅硬的骨頭，以及叫做軟骨，具有彈性的硬組織形成的。

軟骨

軟骨是滑順、堅韌和有彈性的組織，位於骨頭的末端。軟骨可以緩和及減少關節處骨頭間的摩擦。

在耳朵和鼻子裡面也會發現軟骨喔。

> 你有發現骷髏頭都是沒有鼻子和耳朵的嗎？

骨頭

雖然**骨頭**好像只是身體內堅硬的桿子，但它們其實是由不同組織構成的複雜器官！骨頭的外面會由叫做**骨膜**的堅硬外膜包覆著，骨膜上有血管以及可以傳送疼痛訊息的神經末梢。

骨膜的下方則是**緻密骨**。鈣和磷礦物質會沉澱及儲存在緻密骨內，讓骨頭變硬。

在腿骨和臂骨這類長骨的緻密骨下方，則是**海綿骨**。海綿骨有點像是堅硬的海綿，裡面有很多小小的氣孔，會讓骨頭變得更輕。

骨髓會填滿骨骼腔和海綿骨裡的空間，可以是黃色或紅色的。黃色的骨髓是由脂肪組成的，紅色的骨髓則是由可以製造血液的物質所構成。

骨膜

緻密骨

骨髓

海綿骨

關節

關節是骨頭相連接的地方，像是你的膝蓋和手肘。**韌帶**是一種結締組織，讓骨頭可以在關節處連接在一起。通常來說，關節是允許活動的，但某些關節，像是頭顱內的，就是固定不會動的。

你的身體會隨著關節移動。關節主要可以分成四種，每一種都可以做出不同的動作。

1. **樞軸關節：** 繞著一個中心點轉動或旋轉的骨頭。

位於手腕、頸部和手肘

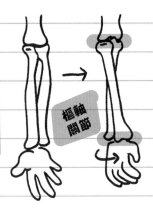

2. **滑動關節：** 骨頭會彼此前後左右滑過。

位於手腕、腳踝和脊椎

3. 屈成關節：骨頭被鍊在一個中心

點，有點像是門的鉸鏈。

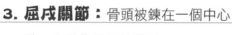

位於你的膝蓋、手肘、手指和腳趾

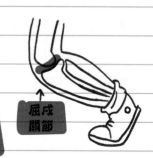

屈成
關節

4. 球窩關節：骨頭嵌在一個關節窩

中，所以可以繞圈旋轉。

位於你的肩膀和臀部

球窩關節

隨 堂 小 測 驗

1. 請列出皮膚有的三種功能。

2. 你的手臂（從肩膀到手指的部位）有哪些關節？

3. 心肌會位於哪個地方？

4. 你能夠控制的肌肉是哪一種？

5. 哪些礦物質會讓骨頭變硬？

6. 韌帶和肌腱的差別是什麼？

7. 當覺得冷的時候，皮膚會怎麼應對這個狀況？

8. 骨骼系統有哪些功能？

解答在下一頁

對答時間

1. 以下任選三種答案皆可：當作物理屏障、調節體溫、製造維生素D、排除體內廢物及神經末梢所在的位置。

2. 肩膀有球窩關節、手肘有屈戍以及樞軸關節、手腕有樞軸以及滑動關節、手指則是有屈戍關節。

3. 只有在心臟這個地方

4. 隨意肌

5. 鈣和磷

6. 韌帶會將骨頭們彼此連結，肌腱則是將肌肉和骨頭連結在一起。

7. 當你覺得冷的時候，皮膚內的血管會收縮，限制流到皮膚的血液量，避免熱量流失。

8. 骨骼系統會支撐你的身體，幫你的身體塑形，保護體內器官和儲存鈣和其他礦物質。

神經 與 內分泌系統

神經系統

你的**神經系統**就像是體內細胞的電話及電子郵件服務系統，會收集跟傳送周遭的資訊到你的腦。神經系統會回應外部的刺激 （環境改變觸發反應）。

腦、脊髓、神經和像是眼睛、耳朵、鼻子、舌頭和皮膚這類的**感覺器官**，都是神經系統的一部分。

分系

神經系統可以分成兩個主要的系統：

1. **中樞神經系統 (CNS)** 涵蓋了你的腦和脊髓。它們會被叫做中樞系統是因為腦是身體的控制中心，你的脊髓則會在腦和身體之間傳遞訊息。

2. **周圍神經系統 (PNS)** 包含了中樞神經系統外的所有神經。因為「周圍」這個字指的是周遭邊緣，所以周圍神經系統就位於身體的側邊。周圍神經系統有兩種神經元：**感覺神經元**和**運動神經元**。感覺神經元會將來自你感覺的訊息傳遞（像是外在的溫度或是對疼痛的感覺）到腦。運動神經元則將來自腦的訊息傳送到你的肌肉，告訴身體要移動——換句話說，就是進行運動。周圍神經系統又會分為：

   - **體神經系統**控制像跑步、走路和咀嚼等的自主（可控制）運動。

   - **自律神經系統**控制不自主運動，也就是你身體會自動進行的動作，像是呼吸和消化食物。你的自律神經系統也會控制反射。

神經系統

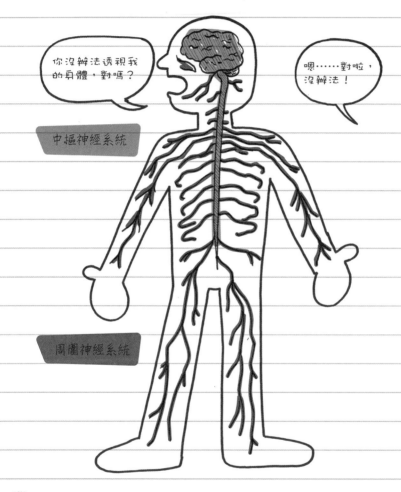

腦

腦是神經系統的控制中心。腦的三個主要部位

分別是**大腦**、**腦幹**和**小腦**。

1. **大腦**會控制你的想法和行為，它負責控制你對味覺、視覺、觸覺、聽覺和嗅覺的感受。基本上，只要你有意識地在動腦，你就是在使用你的大腦。大腦可以分成左和右兩個半球。

2. **腦幹**控制像是呼吸、消化和心跳等不自主的生命過程。腦幹與脊髓是直接連在一起的。

3. **小腦**位於你後腦的底部，幫助協調、平衡和運動控制。

沒有它，你就會變得笨手笨腳的！

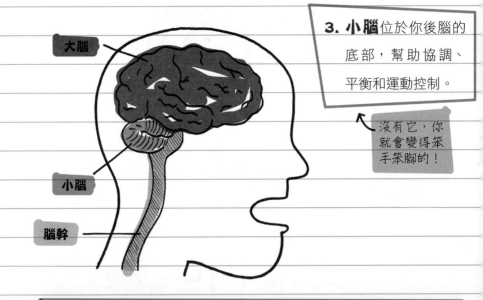

大腦

小腦

腦幹

右腦型的人使用比較多的是大腦的右半球，所以大家都說這些人比較有藝術感、創造力和想像力。左腦型的人則是大腦的左半球使用較多，所以大家常說他們比較有邏輯、有數學能力和語感。左右半球會透過一條叫做**胼胝體**的厚厚纖維連接起來。

神經

神經是神經系統的基本功能單位。神經細胞叫做**神經元**，會傳送叫做脈衝的訊號。神經元可以分為兩大類：**感覺神經元**會接收像是觸覺和嗅覺等訊息，並將訊息傳送到腦和脊髓；**聯絡神經元**則會傳送腦的回應給運動神經元，運動神經元又會把命令傳到你的腺體和肌肉，產生反應。

神經元是由細胞本體、軸突和樹突組成的：

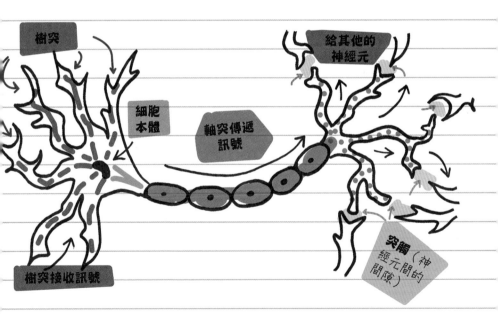

樹突

細胞
本體

軸突傳遞
訊號

給其他的
神經元

突觸（神
經元間的
間隙）

樹突接收訊號

樹突看起來有點像是細小的樹枝，會接收來自神經元的脈衝，又或說是訊號，然後再將脈衝傳送到細胞本體。

軸突看起來像比較長的樹枝，會將細胞體的訊號傳遞給下一個神經元，將訊號傳送下去。神經元之間的空隙叫做**突觸**。

來自軸突的訊號抵達突觸時，軸突就會釋放**神經傳導物質**，這是可以將訊號傳給下一個神經元的化學物質。樹突接收訊號，將脈衝傳給細胞本體，然後整個過程會再重新開始。

這些動作都是在瞬間發生的。

感覺器官

你的像是眼睛、耳朵、鼻子、皮膚和舌頭等**感覺受器**和**器官**，可以感知來自環境的刺激。刺激可以是任何東西，從有東西刺到皮膚到空氣中難聞的臭味都是。你的感覺受器和器官會將訊號傳送到神經，然後再傳遞電脈衝到你的脊髓和腦。

舉例來說，我們的眼睛會收集所見的訊息，然後將訊息傳送到神經，神經會再將訊號傳送到大腦。眼睛的**水晶體**和**角膜**會使光線彎曲並集中到眼睛後充滿受器的視網膜上。視網膜會把訊息傳送到**視神經**，然後視神經又再將這個訊息傳到腦。

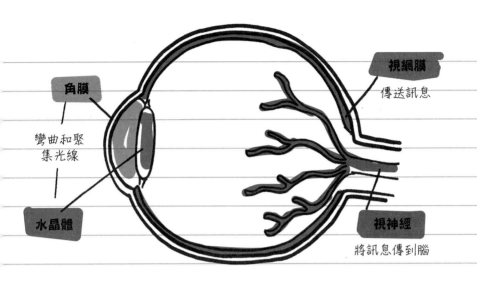

角膜

彎曲和聚
集光線

傳送訊息

水晶體

視神經

將訊息傳到腦

耳朵可以感知聲波。它有三個主要部位：**外耳**、**中耳**和**內耳**。外
耳包含了平時會看到的部
分，以及耳道。耳道的構
造就像是可以捕捉聲音
的漏斗，聲波會從耳道
進入中耳，抵達鼓膜。震
動引起的「鼓聲」會使內
耳裡的液體和細毛搖晃。
它們會感知到動作並傳遞
脈衝，然後神經會再把脈衝傳
到腦。

外耳

捕捉聲音

中耳

鼓膜震動

內耳

傳送脈衝

內耳裡面的液體和毛細胞也會幫助你感覺有無平衡。你移動時，這些液體也會移動，然後毛細胞會將你頭的位置資訊傳送到腦。

你的鼻子充滿叫做**嗅細胞**的感覺細胞，可以感知氣味。鼻子的內部會因為黏液而變得溼潤。空氣內的氣味分子會溶解到黏液中，刺激嗅細胞。

舌頭有細小的感受器，叫做**味蕾**。味蕾可以感知風味並傳送資訊到你的大腦。舌頭的不同區域都有味蕾，會對像是酸、甜、苦、鹹等不同味覺特別敏感。味道和氣味是緊密相連的。你的嘴巴和鼻腔彼此相連，所以你吃東西的時候，氣味分子會往上移到鼻子，幫你感知味道。這就是為什麼感冒時鼻子塞住的話，就很難嚐出東西的味道。

你的**皮膚**上面有感覺細胞，可以感知溫度、質地、壓力和疼痛。這些細胞也是一樣的，會將資訊交給神經細胞，然後神經細胞會把電子訊號傳到你的中樞神經系統。

內分泌系統

內分泌系統是身體的另一個訊號系統，但它不是透過像神經高速公路網絡一樣的系統去傳送電子訊號，而是透過血液將化學訊號傳到身體。

內分泌系統使用的化學傳遞物質叫做**激素**，是在**內分泌腺**產生的。內分泌腺會直接將激素釋放到血液中，由血液將激素帶到身體的不同地方。這些激素可以幫助身體進行各種工作，像是知道什麼時候該睡覺、控制血液裡糖的含量，還有繁衍。

內分泌腺的例子有：

腦下垂體

腦下垂體

· 與腦連接，差不多是豌豆的大小

· 控制像是血壓、新陳代謝和疼痛緩解等的一系列功能

· 製造生長激素

· 控制像是卵巢或睪丸等的腺體

甲狀腺

· 在喉頭下面，喉嚨聲帶所在的部分

· 可以調節像是新陳代謝，以及骨頭鈣的吸收量

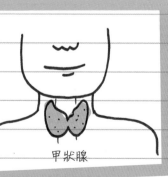
甲狀腺

胰臟

- 製造**胰島素**這種可以控
  制血糖值的激素

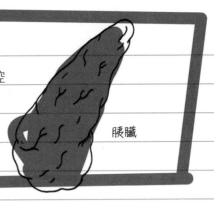

胰臟

卵巢（女性）

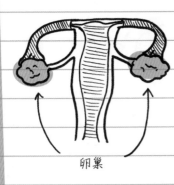

- 製造**雌激素**這種可以控制青春期等
  的雌性激素，以及**黃體素**這個相當
  重要雌性激素，它可以控制女性的生
  育能力等

卵巢

睪丸（男性）

- 製造**睪固酮**，這是可以控制青春期的雄
  性激素，也可以控制男性製造精子的能
  力等

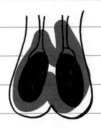

睪丸

隨 堂 小 測 驗

1. 手臂裡的神經屬於＿＿＿＿＿神經系統的一部分。

2. 腦幹的功能是什麼？

3. 請寫出感覺受器和器官是哪五個。

4. 你的眼睛會透過＿＿＿＿＿和＿＿＿＿＿來彎曲和聚集光線。

5. 神經元送出的訊息叫做＿＿＿＿＿，而兩個神經元之間的空隙叫做＿＿＿＿＿。

6. 哪一個腺體可以控制其他的腺體？

7. 激素的功能是什麼？

解答在下一頁

對 答 時 間

1. 周邊

2. 它是腦的一部分，控制身體的不自主功能。

3. 眼睛、耳朵、鼻子、舌頭和皮膚。

4. 水晶體、角膜

5. 脈衝、突觸

6. 腦下垂體

7. 激素是內分泌系統的化學傳訊物質，會幫助身體進行很多工作，像是睡覺、繁衍和控制血糖濃度。

消化與排泄系統

消化系統

消化系統會吸收、分解食物，然後將養分吸收到你的體內。養分是身體用來產生能量，以及進行成長、繁衍和修復的物質。養分包含了維生素、礦物質、蛋白質、脂肪和碳水化合物。

消化的過程可以分成兩種：

1. 機械性消化： 身體用物理方式分解食物。口腔內咀嚼食物就是機械性消化的一個例子。另外，胃在擠壓跟攪動的時候，也會以機械性的方式分解食物。

2. 化學性消化： 身體利用化學反應來分解食物。身體會在整個消化道產生酶，讓這些化學反應變得更加快。酶是可以促進化學反應的特殊蛋白質。

消化道

消化道包含了：

口腔： 消化會從口腔開始，咀嚼的動作（機械性消化）會刺激**唾液腺**來釋放唾液（化學性消化），進而將食物分解成軟軟的球狀。然後這顆球接著就會被推到你的⋯⋯

> 唾液本身就可以將碳水化合物分成單醣。

食道： 剛剛說的圓球會在這裡被叫做**蠕動**，或稱為收縮，的擠壓動作往下推到⋯⋯

> 消化道的其他部分也會產生蠕動來移動食物。

胃： 胃是塊巨大的肌肉，它會擠壓跟攪拌食物，幫助分解（機械性消化）。胃也會釋放酶和化學物質來分解食物（化學性消化）。食物會和消化液混合製造出**食糜**（混合食物和酸液的糊狀物），接著食糜就會去到⋯⋯

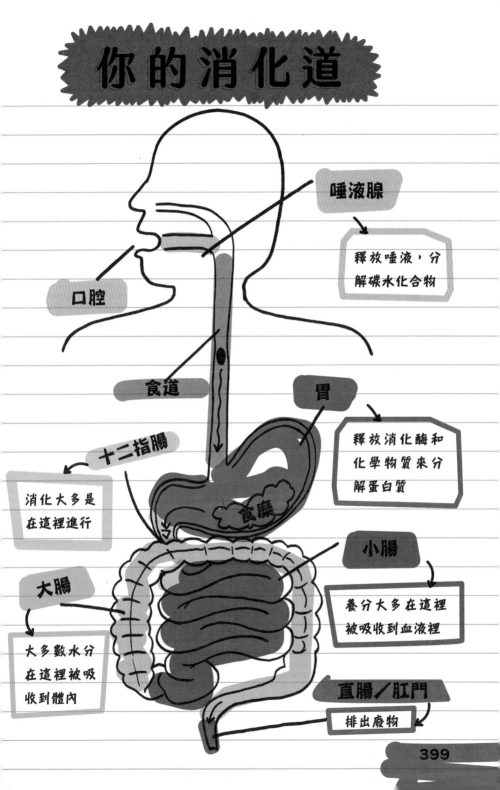

你的消化道

唾液腺

釋放唾液，分解碳水化合物

口腔

食道

胃

釋放消化酶和化學物質來分解蛋白質

十二指腸

消化大多是在這裡進行

食糜

小腸

養分大多在這裡被吸收到血液裡

大腸

大多數水分在這裡被吸收到體內

直腸／肛門

排出廢物

399

小腸：小腸的第一段叫做**十二指腸**，裡面含有來自胰臟和肝臟的消化液，叫做**膽汁**。膽汁會分解脂肪，另一方面，胰臟會釋放消化液，用化學方式分解碳水化合物、脂肪和蛋白質。身體的消化大多是在十二指腸進行的。養分也會在小腸被吸收到血液裡。接下來，食糜就會去到……

大腸：水分大多是在這裡被吸收到身體內。食糜裡的水分被吸收後，沒有被消化的部分就會變硬，成為排泄物。大腸的尾端有個部位叫做**直腸**，會連接到**肛門**——也就是消化道的最後一個部分。這兩個部位合在一起，就可以控制我們什麼時候去上廁所，排出糞便（排泄物）。

養分

我們的身體需要恰好均衡的食物，才能維持健康。

蛋白質：

我們的身體會用蛋白質來重建和長出細胞。蛋白質是由胺基酸組成，身體可以將胺基酸重建成新的蛋白質。肉類、蛋、豆類、堅果類和乳製品裡都有蛋白質。

蛋白質

所以「人如其食」說得沒錯吧！

碳水化合物：我們的身體會燃燒碳水化合物來獲得快速能量。碳水化合物可以是糖、澱粉或纖維。單醣可以快速提供能量，但也會很快消耗完，而比較複雜的碳水化合物（澱粉和纖維）會提供比較持久的能量，因為身體在使用它們之前需要先將它們分解掉。麵包、義大利麵、馬鈴薯、糖、水果和蔬菜裡都有碳水化合物的存在。

碳水化合物

脂肪：脂肪提供身體能量、保溫和緩衝。脂肪也可以幫助你的身體吸收特定的維生素。魚類、肉類、堅果類、油和蛋內都有脂肪的存在。

脂肪

維生素：維生素是身體成長和細胞運作需要的養分。這類養分身體只需要很小的一部分就好。各類食物裡面都有不同的維生素，但是有些食物所含的維生素比其他食物更多。

維生素

礦物質：礦物質也是維持正常身體機能所需的物質。鈣、磷、鉀、鈉、鐵和碘就是一些身體需要的礦物質。菠菜、乳製品、香蕉、堅果類、蛋、肉類和海鮮內都含有礦物質。

礦物質

排泄系統

為了達到體內恆定，你的**排泄系統**會將排泄物排出身體。身體有一系列不同的排泄系統。在消化系統中，未被消化的食物會從大腸的尾端排泄出來。呼氣的時候，你會將呼吸產生的二氧化碳，也就是廢物排放出來。你的皮膚也會透過汗水來排出額外的鹽分、水分和其他物質。

泌尿系統

泌尿系統會過濾你的血液，去除廢棄物以及多餘的水分、鹽分和礦物質。腎是泌尿系統裡主要的器官。血液會被腎裡數百萬個細小的過濾單位，**腎元**，給過濾。所有由腎過濾後的液體，都會再被收集和匯集到**輸尿管**。這條管子會從腎臟通向**膀胱**，也就是**尿液**儲存的地方。膀胱會透過伸展來存放尿液，直到尿液透過叫做**尿道**的管子離開身體。

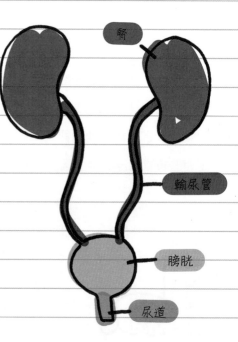

腎

輸尿管

膀胱

尿道

隨堂小測驗

1. 什麼是食糜？

2. 身體會燃燒什麼東西來獲得快速能量？

3. 大多數的養分都是在＿＿＿＿＿＿腸被吸收的。

4. 腎和膀胱會由什麼東西連結？

5. 我們身體會用什麼來重建跟長出細胞？

6. 什麼是腸胃蠕動？

7. 什麼是腎元？

8. 水分會在你的＿＿＿＿＿＿腸被吸收。

9. 請個別舉出一個機械性與化學性消化的例子。

10. 尿液會儲存在哪個地方？

解答在下一頁

對 答 時 間

1. 食糜是食物和消化液的結合。

2. 碳水化合物

3. 小

4. 輸尿管

5. 蛋白質

6. 蠕動是一種收縮，可以將食物往下送到食道。

7. 腎元是腎裡的過濾單位。

8. 大

9. 用牙齒咀嚼食物，就是用機械性的方式消化食物。唾液是化學性方式消化食物的第一步。

10. 儲存在膀胱裡面

第九題的正確答案不只一個喔！

呼吸與循環系統

呼吸系統

細胞呼吸作用是可以將葡萄糖這一種單醣分解掉的一系列反應，會釋放化學能量讓身體使用。如果想要使用這種糖，或是想去「燃燒這些卡路里」，身體就需要氧氣（就像火需要氧氣才能燃燒）。呼吸作用會使用氧氣，並釋放二氧化碳和水這類廢棄物。血液就是個運輸系統，會從你的肺將氧氣帶到各個細胞，再把二氧化碳廢棄物帶回肺裡。

呼吸道

我們會從口和鼻吸進空氣。

這之後，空氣就會進到你的**咽**，這是喉嚨裡面通向胃和肺部的通道。**會厭**是一個瓣（在喉嚨後面的小小沙袋），可以避免食物進入你的氣道，不過當呼吸的時候，會厭就會一直是打開來的。

接下來，空氣會進入**喉頭**，這是呼吸道的一部分，也是聲帶所在的地方。

空氣隨後會來到**氣管**，這個地方有軟骨，可以讓氣管保持穩固不會塌陷。氣管同樣也有細小、像毛髮一樣的結構及黏液，可以困住不該進入你肺部內的細菌、灰塵或各種粒子。

這些細小的毛髮（叫做**纖毛**）會將所有的髒汙往上送，這樣你就可以把它們吐掉、從鼻子裡面擤出來或吞掉。（把髒東西消化掉，會比卡在肺裡面好吧！不過……還是很噁！）

接下來，空氣會流到通往肺部叫做**支氣管**的管道。「支氣管」這個字會讓人聯想到「分支」，而支氣管確實也就是長這樣喔，它們會分成更小的管子，叫做**小支氣管**。

小支氣管直接和**肺泡**連結，肺泡是數百萬個細小的氣囊所組成。肺泡中來自空氣的氧氣會進到微血管內的血液中，再被傳送到身體各處，讓你的所有細胞都可以呼吸。與此同時，血液裡的二氧化碳廢棄物會進到肺泡內的空氣裡，再被呼出來。

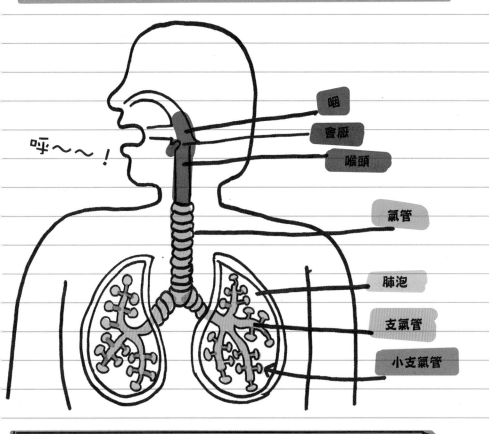

呼～～！

咽

會厭

喉頭

氣管

肺泡

支氣管

小支氣管

抽菸會殺死氣管裡的纖毛，所以抽菸的人會發出很可怕的咳嗽聲，因為他們要很用力才有辦法把髒東西從氣管裡面排出。超噁的！

呼吸

呼吸是用機械性方式吸入空氣。呼吸
是自主性的動作 —— 你並不需要先思
考。如果需要更多氧氣，呼吸就會
變快。（運動時會變得氣喘吁吁就
是因為這樣——身體需要更多氧氣來燃燒
更多熱量以產生能量。）

當你擠壓海綿時，海綿裡面的空氣和水就會
跑出來，但放手後，海綿又會再度膨脹，空氣也會跑回去海綿裡。
呼吸也是相同的道理。胸腔擴張的時候會把空氣拉進胸腔，並在胸
腔收縮時，把空氣擠出來。肋骨下面有塊肌肉叫做**橫膈膜**，會控制
擴張和收縮的動作。

循環系統

身體的**循環系統**有點像是身體的運輸系統，它會將像是養分、糖和
氧氣等的物質運送及分配到體內各處，並蒐集要排出的廢棄物。

血液

如果說循環系統是身體的運輸系統，那血液就是在之中的運輸工
具。血液是會運送氧氣、養分及其他物質的液體，並會把身體的廢
棄物載運到你的腎臟。

二氧化碳這種廢棄物則會被血液運送到肺部，再透過呼氣排出。而血液裡面也有來自免疫系統，可以對抗疾病和修復傷口的細胞。

血液裡面有：

血漿：是血液中用來運送大部分物質的液體，像糖（葡萄糖）、養分、礦物質、維生素、二氧化碳和廢棄物，都是被血漿運送的物質

紅血球細胞：這類細胞會運送氧氣給身體的細胞

白血球細胞：來自免疫系統，用來對抗疾病的細胞

血小板：可以讓血液凝結（受傷的時候可以止血）的細胞碎片

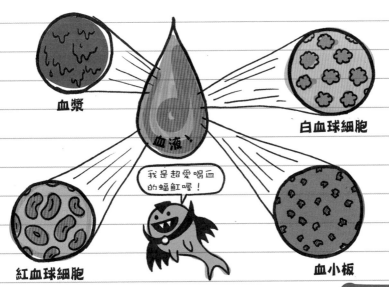

血漿

白血球細胞

血液

我是超愛喝血的蝙蝠喔！

紅血球細胞

血小板

心臟

心臟是循環系統的引擎，會將血液送到
身體的各個部位。心臟是由四個腔室
組合成的：**左心房**和**右心房**，以及**左心室**和**右心室**。

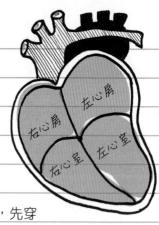

肺部富含氧氣的血液會流進心臟的左側，先穿
過左心房後再到左心室。這之後，血液就會從主動脈
這個強而有力的動脈，被推往身體的其他部位。**充氧血**會在體內移
動，釋放氧氣和收集二氧化碳。**缺氧血**會透過右心房回到你的心
臟，然後再從右心室被送回你的肺部。回到肺後，血液會收集氧氣
並釋放二氧化碳，再重新開始這個過程。

血管

血管就像是循環系統的道路跟高速公路，身體將充氧血送往其他部
位時，就是靠血管來運送這些血液的。

從心臟運走血液的血管叫做**動脈**。因為動脈需要調節流向身體各處
的血量，所以有很厚的肌肉壁，

身體內血液的旅程

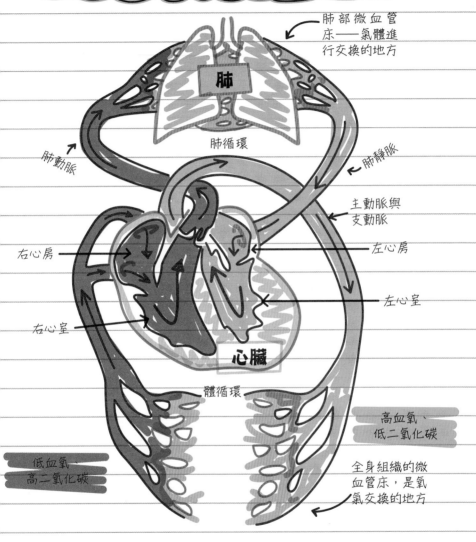

肺部微血管床——氣體進行交換的地方

肺

肺循環

肺動脈

肺靜脈

主動脈與支動脈

右心房

左心房

左心室

右心室

心臟

體循環

高血氧、低二氧化碳

低血氧、高二氧化碳

全身組織的微血管床，是氧氣交換的地方

來自肺的充氧血 ➔ 左心房 ➔ 左心室 ➔ 從主動脈到其它

動脈 ➔ 微血管（充氧和缺氧血交換）➔ 右心房

➔ 右心室 ➔ 在肺裡補充氧氣

然後這個循環再次開始。

這些肌肉壁會收縮和舒張，控制血液流動的多寡。通過動脈後，血液會流到**微血管**這類比較小的血管，將血液直接送到身體的細胞中。

血液將氧氣、葡萄糖和養分送到細胞，並將二氧化碳和其他的廢棄物載走後，就會通過叫做**靜脈**的血管回到心臟。為了讓血液可以從正確的方向流回心臟，靜脈有單向的瓣膜，可以讓血液只往一種方向流動。

隨堂小測驗

1. 肺泡是什麼？

2. 空氣通過呼吸道的路徑是什麼？

3. 會厭是什麼？

4. 肺裡會進行什麼樣的氣體交換？

5. 哪種肌肉會控制吸氣和吐氣？

6. 請描述血液從心臟離開再流回來時，通過哪些血管。

7. 哪種細胞會運送氧氣？

8. 血液在肺部獲得氧氣後，會先流到心臟的哪個地方？

解答在下一頁

對答時間

1. 肺泡是小小的氣囊。肺是由數百萬的肺泡組成，氣體會在這裡進行交換。

2. 當你吸氣時，空氣會通過口和鼻腔沿著喉嚨往下移動到你的咽，然後再去喉頭。到了喉頭之後，空氣會去到你的支氣管，再進入細支氣管。細支氣管會直接通往肺的肺泡，然後，空氣就會從相同管道回去。

3. 會厭是一個可以閉上、避免食物進入呼吸道的瓣。呼吸的時候，會厭就會打開。

4. 血液會帶走氧氣，然後排出二氧化碳。

5. 橫膈膜

6. 血液離開心臟後，會從動脈流到微血管。微血管是養分及氣體與周遭細胞進行交換的地方。血液來到微血管之後，會從靜脈回到心臟。

7. 紅血球細胞

8. 左心房

免疫及淋巴系統

免疫系統會保護及對抗感染與疾病。免疫系統就像身體的軍隊，負責和有害的入侵者打仗。

> **病原體**
> 細菌、病毒或是其他粒子／生物（像是真菌或是原生生物）都會造成疾病。

非專一性免疫力

免疫系統就像是軍隊一樣，會用不同的戰術來保護身體，物理屏障是防禦的第一線：← 有點像是城堡的城牆

皮膚會提供物理屏障，避免**病原體**進到體內。

呼吸系統的黏液和纖毛，會將進入呼吸道的病原體困住跟排除。

睡液跟胃裡的酸液可以殺死很多種細菌。

有點像中世紀防衛時，會將滾燙的熱油從入侵者的頭上倒下去！

雖然有這些防禦措施，病原體有時候還是可以找到方法，透過像是傷口或其他的方式，進到身體這座城堡裡。但是別擔心——你的身體還有備用系統等著對抗這些病原體。

白血球細胞

進到體內的病原體會遇到白血球細胞，它們是我們體內對抗入侵者的勇猛戰士。白血球細胞會消化跟破壞進到體內的細菌及其他病原

體。白血球細胞有好幾種，每一種都有不同的功能。像**巨噬細胞**就會以暴力吞噬跟破壞所有它們遇到的病原體。

被動與主動免疫力

身體可以用被動或主動的方式獲得免疫力。身體在抵抗感染或疾病的時候，會針對病原體產生抗體。身體會儲存這些**抗體**，在病原體再次回來的時候抵抗它們，提供免疫力。**主動免疫**是指身體產生可以讓你有免疫力的抗體。

你也可以從其他人身上產生的抗體獲得免疫力。透過獲得抗體而得到的免疫力就叫做**被動免疫**，因為這種免疫力是先天獲得的——不是靠自己的身體產生的。像小寶寶就可以在媽媽懷孕或是餵母奶的時候，獲得被動免疫。

疫苗接種

接種疫苗時，微量的去活化病原體會被注射到你的手臂裡，你的身體會因為病原體而提升免疫反應，產生抗體。這些抗體會留在血液裡，準備在之後遇到真正的病原體的時候對抗它們。

發炎

在你擦傷膝蓋或被割傷後，傷口有時候會紅、腫、熱和痛。這個發紅和變腫的情形就叫做**發炎**。當細胞因為感染或受傷而遭到破壞時，細胞就會釋放一種化學物質讓流到這裡的血液增加，導致發炎反應產生。血液流動量增加後，就有更多白血球細胞可以來到這個區域，攻擊病原體。

淋巴系統

淋巴系統有點像是一個排水管，它會從身體收集液體（叫做**淋巴**），並透過分散在體內的小小組織塊——**淋巴結**，去過濾這些液體。

淋巴結也會製造一種叫做**淋巴球**的白血球細胞。血液通過淋巴結後，淋巴球會攻擊並去除身體內的病原體。你的脖子有很多淋巴結，所以生病的時候，淋巴結常常會因為這些淋巴球戰士而腫起來。

疾病

人類的疾病可能會由很多因素產生，下面是幾個病原體以及它所引起的疾病：

某些細菌種類會導致鏈球菌咽喉炎、耳朵感染、肺結核和肺炎。

病毒會導致流感、小兒麻痺、麻疹、疣或愛滋病 (AIDS)。

某些種類的原生生物會導致瘧疾、痢疾或梨形鞭毛蟲症。

某些種類的真菌會導致香港腳、念珠菌感染或是其他疾病。

雖然我們可以用抗生素藥物殺掉和去除身體裡的細菌，不過一旦感染了病毒，這個病毒通常就會一輩子跟著你。

傳染性疾病

當你被朋友傳染了感冒時，病毒就會從朋友那傳播給你。傳染性疾病是一種會從被感染的生物傳播給其他生物的疾病，有些疾病可以透過空氣、水、食物或兩個生物間的肢體接觸進行傳播。另外像人類免疫缺陷病毒 (HIV)，就是透過血液這類的體液來傳播。細菌和病毒可以存活在像是門把和扶手這類的表面上，洗手就是個讓自己遠離疾病最簡單而有效的方式。

非傳染性疾病

非傳染性疾病為不是由病原體造成，而且不會在人與人之間傳染的疾病。糖尿病、遺傳性疾病和癌症都是非傳染性疾病的例子。癌症就是一種非傳染性疾病，細胞的 DNA 出現突變，導致細胞繁殖不受控制，複製出同樣也有癌的細胞。這些細胞會增生，最後變成干擾身體正常機能的腫瘤。醫生會試著透過消除或殺掉癌細胞來對抗癌症（通常是用手術、化療或放射線等方式）。

隨 堂 小 測 驗

1. 請解釋為什麼會出現發炎。

2. 生病的時候，你的＿＿＿＿＿會因為淋巴球而腫大。

3. 什麼是傳染性疾病？

4. 當你接種＿＿＿＿＿時，很微量的病原體會被注射到你的手臂裡面，給你抗體。

5. 請解釋先天性與後天性免疫的差別。

6. 免疫系統的功能是什麼？

7. 請寫出四種病原體。

8. 請舉出一個非傳染性疾病的例子！

解答在下一頁

對 答 時 間

1. 細胞受傷時，會提高流到此處的血液量，這樣就可以有更多血球細胞來對抗病原體。

2. 淋巴結

3. 傳染性疾病是可以從一個生物傳播給另一個生物的疾病。

4. 疫苗

5. 從其他生物獲得抗體，就叫做先天性免疫；身體自己產生的抗體，就會叫後天性免疫。

6. 保護跟對抗感染與疾病。

7. 病毒、細菌、原生生物和真菌

8. 糖尿病

第八題的正確答案不只一個喔！

人類的生殖與發育

生殖系統

人類繁衍時,男性與女性的生殖細胞結合形成受精卵(因受精後而形成的細胞,並具有成對的染色體)。受精卵最後會發育成小寶寶。

男性與女性的身體擁有不同的生殖系統,各自有特定的功能,促使遺傳物質結合。

很浪漫,對吧?

男性生殖系統

男性生殖系統由數個器官組成,有些是內部器官,有些是外部器官。男性生殖系統包含:

陰莖： 外部器官，包含一條管狀的**尿道**。
~~精液~~和尿液會由尿道排出體外。

陰囊： 囊狀的外部器官，內含睪丸。

睪丸： 製造精子與雄性激素睪固酮。

精子是男性的性細胞，由頭部及一條尾巴組成。精子的頭部帶有遺傳訊息 (DNA)，尾巴則提供了動力給精子。精子在被射出體外之前，會先從睪丸出發，經過位在膀胱後上方的輸精管與不含精子的**精液**混和。這是一種幫助精子游動並提供能量的液體。這種液體和精子混和後就是所謂的精液。精液經由尿道排出體外，而尿道是陰莖中的一條管子。

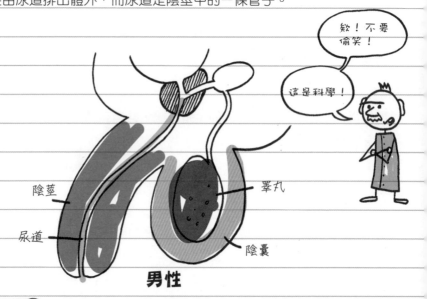

欸！不要偷笑！

這是科學！

陰莖

尿道

睪丸

陰囊

男性

女性生殖系統

女性生殖系統包含卵巢、子宮、陰道等。

卵巢：像杏仁的迷你器官，與子宮相連。卵巢會製造卵子及排卵，也會製造性激素，例如雌激素和黃體素。

輸卵管：與子宮相連的管子。卵子從卵巢排出後，經過輸卵管到達子宮。

卵子和**排卵：**卵子是女性的性細胞，帶有遺傳資訊 (DNA)。女寶寶在出生時就已經帶有所有的卵子——大約 100 萬至 200 萬顆。

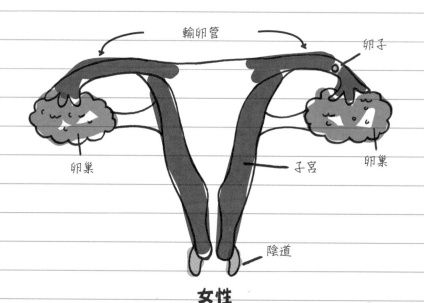

女性

每位女性大約每隔一個月會行**排卵**，也就是成熟的卵子會從右卵巢或左卵巢排出。輸卵管中的短纖毛會幫忙推動卵子往下移動，在此處卵子也可能遇到精子而受精。

子宮：空心的器官、受精卵發育的地方。子宮與輸卵管和陰道相連接。

陰道：與子宮相連並通往體外的通道，有點像女性生殖系統的大門。精子從陰道進入體內，而小寶寶也是經由陰道離開子宮。

月經週期

女性的身體大約每個月會出現一次變化，為孕育下一代做好準備，這個階段叫做**月經週期**。我們可以把成年女性的子宮想像成小寶寶住的飯店，隨時準備好迎接房客（**受精卵**）光臨。我們可以把月經週期當成飯店的事前準備。每一個月女性的身體都會為了準備迎接可能到來的房客，讓子宮內膜充血，來保護以及為可能來臨的受精卵提供優質的環境。如果卵子受精，就會附著在子宮內膜，然後成長。如果卵子沒有受精，子宮內膜就會開始剝落，並經由陰道排出體外，這個過程就叫做**月經來潮**。有點像是飯店（或子宮）更換床單，等待下一個（受精卵）房客入住。

人類的成長和生命

受精

人類的成長從**受精**開始。受精是指男性與女性的性細胞結合，形成
具有成對染色體的細胞，也就是受精卵。男性與女性的性細胞（精
子與卵子）各自含有 23 條染色體。精卵結合後，受精卵就會有 46
條染色體，兩兩成對，一半來自媽媽，另一半來自爸爸。

受精的過程從精子停留在陰道內開始。精子會在陰道內往上游，直
到碰到卵子，通常相遇的地點會是在輸卵管。雖然陰道內有高達 3
億個精子同時奮力游向卵子，但只有一個精子能使卵子受精。

雙胞胎

異卵雙胞胎是因為卵巢同時排出兩顆卵子，而且兩顆卵子都受精所
致。因為異卵雙胞胎是由不同的卵子與精子發育而成，所以在基因
上的相似度其實就跟普通兄弟姊妹差不多。

異卵

同卵雙胞胎由單一個卵子及精子發育而成。受精卵發育時分裂成兩個細胞，並各自發育成胚胎。最後生長成兩個同卵雙胞胎，並帶有完全相同的遺傳物質。

同卵

發育

受精卵形成到生產的這段期間叫做**懷孕**。受精卵大約需要九個月的時間才能發育完全，因此孕期通常是九個月。懷孕期間，受精卵在媽媽的肚子會先發育成**胚胎**，之後再變成**胎兒**（大約兩個月）。接著胎兒會持續生長，直到變成發育完全的小寶寶。

胚胎
著床在子宮裡的受精卵

胎兒
八週以上的胚胎

生產

胎兒發育完全後，就準備要來到這個世界上啦！一般來說，嬰兒會從媽媽的陰道出生。但有時候，我們必須要透過**剖腹生產**的手術將小嬰兒取出來。小嬰兒出生後臍帶會被剪掉，然後開始自主呼吸。

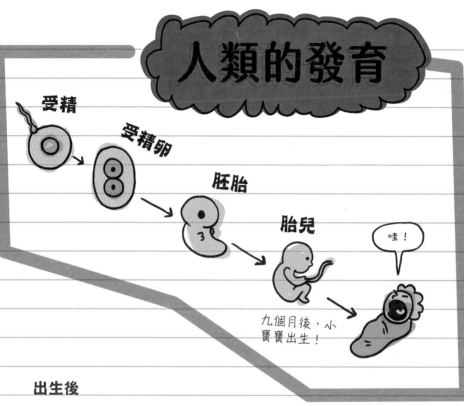

人類的發育

受精

受精卵

胚胎

胎兒

哇！

九個月後，小寶寶出生！

出生後

小嬰兒發育時期會經歷以下幾個階段：

新生兒期： 出生後的前四週，嬰兒的身體開始適應子宮外的生活。

新生兒期

嬰兒期

嬰兒期： 嬰兒開始學爬、學站，最後學會走路。處於嬰兒期的小寶寶開始探索這個新世界，此時他們的大腦發育特別快。

兒童期：小朋友開始學習協調身體、說話、穿衣服、畫畫、跑步、寫字跟閱讀。進入青春期時，兒童期就會結束，通常大約是在十二歲左右。

兒童期

青春期

青春期：是指身體開始進入過渡期。男生在青春期時會開始長高、身體變壯、聲線變低沉、還會長鬍子跟陰毛。女生身體也會變高變結實，乳房開始發育、長出陰毛及臀部變寬。大腦在青春期時也會快速發育。

青春期接著就是**成年期**，也是發育的最後一個階段。變成大人後，骨骼就停止生長。隨著年紀漸增，骨骼跟肌肉開始衰退，皮膚也會開始出現皺紋。保持身體跟大腦活躍有助於延緩老化，也有益身體健康。

成年期

隨堂小測驗

1. 什麼是卵巢？

2. 什麼是排卵？

3. 兩個月之後的胚胎叫做＿＿＿＿＿。

4. 精子和不含精子的精液混和後叫做＿＿＿＿＿。

5. 男性性細胞中的遺傳訊息會儲存在什麼地方？

6. 尿液跟精液如何離開身體？

7. 卵子是如何從卵巢進入子宮？

8. 受精卵在子宮壁著床時會發育成＿＿＿＿＿。

9. 懷孕的女性通常在懷胎＿＿＿＿＿個月後開始生產。

10. 陰囊內含有＿＿＿＿＿。

11. 請寫出男生女生進入青春期時會出現的變化。

解答在下一頁

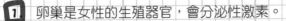

對答時間

1 卵巢是女性的生殖器官，會分泌性激素。

2 排卵是指卵子從卵巢被排出。

3 胎兒

4 精液

5 在精子的頭部

6 透過尿道離開

7 透過輸卵管到子宮

8 胚胎

9 九

10 睪丸

11 男生開始長高、身體變壯、聲線變低沉、還會長出鬍子跟陰毛。

女生身體也會變高變結實，還有乳房也開始發育、臀部變寬、長

出陰毛。男生和女生的大腦在青春期時也會快速發育。

第十一題的正確答案不只一個喔！

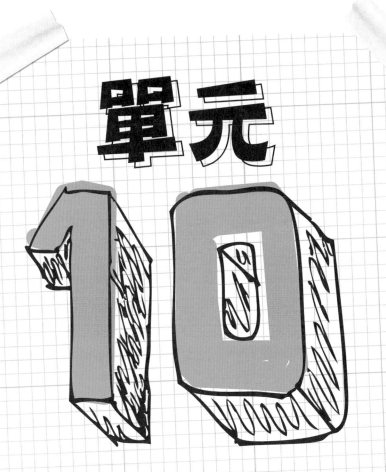

單元 10

生命的歷史：
遺傳、演化
及化石

42 遺傳與遺傳學

遺傳學是研究基因如何相互作用及表徵如何從親代傳給下一代的學科。你的長相和行為有很大一部分是由基因決定的，而將表徵從一代傳到下一代就叫做**遺傳**。

表徵與等位基因

遺傳表徵基本上包含了生物的所有特色。人類可以明顯觀察到的表徵包含頭髮、眼睛和皮膚的顏色，還有身高，但是其他表徵就比較屬於行為性的，像是人類的睡眠週期、攻擊性與其他本能。

基因是染色體中的一段，由 DNA 的編碼而來。兩兩成對的基因叫做**等位基因**，每個等位基因就是該基因的變異。如果其中一個基因，或是等位基因比較強勢，它就會將比較弱的那個等位基因表徵遮蓋掉。

> **等位基因**
> 基因的一種形式（或變異）

比較強勢的等位基因就叫做**顯性等位基因**，被遮蓋掉的等位基因則叫做**隱性等位基因**，隱性等位基因只有在兩個等位基因都屬於隱性時才會出現。科學家使用英文字母來表示每個基因的等位基因，大寫字母用來表示顯性，而小寫字母則用來表示隱性。

> **顯性等位基因**
> 永遠會被表現出來的等位基因
>
> **隱性等位基因**
> 會被顯性等位基因遮蓋的等位基因，只有兩個等位基因都是隱性型態時，才會被表現出來。

舉例來說，字母「R」可以用來表現圓滑種皮或是皺縮種皮豌豆的等位基因。

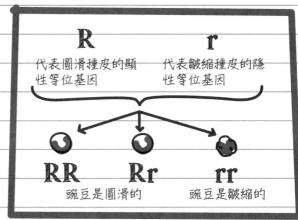

當其中一個等位基因是顯性，另一個是隱性時，顯性會被表現在表徵上，而隱性就不會。所以生物真正的等位基因是沒有辦法只看表徵就被預測出來的。生物所擁有的基因叫做**基因型**，而它表現出的表徵則叫做**表現型**。生物的基因型沒有辦法觀察出來，但外表型可以。

基因型
生物的基因

表現型
生物表現出來的可見表徵或
基因

當生物有兩個相同的等位基因基因型時──像是有

像是 RR 或 rr 的豌豆

兩個顯性等位基因或兩個隱性等位基因的，就會叫做**同型合子**。

而生物有兩個不同的等位基因（一個顯性和一個隱

像是 Rr 豌豆

性的等位基因）的話，就叫做**異型合子**。

同型合子
有兩個相同等位
基因的生物

異型合子
有不同等位基因的生
物──顯性和隱性各一個

孟德爾

孟德爾是奧地利科學家及神父，他是第一
個深入研究基因的人。孟德爾在修道院照
顧花圃時，他注意到豌豆會遺傳到特定表徵
的模式，像是種子和花的顏色，以及豌豆莢
的形狀和顏色這類例子。他透過追蹤不同代豌豆
的表徵，來決定表徵哪些是顯性、哪些是隱性。下
一頁列出的就是孟德爾的主要觀點。

每個表徵都由兩個基因控制，叫做等位基因。

等位基因可以是顯性或隱性。

在染色體因繁殖而分裂時，每個生殖細胞都會獲得一個等位基因。就表示當親代的生殖細胞結合時，下一代會隨機得到來自親代的其中一個等位基因。

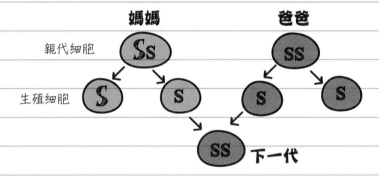

龐尼特方格

透過將數千株植物雜交繁殖，孟德爾很快就有辦法預測特定的植物能遺傳到某種特色的機率，或是似然度。

龐尼特方格是了解下一代出現一個特定表徵機率的工具。舉例來說，有高莖異型合子的高莖植物會由 **Tt** 表示，而高莖同型合子的高莖植物會由 **TT** 表示，矮莖同型合子的矮莖植物則會用 **tt** 表示。

在龐尼特方格裡，親代的等位基因會寫在方形表格的頂端跟外側，每個框框則代表下一代可能有的等位基因。因為子代會從親代獲得他們的其中一個等位基因，所以每個框框裡面都會寫下從親代獲得的一個等位基因。

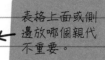

表格上面或側邊放哪個親代不重要。

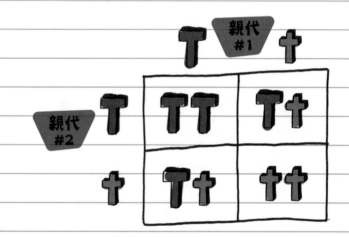

這個例子中，親代剛好都是異型合子，所以有三種組合（**TT**、**Tt** 和 **Tt**）會讓下一代是高莖，一個組合會表現出矮莖（**tt**）的隱性表現型。

因為每個框框都代表一個後代，所以 **Tt** 和 **Tt** 親代生下基因型為 **TT** 的機率就會是 1/4 或 25%，**Tt** 則是 1/2 或是 50%，而 **tt** 則是 1/4 或 25%。至於表現型，也就是會顯現出來的表徵，則為 3/4 或 75% 會是高莖；1/4 或 25% 會是矮莖。

性別的決定

龐尼特方格也可以用來顯示後代是雄性還是雌性的機率。人類的 23 組染色體中，其中一組和其他的不同，會決定我們的性別，也可以說是男生還是女生。決定性別的染色體叫做 X 染色體和 Y 染色體。女性會有兩個 X 染色體（**XX**），而男性則 X 和 Y 各有一個（**XY**）。

用來顯示性別的龐尼特方格

因為一半子代染色體組合會是 **XX**，另一半則是 **XY**，所以生出男性或女性後代的機會是一半一半。而且因為女性提供的染色體只會是 **X**，所以男性提供的染色體才能決定小孩的性別。

其他遺傳法則

雖然孟德爾在遺傳學上獲得許多進展，但遺傳這件事其實比孟德爾的理論還要複雜。有時候就需要一系列的基因一起運作，才會產生像膚色這樣一個結果。要產生一種皮膚、眼睛和頭髮的顏色，需要很多種不同的基因，所以我們的表徵其實是相當複雜的！

而且啊，有些表徵的其中一個等位基因並非是完全顯性且不會將隱性等位基因遮蓋掉。如此一來就與完全顯性不同，這兩個表徵都會有一部分出現在子代上，我們稱這種遺傳為**不完全顯性**。有時候，也會出現成對的等位基因都不占絕對優勢的狀況，我們將它叫做**共顯性**。這兩個狀況中，異型合子時會出現某種混合的情況。

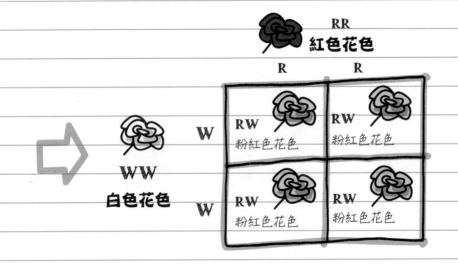

環境的影響

確實，並非所有的表徵都會被表現出來，但有些表徵會由於環境跟基因加在一起而展現出來。基因會讓某些人更有機會出現某個表徵，但可能還會需要加上環境因子才能讓這個表徵被表現出來。舉例來說，有些人在基因上就有會過胖的傾向，不過這個人到底會不會過胖，其實要取決於飲食或運動習慣這類的外在因子上。另外，大多數從環境獲得的表徵是沒有辦法透過遺傳的方式傳下去的。如果你曬黑或是學會打鼓，你的小孩不會因為這樣就天生膚色較深或是有比較好的韻律感。

遺傳異常與遺傳性疾病

染色體異常

有時候，後代會遺傳到的染色體數量會出錯，其中一個常見的染色體異常情況叫做**唐氏症**，這種狀況下，後代遺傳到的人類第 21 對染色體不是 2 條，而是 3 條。患有唐氏症的人通常可以正常生活，但可能會有一些學習障礙、身體異常或心臟問題。

隱性基因疾病

基因除了將頭髮及眼睛顏色這類的表徵傳下去之外，還可以將囊狀纖化症（一種肺部疾病）這類的基因性疾病遺傳給下一代。大多數的基因性疾病都是隱性的，也就是說它們會被另一個等位基因遮蓋起來，除非繼承的剛好都是隱性等位基因，不然不會出現任何的症狀。

性聯遺傳疾病

如果基因疾病是攜帶在 X 或 Y 染色體上，那這種疾病就叫做**性聯遺傳疾病**。性聯遺傳疾病對其中一個性別的影響會比另一個性別更大，舉例來說，色盲就是種由 X 染色體攜帶的性聯隱性遺傳疾病，因為男性只有一條 X 染色體，所以如果它攜帶了色盲的等位基因，那這個男性就會有色盲。而因為女性還有第二條 X 染色體，所以女性只有在她們的兩條 X 染色體都攜帶色盲等位基因時，才會有這種症狀，但這個機率非常低。

基因工程

科學家會使用生物或化學處理來改變細胞的基因，這種方法就叫做基因工程。透過**基因工程**，科學家可以讓農作物在更多不同的條件下生存，而且更能抵抗特定的化學物質或是害蟲。有了基因工程，科學家研發出了抗寒番茄以及抗除草劑的玉米植株。基因被改變的作物就叫做**基因改造生物 (GMO)**。

> 除草劑是殺死雜草的化學物質

隨堂小測驗

1. 請寫出「表現型」的定義。

2. 請寫出「基因型」的定義。

3. ＿＿＿＿＿＿＿可以用來計算後代有可能的基因型，以及每個基因型出現的機率。

4. 孟德爾遺傳理論的主要原則是：

A. 每個表徵都是由兩個叫做＿＿＿＿＿＿的基因控制的。

B. 等位基因可以是顯性或＿＿＿＿＿＿的，＿＿＿＿＿＿等位基因會遮蓋＿＿＿＿＿＿等位基因。

C. 每個後代都會從＿＿＿＿＿＿各獲得一個等位基因。

5. 請解釋什麼是不完全顯性。

6. 如果母親和父親都是囊狀纖化症的帶原者，各自都有 Cc 基因型，那他們生下帶有這個疾病，基因型為 cc 的後代機率為＿＿＿＿＿＿。

（提示：要記得畫龐尼特方格喔）

7. 如果基因是由 X 或 Y 染色體攜帶的，就會叫做＿＿＿＿＿＿表徵。

8. 請寫出「基因工程」的定義。

9. 男性子代會有一個來自母親的＿＿＿＿＿＿染色體，和一個來自父親的＿＿＿＿＿＿染色體。

10. 等位基因為 Aa 的生物叫做＿＿＿＿＿＿，而等位基因為 aa 或 AA 的生物叫做＿＿＿＿＿＿。

解答在下一頁

對 答 時 間

1. 表現型指的是等位基因如何被表現出來（表徵「看起來」的樣子）。

2. 基因型是實際擁有的等位基因（實際的基因）。

3. 龐尼特方格

4. **A.** 等位基因

   B. 隱性、顯性、隱性

   C. 親代

5. 不完全顯性是一種遺傳，後代的表徵會介在母親和父親的表徵之間，像是粉紅色的花就是親代為白色和紅色的花朵產生的。

6. 機率為 1/4 或 25%

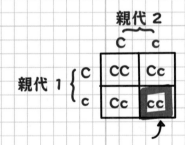

7. 性聯

8. 基因工程是透過生物或化學程序對基因進行修改。

9. X；Y

10. 異型合子；同型合子

演化

演化論

我們現在地球上很多已知的物種在數百萬年前是以相當不同的形態存在，物種經過好幾代的改變跟發展就叫做**演化**。

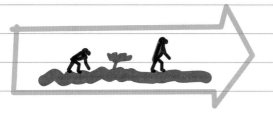

拉馬克的後天遺傳説

拉馬克提出最早的演化理論的其中一種，他認為生物在生命成長所發展出來的表徵會被傳給下一代。不過，雖然表徵的確會從一代傳給下一代，但是……真的全部的表徵都會被傳下去嗎？根據孟德爾的實驗，這個答案是否定的。

達爾文和天擇說

最重要的演化理論是一位叫做**達爾文**的科學家提出的，這個理論以**天擇**為基礎。我們現今對於演化的許多了解，都是以達爾文最初的發現和想法為基礎而來的。

天擇說講的是生物如何隨著時間改變去適應牠們的環境，所有生物都會為了生存相互競爭。而空間和食物是有限的，所以生物如果有最適合那個環境的表徵，就有辦法打敗其他的生物生存下來，這個概念就叫做**適者生存**。能帶給生物生存優勢的表徵會在繁殖的時候傳給下一代，所以其實該說成適者繁殖與生存。

我的！

當一個物種因為環境改變，或是因為外在的生存競爭增加，而變得不符合這個環境時，物種就有可能會**滅絕**。滅絕是指物種裡的所有個體都死亡。

都死光光、滅絕了？你才死光光啦！

滅絕
該物種的全部個體都死亡

天擇說的主要重點

相同物種的個體會有不同的表徵。

生物會為了生存彼此競爭。

個體若帶有利於生存的表徵，在繁殖上會更成功。這些成功的個體會將有用的表徵傳給牠們的後代。

隨時間經過，那些變異有助生存的個體，就有可能會因為數量增加，或是因為與原始的群體隔離開來而變成不同的物種。

新的物種是如何形成的？

變異與適應

演化是生物在基因上變得不同的過程，也是現在地球上的生物種類繁多的原因。群體內的個體在表徵上會有**變異**或是遺傳差異，對物種有幫助的變異，就叫做**適應**。科學家稱有益的變異為

變異
物種內個體間的遺傳差異

適應
使生物更加適合其生存環境的遺傳變異

適應，因為擁有那個表徵的生物會較能適應它的生存環境。舉例來說，鳥有中空的骨頭，

可以讓他們變輕及幫助飛行。有時候，遺傳差異其實非常小，但如果變化夠大，物種就可以在好幾代後與自己的**共同祖先**出現區別。

> **共同祖先**
> 共有的生物祖先

基因突變

基因突變不斷地在發生，改變一個生物的 DNA 並產生新的表徵。通常 DNA 的突變是對生物有害的，而且會傷害牠生存的機會，但每隔一段時間，突變也會提高生物存活和繁殖的機會。隨著時間經過，適應了的個體就有可能變成其他的物種。

地理隔離與遷徙

有時候一個生物的群體會被像是山脈、河川或海洋等的地理特徵，跟其他的群體隔離開來，遭到隔離的群體可能會在新環境中發展出不同的基因突變和變異。在經過許多代後，被隔離開的群體就會開始看起來與其他物種（它們的祖先）不同，而且最終有可能變成新的物種，沒有辦法再與原始的群體進行繁衍。

選拔育種

我們可以透過只將群體內的特定個體進行交配,來培育新的物種或品種。舉例來說,如果你想從一群毛色不同的狗中,培育出一個黑狗品種,那就只能讓黑狗與另一隻黑狗繁殖,直到會出現其他毛色的等位基因都從那個品種消除掉後才行。人類已經使用選拔擇種(人擇)的方式培育出數百種犬種以及許多其他的動物,我們也將選育充分地用在植物,尤其是作物上。選育就像是天擇,不過是人類在做挑選,而不是大自然。

演化的速度有多快?

雖然所有的科學家都同意物種會改變,以及生物會產生適應,但他們對於這個狀況出現的速度則有不同的看法。有些科學家認為演化通常是比較慢的,需要花上好幾百萬年的時間——這種演化理論叫做**漸變說**。其他科學家則認為演化是突然發生的,並用叫做**斷續平衡說**的理論來進行解釋。這兩種理論都有支持它們的證據,而且很有可能是這兩種理論的組合,讓現在地球上的生命如此多樣。

演化的證據

化石

大多數的演化證據最初都是透過化石
找到的。化石可以用很多方式保存生物
的結構，讓我們可以充分了解在地球漫長的歷史上
特定生物的樣貌。不過，化石紀錄並非完整的，能
將生物以化石方式保存下來的條件其實很稀少，所
以化石紀錄常常會出現斷層。但每次的新發現
都會讓這些紀錄變得更完整。

> 而且化石還很難
> 找到！

演化證據的其中一項是**胚胎學**，也就是對胚胎的研究。將好幾個物
種的胚胎發育形態進行比較，可以幫助我們了解許多物種其實在發
育的早期會有一些共同特徵。像是這些脊椎動物都有聚成一群或一
束的肌肉，以及一條尾巴。還有，牠們的大腦上都有堅硬、可以提
供保護的覆蓋物。所以，我們其實也沒有很不一樣啊！

胚胎相似度

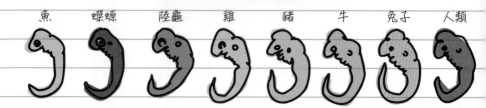

| 魚 | 蠑螈 | 陸龜 | 雞 | 豬 | 牛 | 兔子 | 人類 |

來自構造的線索

現存的物種也會提供關於演化的線索給我
們。舉例來說，現今的許多物種都有**同**
源構造，或是相似的身體結構。同源構
造舉例來說像是人類的手臂、鳥類的翅膀、
鯨魚的鰭肢、狗的前臂和青蛙的前肢就是。這些身體構造間的相似
性可以提供我們關於每種生物起源以及共同祖先的相關資訊。

> **同源構造**
> 相似的身體構造

痕跡構造是不再具有功能的身體構造，但卻可以提供更多關於演
化的線索。痕跡構造是從祖先物種殘
存（遺留）下來的，它們在祖先物種
上曾是個有在運作且重要的部位，只
是現在已經不再重要。舉例來說，人
類沒有尾巴，但我們還是有尾骨。我
們的闌尾和扁桃腺也算是痕跡構造的
一種，這是兩個我們不再需要但仍存在的器官。

> **痕跡構造**
> 不再具有功能的身體
> 構造，但可以提供某
> 物種關於祖先的線索

來自 DNA 的線索

我們的 DNA 也握有許多關於演化的線索。科學家會比較不同物種
的 DNA，找出它們的相似性。

DNA 相似性可以提供關於共同祖先的資訊，而突變率也可以用來追蹤物種隨著時間經過發生的改變。DNA 分析增進了我們對於演化的了解，甚至使我們需要將物種重新進行分類，因為這些物種彼此間的關係比我們原本所想的還要更遠或近。

靈長類的演化

靈長類組成了哺乳動物族群，裡面包含人類、猴子、猿類和狐猴。靈長類動物有共同的特徵，可以讓牠們與其他的哺乳類動物產生區別，也就可以推測牠們有共同祖先。這些特徵包含：

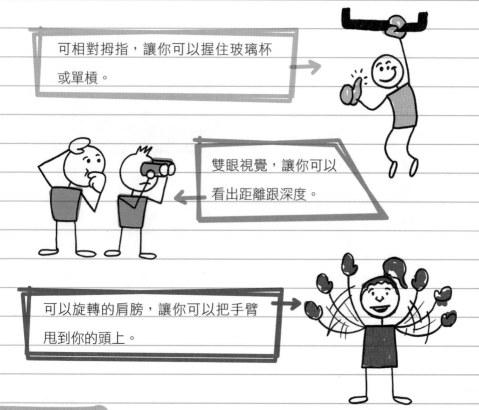

可相對拇指，讓你可以握住玻璃杯或單槓。

雙眼視覺，讓你可以看出距離跟深度。

可以旋轉的肩膀，讓你可以把手臂甩到你的頭上。

相對較大的腦部，讓你可以處理視覺資訊和進行社交互動。

哈囉！

可以用兩條腿行走的類人類靈長類叫做**原始人類**，首次出現約莫是在 4 到 6 百萬年前，最古老的原始人類化石之一被暱稱為**露西**，發現於非洲。截至今日，已有數千個原始人類的化石被發現且經過了分析。發現到在 150 萬到 200 萬年前的人類化石，有比較多類似人類的特徵。而有具原始人類化石是在一些工具旁邊被發現，所以原始人類就被叫做**巧人**，也就是手很巧的人。

（多講了一次「sapiens」有比較聰明的感覺嗎？）

目前的現代人類，則是屬於**晚期智人 (Homo sapiens sapiens)** 這個物種的一部分。晚期智人是從**智人 (Homo sapiens)**，也就是有智慧的人類，演化來的。

晚期智人是唯一尚未滅絕的原始人類。最早的智人大約在 40 萬年前出現，然後他們進一步分成兩個人類族群：**尼安德塔人**與**克洛曼儂人**。尼安德塔人身形比較矮重，有著很大的眉骨和很小的下巴，住在山洞裡，會製作工具和捕獵動物。雖然尼安德塔人與我們類似，但他們應該只是人類演化的一個分支，不是我們直接的祖先。

另一方面，克洛曼儂人就被認為正是我們的祖先。他們的樣貌和我們相似，居住在洞穴內，會使用工具，甚至還會製作壁畫。

嗯～畫得真好！

隨 堂 小 測 驗

1. 天擇說這個演化理論是誰提出的？

2. _____是一個表徵的變異，會幫助個體生存與繁殖。

3. 請解釋何為斷續平衡。

4. 請寫出「痕跡構造」的定義並舉例。

5. 身體結構相似的部位叫做_____構造。

6. 基因_____是變異出現的其中一種方式。

7. _____提出了現在被推翻的後天性狀理論。

8. 請寫出「滅絕」的定義。

9. _____是早期智人，被認為是我們的直接祖先。

10. 請解釋何為選拔擇種。

解答在下一頁

對 答 時 間

1. 達爾文

2. 適應

3. 斷續平衡理論說的是在長期都沒有什麼演化改變的時間內，突然出現快速的演化改變。

4. 痕跡構造是殘存、不再有功能的結構。人類的扁桃腺就是痕跡構造的例子。

5. 同源

6. 突變

7. 拉馬克

8. 滅絕是指物種的所有個體都死亡。

9. 克洛曼儂人

10. 選拔擇種是當物種的特定個體為了某種特色進行交配。

44

化石與
岩石年齡

化石

化石是史前生物留下來的印記或遺骸。我們對地球生命歷史的了解大多都來自化石遺骸，化石可以告訴我們生物的物理結構，還有牠們的生存方式及居住地。但只有很小一部分的生物會變成化石留下來，通常，其他生物會將屍體消耗及分解，將養分回歸到土壤，不過，若是這個生物很快就被埋起來，或是有著像是骨頭、殼或牙齒這類比較堅硬的身體部位時，就比較有可能被保存下來。

生物變成化石的不同方式

礦物質填充作用：

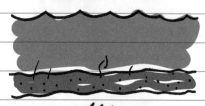

礦物質替換

許多生物的骨頭、牙齒和殼都會有被空氣或像血管這類的柔軟物質填充的空間，在生物死亡後，這些空間就會被周遭地下水中的礦物質填滿跟變硬。

碳化作用： 被沉澱物掩埋的生物遭到地球的擠壓與加熱，使得裡面所有的氣體和液體都被排了出來。這種擠壓會留下一層碳薄膜在周遭的岩石上，形成那個生物的剪影或輪廓。

碳化薄膜

煤炭： 我們用來燃燒、取得熱量的炭，其實就是變成化石的動物遺骸，不過，因為這些殘骸已經被完全擠壓及炭化，所以不會留下有用的資訊。

這就是為什麼我們叫它們「化石燃料」。

煤炭

模鑄化石： 被掩埋在地下的生物一旦分解與消逝後，就會在周遭的岩石留下叫做**模體**的空間。沉澱物和礦物會湧入模體，隨著沉澱物和礦物變硬，就會產生**鑄型**，或是原本生物的複製品。

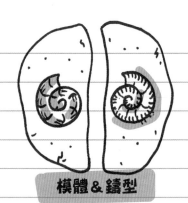

模體&鑄型

實體化石： 有時候生物的原始遺骸會被保存下來，有些昆蟲被保存在硬化的樹脂中（稱做**琥珀**），在數百萬年後才被發現，另外，也曾經有在冰凍的地底，發現像長毛象等的已滅絕生物。加州的焦油坑也有發現過生物的遺骸喔！

實體化石

生痕化石： 有時候動物的腳印、足跡和洞穴也會變成化石，這些化石非常地有趣，因為可以告訴我們生物的行為與活動這些資訊。

生痕化石

岩石的年齡

絕對定年

科學家如果需要知道岩石的**絕對年代**，

或是具體的年齡時，就可以透過放射性衰變來替岩石進行定年。

放射性衰變指的是元素的分解。所有的岩石都含有不穩定的元

素，像是碳、鉀、鈾或其他等元素的同位素，這當中的一種同位

素，也就是碳 -14（C-14），就存在於生物的體內。這個同位素的衰

變很緩慢，但是是能預測的，所以科學家就可以測量化石裡面所含

碳 -14 的量，再去推算化石的年齡。這種絕對定年的探測工作有時

候會被稱為**碳定年法**或**放射性同位素定年法**。

相對定年

絕對定年是可以準確找出岩石年齡的方式，但這個技術沒有辦法用

在沉積岩上面，而這裡也是大多數化石被埋藏的地方。（沉積岩是

由其他岩石的碎片組成的，所以絕對定年探測出來的，就會是這些

不同岩石的年齡，不是這個沉積岩形成的時間。）岩石的**相對定年**

會將兩個岩石的年份進行比較，科學家會判斷岩石的順序，然後依

照岩石的次序還有裡面的化石，去推估年齡。

通常，埋得越深的東西年份就越久。**疊置原理**就是在說如果沒

有被干擾，最古老的岩石就會在最底層，最年輕的岩石就會在最

頂端。

沉澱物被擠壓成水平
層狀的時候，就會形
成新的岩石，新的沉
積物會在比較古老的
岩層上堆積，所以比
較年輕的岩石會出現
在比較古老的岩層頂

最年輕

最古老

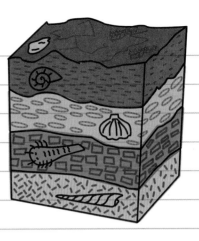

端。透過這個原則，科學家就可以推斷岩石的相對年齡。疊置原理
只能用在未被干擾過的岩層上面。不過有時候，岩層可能會因為斷
層而裂開，或移動、摺疊或倒轉（翻轉）。其他時候，岩漿可能會
慢慢地從地球內部推湧上來，進到一些縫隙或是將岩石推開，這個
過程就叫做**侵入作用**。所以來自下方的火成岩，可能會比上層的岩
石還要年輕。

不整合

岩石是以分層的方式形成，這個分層是完整層序的一部分，也是疊
置原理可以算出岩石相對年齡的原因。不過有時候，岩層也會被侵
蝕或沖走，分層的順序也會出現斷層。這種順序的斷層就叫做**不整
合**。不整合的出現主要有三種原因：

交角不整合：

有時候岩層會被向上推，形成傾斜或滾動。這些岩石被侵蝕後，就會帶走一些被上抬的岩層，所以這些岩層就不會再是平行的，新的沈澱物會沈積在頂端，形成新的岩層，這也就會導致岩層順序出現斷層。

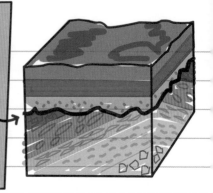

假整合：

新的岩層在已經被侵蝕的舊岩層上成形，岩層順序就會出現斷層，不過與交角不整合不同的是，岩層排列還是維持平行的，只是缺了一層。

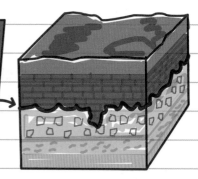

非整合：

沈積岩在被侵蝕的不同種類岩石（像變質岩或火成岩）上面成形。

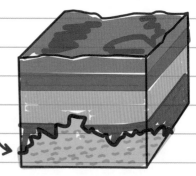

指準化石

有些生物在地球上只生存了一段很短又特定時間，當這些生物以化石遺骸的方式被發現時，就會被稱為**指準化石**，因為它們可以提供岩石和周遭化石定年的參考。

隨堂小測驗

1. 請寫出「化石」的定義。

2. 請列出生物變成化石的不同方式。

3. 動物身體的哪個部分最有可能被保存下來？

4. 保存下來的腳印就叫做＿＿＿＿＿化石。

5. 用放射性衰變來確定曾經存活生物的化石年齡的術語叫做
＿＿＿＿＿。

6. 化石分解後會留下空間，形成＿＿＿＿＿，這個空間之後會被沉澱
物填滿，產生化石的複製品，叫做＿＿＿＿＿。

7. 會構成生物輪廓的化石叫做＿＿＿＿＿。

8. 請解釋什麼是侵入作用。

9. 科學家用來找出化石年齡的同位素叫什麼？

10. 請解釋何為疊置原理。

11. 請寫出「指準化石」的定義。

解答在下一頁

對答時間

1. 化石是史前生物留下來的印記或遺骸。

2. 礦物質填充作用、碳化作用、煤炭、模鑄化石、實體化石和生痕化石

3. 堅硬的部位，像是骨頭、殼或牙齒

4. 生痕

5. 碳定年法

6. 模體、鑄型

7. 碳化作用

8. 侵入作用是在火成岩或岩漿從球內部向外湧推，干擾現有的岩層。

9. 碳 -14，或 C-14

10. 疊置原理說的是最古老的岩石會在最底層，最年輕的岩石會在最頂端。

11. 指準化石是可以作為岩石和周遭化石定年參考的化石。

地球生命的歷史

年代表

地質年代表是根據特定生物在地球上出現的時間順序的統整時間表。地質年代表包含了主要四種時間分隔：

宙：最長的時間分隔，長達數億年，是由比較普遍的某些化石去劃分。

代：第二長的時間分隔，標示出化石種類出現重大變化的年段。

紀：代裡面的時間分隔，標示不同種類生物出現的不同階段。

世：最短的時間分隔，只有大約數百萬年的長度。世會將紀分成更小的單位，而且也是由生命形式的改變來決定。

465

地質年代表

宙	代	紀
顯生宙	新生代	第四紀
		第三紀
	中生代	白堊紀
		侏羅紀
		三疊紀
	古生代	二疊紀
		石炭紀 — 賓夕法尼亞紀
		石炭紀 — 密西西比紀
		泥盆紀
		志留紀
		奧陶紀
		寒武紀
	前寒武紀	元古代
		太古代

今

古

地質年代表是以生命形式的出現與消失為基準，生命隨著演化或環境變化等因子滅絕時，生命形式就會出現與消逝。就像是達爾文天擇說所解釋的，生物會彼此競爭資源，最適合環境的那個個體會存活下來，不再適合那個環境的物種就必須要遷移或是適應，否則就會滅絕。

> 地球上曾經存在的物種 99% 以上都已經滅絕了！

地球的演化

地球並非一直都是我們現在看到的樣子，板塊構造和水位高度會不斷地改變地表，在中生代之前，地球大多是被水覆蓋的。在古生代末期，海平面下降，大陸被擠壓成一個叫做盤古大陸的超大陸塊，之後在中生代的中期，盤古大陸開始分離，分裂成我們現在所知道的大陸。這些大陸現在也都還在移動中。

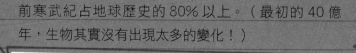

前寒武紀占地球歷史的 80% 以上。（最初的 40 億年，生物其實沒有出現太多的變化！）

地 球 的

科學家將地球的歷史劃分成四個地質年代，從大約 46 億年前的最初時其開始，分別是：

1. 前寒武紀

46 億年前到 5.4 億年前，也就大約是地球存在的絕大部分時間（超過 80% 的時間喔！）

最早的生物出現了！藍綠菌是種
單細胞細菌，可以透過光合作用
產生能量，釋放氧氣到大氣中。

臭氧層也慢慢開始出現。大氣中氧氣和臭氧結合，慢慢地製造出適合更多生命形式生長的環境。

前寒武紀的末期，有些簡單的多細胞生物開始發生演化。

歷史

2. 古生代

時間大約是 5.44 億年前到 2.52 億年前。

許多有殼或是有~~外骨骼~~的生物開始出現。

脊椎動物、植物、兩棲類和爬行類開始出現。
（地球在古生代的時候，大部分的地方都被
淺淺的水覆蓋，所以大多數的動物都是水生動
物。）簡單的陸生動物是到這個時代的中期左右
才出現。

盤古大陸於這個時代的末期才形成，並因為大陸
板塊碰撞產生山脈。

古生代結束的標誌是大量的生
物滅絕：90% 的海洋生物和
70% 的陸生生物滅絕。

> **外骨骼**
> 外骨骼的「外」指
> 的是「外面」，而
> 骨骼則是指堅固的
> 結構。所以外骨骼
> 就是堅硬的外層身
> 體結構。

> 因為前寒武紀時期的生物沒有骨
> 頭或其他堅硬的部位，所以也就
> 沒有太多化石紀錄。古生代時期
> 留下來的化石紀錄則多上許多。

爬行類是少數一種從古生代存活下來活到中生代的生物，因為牠們非常適應陸地。科學家不確定是什麼造成大滅絕，不過有可能是因為盤古大陸形成、海平面下降和沙漠的出現造成了這個結果。

3. 中生代

爬行類時代

時間約在 2.52 億年前到 6,600 萬年前（大約占地球歷史的 4%）。

咔碰！

盤古大陸首先裂開成兩個陸塊，最後變成我們現在的這些大陸。

歐洲

北美洲

非洲

南美洲

印度

盤古大陸

南極洲

澳洲

恐龍也是在這個時候演化出現的。

第一批鳥類和哺乳類也是在中生代時期出現的，雖然這時候哺乳類大多都比較小而且住在地底下。

前寒武紀 ➡

如果把地球的地質年代表畫在足球場上……

被子植物（開花植物）和裸子植物（種子植物）第一次出現。

中生代的結束時間點則標記著另一場大滅絕，出現原因很有可能是流星撞上地球，使大量的塵埃和煙霧充斥在大氣層！

不太妙啊！

塵埃和煙霧會阻擋陽光並改變地球的氣候，導致植物死亡，也就間接造成以植物為食的動物跟著死去。

4. 新生代

哺乳動物的時代

就是我們現在生活的地質年代！大約是在 6,500 萬年前開始（占地球歷史不到 2%）。

新生代

古生代　中生代

那現代人類存在的時間，大概是一片草的寬度！

近代像是喜馬拉雅山等的山脈出現。

哺乳類變得比較大，也比牠們之前的祖先更占主導地位，不過這可能是因為沒有恐龍競爭的關係。

早期的智人類首先出現在大約 20 萬年前。 ← 僅占地球歷史的 0.00004496 啊！我們其實沒有存在很久！

嗯……好像聞到什麼好吃的？

隨 堂 小 測 驗

1. 請列出最長到最短的地質時間間隔。

2. 我們現在熟知的大陸是在什麼時候出現的？

3. 為什麼古生代末期會出現大滅絕？

4. 地質年代表劃分的基準是什麼？

5. 哪一個地質年代出現的大滅絕，很有可能是因為流星或彗星衝擊導致的？

6. 我們現在生存的是哪一個地質年代？

7. 請描述中生代前的地表。

8. 地球上最先出現的生物是什麼？牠們要如何創造能量？

解答在下一頁

對 答 時 間

1. 宙、代、紀和世

2. 在中生代的時候，是在盤古大陸裂開並持續分裂後出現的。

3. 大陸板塊聚集在一起，形成盤古大陸這樣的大陸塊，原本在水下的部分變成陸地。許多海洋生物沒有辦法存活在陸地上，所以就這樣滅絕了。爬行類因為比較能夠活在陸地上，所以生存下來。

4. 地質年代表是以生物型態的消失和出現為劃分基礎。

5. 中生代

6. 新生代

7. 被水覆蓋。

8. 藍綠菌會透過光合作用製造能量。

單元 11

生態學：
棲地、相互依存
與資源

生態學和生態系

生態學在研究生物（有生命的東西）和環境間的關係。

> **生態學**
> 生物和其環境間相互影響的研究

生態系

生態學家研究**生態系**，一個生態系包含了一個特定地區的所有的生物和環境因子，基本上它就是一個可以是任何大小的單位，小的話可以是你家後院，至於最大的……地球上最大的生態系是**生物圈**，包含了地球上生物可以生存的所有地方，像是地殼還有不同水路、地貌、森林和大氣。生物圈指的是地球上所有生態系的總合。

> **生態系**
> 一個區域內會一起運作及相互影響的有生命及無生命因子

生態系可以進一步分成**生物**因子，指
的是有生命及曾經存活的事物；以及
非生物因子，指的是無生命的部分，
非生物性因子的例子有：空氣、水、
土壤、陽光、溫度與氣候等。

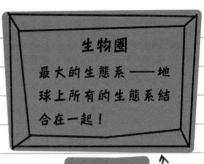

非生物因子

空氣

大氣，也就是環繞著地球的空氣，是非常重要的非生物因子，動物
需要呼吸氧氣及排出二氧化碳。植物在進行基本的作用時會用到二
氧化碳，像是光合作用就會使用到陽光、二氧化碳和水來製造可以
產生能量的糖分子。而在使用完二氧化碳後，植物會釋放氧氣到環
境中。接著，動物呼吸時
就會吸進氧氣，將糖分
子轉換成能量。

水

所有的生命過程，像是光合作用、呼吸
和消化，都有水的參與。許多動物和植物相當仰
賴水，因為不僅能幫助延續生命，也能提供棲身處。水是魚、青蛙
和很多生物的棲地。

土壤

土壤內含有岩石、礦物顆粒、水以及
死去的生物。不同的土壤有不同的養
分特性，所以不同的土壤可以幫助
不同種類的植物生存下去。

陽光

我們大多數食物的根源都可以追溯到陽光，植物和
藻類會捕捉太陽的能量，用它來製造糖型式的化
學能量，然後動物會再將植物吃掉獲得能量。

溫度與氣候

大多數的動物和植物只能生存在特定的溫
度範圍內，溫度會受到一個區域所能獲得的陽光、陽光照射的角
度、海拔、周圍是否有大型的水域、洋流和其他的因子的影響。

氣候則是會受到生態系內接收到風與降水的時間點及總量影響。

生物因子

生態系的生物因子包括生態系內所有的生物與曾經活著的生物，生態系中的生物都有自己的定位，我們將它叫做**生態樓位**，而且生物也會有自己的**棲地**，也就是牠們的生活環境。另外，居住在一個地區同物種的所有生物，就會叫做**族群**；不同族群的物種居住在一個地區就叫做**群落**，像是我們家附近公園的群落就包含了住在那裡的所有蟲、老鼠、松鼠和鳥。

生態系內的生物階層

生態系可以進一步分成以下的階層（從最小到最大）：

生物： 族群的其中一個成員
（例：密西根湖裡的一隻湖鱒）

族群： 在某個特定地區內的同一種生物（一個物種）的所有成員（例：密西根湖裡面全部的湖鱒）

群落： 一個地區內會彼此影響的全部族群（例：密西根湖裡不同種類的魚、細菌、水蛭、水椿象、藻類和植物）

生態系：一個地區內所有的群落和無生命因子（例：整個密西根湖）

生物群系：一個可以包含數個生態系的區域
（例：溫帶落葉林）

生物圈：地球上所有的生態系

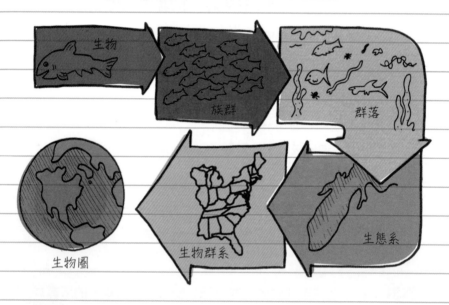

族群

族群密度是族群內成員彼此居住的距離遠近，如果很多生物占據在一個較小的地方，族群密度就比較高。不過就算族群的密度相同，族群內生物散布的距離還是會有所不同，有些族群會聚集在一起，有些則會在一個地區內均勻分布。

限制因子

族群內生物的數量取決於可使用的資源量，因為資源會對族群帶來限制，所以就將它們叫做**限制因子**。這些因子包含了：

水　　陽光　　食物　　居住空間

生物會彼此競爭這些資源，依賴它們繼續生存。

生態棲位

為了生存，每個生物都會找到自己的棲位，或是它們在群落的角色。生物的棲位包含了：

> **它們吃的食物及覓食的時間**
>
> **活動的時間**
>
> **以什麼當作棲身處**
>
> **以什麼方式繁殖**

如果兩個生物有相同的棲位，那牠們就會彼此競爭。

乘載力

乘載力是生態系可以承受生物的最大數量，會影響生態系的負荷量的是限制因子，以及像是住在這個生態系的其他生物的數量。

舉例來說，如果乾旱讓一個地區內很多的草都枯死了，那靠這些草維生的羊群數量也就會減少。剩下的草所能負擔的羊隻數量就叫做乘載力。

噢不！

生物潛能

如果沒有了限制因子，族群成長的速度可以多快呢？**生物潛能**是物種在理想生存條件下，可能有的最高繁殖率。狗的生物潛能比人類還要高，因為狗每胎可以生下好幾隻小狗，而人類通常一胎只能生下一個小孩。另外，狗在出生幾年後就可以開始繁殖，人類則是需要花比較長的時間。

細菌更是每20分鐘就繁殖一次喔！

族群的成長與遷徙

族群成長率主要取決於族群內的出生數和死亡數，辛巴威的年人口成長率有 2.3%，但希臘的年人口成長率卻是 -0.06%（這就表示希臘的人口正在萎縮）。

族群的數量也會受到**遷徙**的影響，也就是族群會從一個棲地搬移到另外一個棲地，像是鳥會往南或往北飛。有些遷徙是因為棲地或氣候出現永久變化的關係，使一個族群被迫搬到其他地方。

隨堂小測驗

1. 請將生態系的階層由小到大寫出來。

2. 生物與非生物因子之間的差異是什麼？請各舉一個例子。

3. 什麼是限制因子？請列出 4 個限制因子。

4. 生物要怎麼避免為了相同的限制因子進行競爭？

5. 什麼是生態系的乘載力？

6. 如果企鵝每年會下一顆蛋，知更鳥每年下 5 到 10 顆蛋，那哪一個動物的生物潛能比較高？

7. 請描述族群密度如何對生物造成影響。

8. 請描述沙漠和森林的非生物和生物因子有哪些差異。

解答在下一頁

對答時間

1. 生物、族群、群落、生態系、生物群系、生物圈

2. 生物因子指的是生態系中有生命及曾經存活的事物，像是植物和動物；非生物因子指的是生態系中無生命的事物，像是陽光、水、空氣、溫度、氣候和生長空間。

3. 限制因子指的是有限的資源，會限制一個族群內能夠存活的生物數量。限制因子的例子有：空間、食物、陽光和水。

4. 生物會找到自己的棲位，或是自己在群落的定位。每個生物都會去適應不同的覓食及居住行為。

5. 乘載力是生態系所能支撐的最大族群。

6. 知更鳥的生物潛能比較高。

7. 當族群密度變得很高，資源就會緊縮。

8. 沙漠會有比較多的陽光、比較乾燥，而且有仙人掌和草來幫助昆蟲和動物生存；森林則是水比較充足，所以樹的棲地比較多，可以支持昆蟲和動物生存。

第八題的正確答案不只一個喔！

相互依存與 能量及 物質的循環

族群間的關係

群落中依賴另一個族群生存就叫做**相互依存**。族群是在不斷變動的平衡中存活下來的，有些關係可以幫助群落維持平衡，其他的關係則是會讓這些群落出現改變。

競爭

不同的生物會為了相同的資源進行競爭，像是水、空間和陽光等。群落內適應好的成員就比較有機會在激烈的資源競爭中生存下來跟繁衍。

掠食

族群會因為**掠食者和獵物間的關係**而改變，**掠食者**是以吃其他動物維生的動物；**獵物**則是被吃掉的動物。對於掠食者來說，獵物的數量屬於一種限制因子。

合作

族群內的成員常常會相互合作，幫助對方生存下去。有些猴子會成群狩獵，來增加成功的機會。在某些動物群中，動物會在掠食者出現時彼此警告。

共生

有時候，來自不同物種的生物會以單方受惠或彼此互惠的方式互動，這種狀況叫做**共生**。共生可以用三種方式進行：

1. **互利共生：**兩個物種都可以從彼此互動中受惠。舉例來說：牛椋鳥會吃斑馬身上的蜱蟲，牛椋鳥可以獲得食物，斑馬也會變乾淨。

2. 片利共生： 在這段關係中，其中一個生物會獲利，另一個生物則不會受到影響。小丑魚因為可以抵擋海葵的刺，就會利用海葵當作保護，而海葵則不會受到影響。

3. 寄生： 一個生物會受益，但另一個生物則會受到傷害，通常一個生物（**寄生蟲**）會以另外一個生物（**宿主**）為生。鉤蟲進到像是狗或人類這些宿主的體內後，就會以宿主小腸內的營養當作食物，透過偷走宿主的營養讓自己活下去。

攝食關係

每個生物都需要能量才能生存。生物可以分成兩個主要類別：

1. 可以自己產生能量的生物

2. 吃掉其他生物獲得能量的生物

生產者

生產者會生產自己需要的食物。植物、藻類和一些細菌都屬於生產者，大多

生產者也被叫做
自營性生物（autotrophs）
（auto = 自己 self; troph = 攝食 feed）

數的生產者會透過光合作用生產能量，這是一種透過二氧化碳、水和陽光，來產生糖分子的化學過程。

消費者

消費者會利用其他生物獲得能量。消費者的主要類別有：

草食性動物：吃植物的。草食性動物吃像是植物這樣的生產者。牛就是草食性動物，因為牠們只吃植物。

肉食性動物：吃肉的。肉食性動物會吃其他消費者。鯊魚是肉食性動物，因為牠們會將其他的魚和哺乳類動物當作食物。

雜食性動物：吃植物及動物。雜食性動物動物和植物都會吃。人類大多都是雜食性動物─他們會吃像是水果和蔬菜這類的生產者，也會吃牛和雞這類的消費者。

分解者：真菌和細菌這類的分解者會將廢棄物、死掉的動植物分解、當作食物。分解者非常重要，因為牠們會將養分回收到生態系中。

化學營養生物： 不須利用陽光，可以直接從化學物質內獲得能量。化學營養生物通常都是細菌或是單細胞原生生物。舉例來說，甲烷菌就是一種住在海洋底部，靠近深海火山口的細菌，它們不是透過光合作用，而是透過化學程序和它們環境中的分子產生能量。

要記住不同消費者吃什麼，其實很簡單：草食性動物的名字裡有個「草」，所以牠們吃植物。肉食性動物的名字裡有個「肉」，所以牠們吃肉類。雜食性動物的名字裡有個「雜」，代表的是各種東西，所以牠們**什麼都吃**。

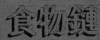

食物鏈

食物鏈可以顯示不同生物取得食物的地方，追蹤不同生物獲得能量的管道。

在這個食物鏈裡面，草是生產者，蚱蜢是**初級消費者**，又或者說是食物鏈最底層的消費者；蜘蛛是**次級消費者**，因為牠們把初級消費者當作食物。另外，**三級消費者**，是食物鏈第三層的消費者，包含了鳥類還有其他所有的肉食性動物，像是狐狸和狼。

狼
狐狸
鳥
蜘蛛
蚱蜢
草

食物網

在現實世界中，能量的交換比單一個食物鏈還要複雜，同一種生物可以是許多食物鏈的其中一個部分，科學家會用**食物網**來顯示所有的攝食關係和重疊的食物鏈。

能量和物質循環

能量和物質會不斷透過環境轉換及回收。

能量循環

能量會透過生產者進到食物網，因為生產者會利用陽光或化學物質製造能量，儲存在組織和細胞中，在消費者吃掉其他生物時，能量就會傳到消費者身上。

能量會在生態系中透過食物鏈和食物網進行傳遞，在食物鏈的每個階層中，大多數的能量會轉換成動作和熱量，只有 10% 的能量會從一個階層傳到下一個階層。

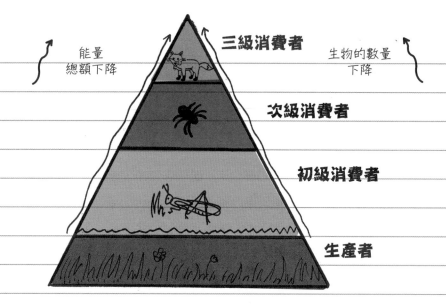

能量金字塔會顯示每個攝食階層有的能量。

水循環

水會在環境中不斷循環——從雨水到河川、海洋和植物，並透過蒸發再次回到天空，繼續重複這個循環，就連動物消耗跟排出水，也算是水循環的一部分。

氮循環

氮可以用於製造蛋白質，所以是植物和動物不可或缺的元素之一。雖然大氣中有 78% 是氮，但植物和動物卻沒辦法直接使用環境中的氮，牠們需要靠**固氮作用**，也就是將氮氣轉換成氮化合物，才能使用氮。以下是**氮循環**的過程：

來自大氣或土壤中的氮會透過像細菌這樣的**固氮生物**，進入氮循環。

植物會吸收氮化合物並用它們來製造細胞，

動物可以藉由吃下植物得到氮。

動物的排泄物會讓一些氮化合物回到環境中。

當動物和植物死亡後，分解者會將動物和植物的氮釋放回土壤。

植物吸收來自土壤的氮化物，再重新開始這個循環。

其他細菌會將氮化物重新變回氣體，讓氮氣重新回歸到環境中。

碳循環

二氧化碳（CO_2）和氧氣（O_2）會不斷地透過

碳循環被吸收，並重新釋放回環境中。在

大氣中，碳與兩個氧分子連接，產生二氧化碳，也就是 CO_2。

植物、藻類和細菌會使用環境中的二氧化碳，利用光合作用製造出含碳高的糖以獲得能量。光合作用產生的廢棄物之一是氧氣。

像是人類等的生物，會透過呼吸作用將糖分子分解掉，獲得能量。在呼吸的時候，生物會吸進氧氣並排出二氧化碳。

碳循環

光合作用：植物吸收二氧化碳及釋放氧氣

呼吸：生物吸進氧氣，釋放二氧化碳

燃燒化石燃料，釋放二氧化碳

植物吸收二氧化碳

廢棄物釋放二氧化碳

浮游植物吸收二氧化碳

化石與化石燃料釋放二氧化碳

死掉的生物釋放二氧化碳

燃燒化石燃料和樹木也會釋放二氧化碳到環境中。

真菌和細菌會分解動物的排泄物，以及動物與植物的屍體，並釋放二氧化碳到環境中。

植物會吸收二氧化碳，讓這個過程重新開始。

海洋會透過很多物理及生物的方式，回收很多二氧化碳，像二氧化碳從大氣擴散到水面就是其中一個方式。當**浮游植物**這類微小的生物利用二氧化碳進行光合作用，二氧化碳也會進到**海洋碳循環**，變成海洋食物鏈的一部分。除此之外，海洋生物也會製造排泄物、死亡和被分解－這些事情都會釋放二氧化碳喔！

就跟陸地上的生物一樣～

就是「漂浮的植物」的意思喔

隨堂小測驗

1. 生產者與初級消費者是在食物＿＿＿＿＿＿的最底端。

2. 生物會使用氧氣燃燒糖，並透過＿＿＿＿＿＿作用釋放二氧化碳。

3. 食物＿＿＿＿＿＿可以顯示生態系內複雜的攝食關係。

4. 請解釋什麼是片利共生。

5. 大多數的能量會透過＿＿＿＿＿＿的方式進入生態系。

6. 請寫出合作的例子。

7. 能量＿＿＿＿＿＿會顯示生態系中每個攝食階層的能量。

8. 草是＿＿＿＿＿＿，因為它是自己的能量來源。

9. 獅子是＿＿＿＿＿＿，因為牠會狩獵跟吃掉獵物。

10. 請寫出「相互依存」的定義。

11. 會吃植物和動物的消費者叫做＿＿＿＿＿＿。

解答在下一頁

對 答 時 間

1. 鏈

2. 呼吸

3. 網

4. 片利共生是一種共生關係，其中一個生物會受益，另外一個生物則不受影響。

5. 光合作用

6. 動物群中的動物在掠食者出現時彼此警告，就是一個例子。

7. 金字塔

8. 生產者

9. 掠食者

10 相互依存是指在群落依靠另一個族群生存

11 雜食性

第六題的正確答案不只一個喔！

48

生態消長與
生物群系

生態消長

土地總是在發展與改變，曾經空無一物的區域有一天會變成森林，
居住在一個地區的生物也會隨著時間而變化。地區隨著時間的發展
與改變就叫做**消長（或演替）**。

初級消長到顛峰群集

從一個原本沒有植物的地區開始的消長過程，叫做**初**

級消長。初級消長通常是從像是熔岩這種裸露的岩

石開始。最先來到這個地方的生物叫

做**先驅物種**。（有點像是美國的拓

荒者，他們是首先搬遷到西部的移民

定居者。）

先驅物種的例子有：

苔類　　　　地衣　　　　真菌

隨著先驅物種成長，它們會釋放酸類讓岩石分解，形成土壤。（土壤是由岩石顆粒、水和有機物質——也就是死掉的生物，組成的。）先驅物種死亡後，就會將有機物質貢獻給土壤，隨著時間經過，土壤如果夠富饒，就能夠幫助其他植物（像是草或草本植物）生長。

> **先驅物種**
> 最先遷移到一個地區的物種，像是苔類、地衣或真菌

草和其他植物的出現，會吸引小型草食類動物來到這個地區，等小型動物搬遷過來後，捕獵小型動物的大型動物也會隨之而來。透過這些動物的排泄物和軀骸，土壤中的養分也會隨之增加，這些排泄物和軀骸之後會被土壤中的細菌分解。比較肥沃且古老的土壤可以支持像是灌叢和灌木等的高大植物生存，這些高大植物在競爭上會勝過像是草等比較小的植物。隨著時間經過，土壤會變得更富饒，直到最後讓樹木得以生長。樹木會持續成長和翻倍，直到它們勝過大多數的灌叢和灌木。等樹成熟後，土地就會達到一些新物種可以**拓殖**或搬到這個地區的階段，當一個地區達到成熟的階段，就會叫做**顛峰群集**。但就算是達到顛峰群集，也是隨時會有改變跟變動，一棵樹可能會死掉或被吹倒，提供新的機會給其他生物。

小溪流可能會淹水，或是可能會有灌木火災出現——這些都會給新物種拓殖這個地區的機會。

顛峰群集

每個樓位都被植物或動物的群落占據，幾乎沒有新的物種可以搬遷過來或拓殖。

次級消長

與初級消長中，生物變化要從頭開始不同，**次級消長**是一個已有土壤存在的地區的發展。次級消長通常會出現在最近剛發生野火、風暴、蟲害或出現其他變動的地區。

生物群系

生物群系是個有著相似生命與無生命特色的區域，換句話說，生物群系有相似的生態系、氣候、植被和野生動物。

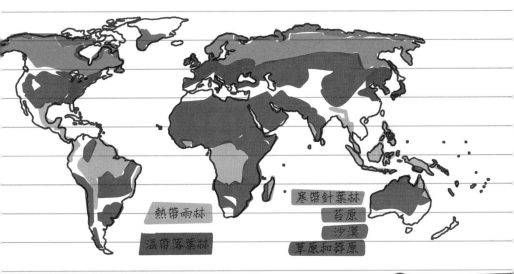

熱帶雨林

溫帶落葉林

寒帶針葉林
苔原
沙漠
草原和莽原

苔原

苔原就是寒冷的沙漠，像是北極。苔原的生物群系通常因為土壤不夠肥沃、無法支撐樹木生長，所以基本上沒有樹木；低於冰點的溫度會讓生物分解的速度變慢，所以養分要進到土壤需要花比較長的時間。出現在苔原的普遍為地衣、苔類、草和低矮的灌木叢。

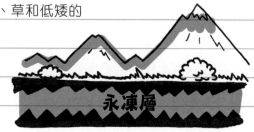

土壤下面有一層永遠冰凍著的地面，叫做**永凍層**（就是「永遠」和「凍結」加在一起）。短暫的夏季期間，當一些植物會成長跟開花時，苔原就會充滿了蟲蟲、老鷹、貓頭鷹、松雞、老鼠、旅鼠、美洲馴鹿、馴鹿和麝牛。**高山苔原**跟**極地苔原**很相像，不過它是出現在高海拔的地區，像是山脈森林線以上的地區。

寒帶針葉林與針葉林

寒帶針葉林位於苔原以南的地區，是寒冷的林區，寒帶針葉林內的樹木大多都是**針葉樹**，也就是會終年常綠的樹木。

北方寒帶針葉林範圍的南部，樹木會茂密到很少有陽光可以透到地面。

這就表示寒帶針葉林的
這個地帶小型植物非常
稀少。居住在寒帶針葉
林的動物有美國大山貓、
狼、狐狸、猞猁、兔子、駝鹿、麋
鹿和豪豬。

聖誕樹就是針葉樹喔。針葉
樹有蠟質針狀的葉子，然後
會在毬果裡長出種子。

落葉林

落葉林 主要包含了各種落葉喬木及植物。落葉樹是每年都會掉葉
子的樹木，落葉林位於溫帶區域，像是美國的東岸、中歐和亞洲的
一些地區。

落葉林生物群系有著很長的生
長季節，因為這裡的雨比較
充沛，而且有相當宜人
的溫度。住在這裡的
一些動物有：浣熊、黑
熊、老鼠、兔子、啄木鳥和狐狸。

落葉林
主要由落葉樹木組
成的樹林（位於溫
帶地區）

溫帶雨林

溫帶雨林是位於溫帶地區的森林（溫度約為 10 ℃），雨水充沛，像是紐西蘭以及美國華盛頓州一些地區的森林。黑熊、美洲獅和兩棲類是一些居住在溫帶雨林的物種。

溫帶雨林
雨水充沛的森林（位於溫帶地區）

熱帶雨林

熱帶雨林的位置靠近赤道，這裡的溫度非常暖和，雨水量非常充沛。在熱帶雨林居住的物種比所有其他生物群系都來得多，住在熱帶雨林的一些物種包括了：猴子、美洲豹、花豹、蛇、甲蟲、螞蟻、蟋蟀、鸚鵡和巨嘴鳥。

熱帶雨林
靠近赤道的炎熱多雨森林

雨林可以分成好幾個分層，每個層都可以提供不同的棲地給動物：

突出層：最高的樹木的樹梢高於（突出）其他分層，是鳥類和昆蟲居住的區域。

樹冠層：樹木最上端的區域，居住的動物有鳥、爬行類和像猴子這類的哺乳類動物。

下木層：在樹冠層的樹葉之下，但還沒接觸到地面，居住在這裡的有昆蟲、爬行類和兩棲類。

地被層：最低的區域，是蟲子和大型哺乳類居住的地方。

也就是每秒一個足球場的大小！

雨林的面積不斷在縮小，為了獲取木頭和清出農耕空間，每秒就有 1.5 英畝的雨林被砍伐。

草原和莽原

草原和**莽原**會出現在溫帶和熱帶地區，但這裡的雨量比熱帶和溫帶雨林少，草原對樹木來說太乾燥了，但是還是可以支持多樣的草以及小型植物的生長。草原和莽原的動物大多都是草食性動物，像是野牛和草原犬鼠。

莽原跟草原相似，但是這裡有一些樹，非洲有個很大的莽原叫做塞倫蓋提。住在莽原的有長頸鹿、斑馬和大象。

草原
溫帶和熱帶區域雨量不多的地方

沙漠

沙漠是雨量非常少的地區，通常溫度非常極端，白天很熱、晚上很冷，一些適應這種乾燥環境的生物有：仙人掌、灌叢、跳囊鼠、蜥蜴、蛇、禿鷹和犰狳。因為土壤中的水分稀少，所以植物必須要分散開來，降低競爭。許多動物會在炎熱的白天躲在岩石下，並在涼爽的夜晚活動，藉此生存下來。

沙漠
非常乾燥，同時擁有很熱和很冷兩種溫度的土地。

淡水生態系

溪流、河川、河口

快速流動的小溪通常有比較多的氧氣，所以可以支持魚類和昆蟲的
幼蟲生存；緩慢流動的溪流，使得底部有更多沉澱物沉積，提供
更多養分讓植物生長。

流進海洋的淡水河川叫做**河口**，會因為河川
沉積的養分而非常富饒，蝸牛、蝦子、螃蟹和
蚌蠣是一些住在河口的物種。如果沉澱物堆積得
夠多，就會形成**三角洲**。

湖泊和池塘

許多魚類和植物都生活在池塘和湖泊中，蘆葦
和香蒲是會沿著池塘邊緣生長的植物，藻類和
浮游生物（也就是單細胞藻類）則會居住在靠
近水面的地方。植物通常在淺水區域生存得更
好，所以池塘和淺水湖會有比較多的植物。

它們就是「地如其
名」，是溼答答的地。

溼地 ←

溼地也叫做沼澤，有很多的動物和植物，一些例子有：
海狸、鱷魚、烏龜、蔓越莓等。溼地也是生態系非
常重要的「過濾器」喔！

鹹水生態系

地球上大多數的水都
是鹹水，**鹹水生**
態系大多存
在於海洋中，
但也有些是在
鹹水湖裡。海洋
可以分成三個區域：

1. **大洋帶**：最大的海洋區域，會依照深度分成不同的分層，不同的生物居住在不同的深度。動物的幼蟲和浮游生物會住在靠近表層的地方，也是大洋區最頂端的分層。

2. **潮間帶**：海洋在滿潮時候會被海水覆蓋，但在乾潮時會露出來的部分，蝸牛、藤壺、螃蟹和其他的有殼動物都存在於潮間帶中。

3. **珊瑚礁**：珊瑚是很小的動物，會和其他珊瑚以及死亡珊瑚鈣化的殼與骨骼纏繞在一起生長。珊瑚礁是交織在一起的巨大結構，會提供像海星、魚類、蝦子和海綿動物等許多生物棲地。

有點像是給小動物的巨大公寓。

所以大家才會叫珊瑚「大海的熱帶雨林」

506

隨堂小測驗

1. ＿＿＿＿＿＿＿消長常發生在剛形成的火山島嶼上。

2. 請寫出「先驅物種」的定義。

3. 發生森林大火後，一個地區會透過＿＿＿＿＿＿消長重新發展。

4. 請寫出「顛峰群集」的定義。

5. ＿＿＿＿＿＿是擁有最多物種的生物群系。

6. 請描述什麼是珊瑚礁。

7. ＿＿＿＿＿＿是會在秋天掉落樹葉的樹木；＿＿＿＿＿＿則是會一直維持翠綠的樹木。

8. ＿＿＿＿＿＿是位於苔原南方的生物群系，有許多針葉林。

9. 大多數的鹹水和淡水生物居住的地方都靠近湖泊或海洋的＿＿＿＿＿＿。

10. 為什麼草原沒有樹呢？

解答在下一頁

對 答 時 間

1 初級

2 最先來到這個地區的物種

3 次級

4 已經完全被拓殖，很少新的生物可以搬遷過去的地區。

5 熱帶雨林

6 珊瑚礁是交錯水下結構，是由在死亡珊瑚鈣化的殼和骨骼上生長的活珊瑚組成的。

7 落葉樹；針葉樹

8 寒帶針葉林

9 表面

10 草地沒有辦法支持樹木的生長，因為環境太乾。

自然資源與保育

自然資源

自然資源是自然中所有對我們和動物有用的事物，水、陽光、食物、空氣、原油、棉、黃金和樹木都是自然資源。可以快速（100年內或差不多的時間）被大自然回收或替換的自然資源就叫做**可再生資源**。要花好幾百萬年才能被更換的資源叫做**非再生能源**。不幸的是，我們生活中用來驅動日常生活用品的許多能量都來自化石燃料，一種非再生能源。人類會對環境帶來很大的影響——而且常常是以汙染的方式出現。

> **可再生資源**
> 陽光、樹木、水、風
>
> **非再生能源**
> 金屬、礦物（像是鑽石）和像是煤炭、原油及天然氣等的化石燃料。

土壤汙染與侵蝕

美國每個人平均一年生產約 1,600 磅的垃圾，而且垃圾大多都會埋到**垃圾掩埋場**，也就是我們掩埋垃圾的地區。

因為砍伐樹木和耕地，人類讓土地更容易被侵蝕，土壤更容易因為雨水、河川和風而受到損害。侵蝕會讓鬆散的土壤被鬆動和沖走，也就會讓土壤流到河川或溪流中，讓水變得混濁，於是像是浮游生物等的生物，就沒有辦法獲得陽光進行光合作用，讓整個食物鏈受到影響！除此之外，侵蝕也就表示農田裡的有害肥料和化學物質會被沖刷到河川和海洋中，影響我們整個生態系。

水汙染

來自我們住家、農場和工廠的有害化學物質會滲入我們的水資源，有時候未處理的汙水會和我們的河流混合在一起，而且河川跟溪流會流到海洋，把汙染物帶到海洋中，讓海水也受到汙染。在海洋上運送原油的油輪有時候會出現大型漏油事件，害死鳥類、魚類等數以千計的生物。

死亡區

水汙染會對水生生物造成
極大的問題，肥料和未處
理的汙水會讓藻類快速成
長，當藻類死亡後，細菌就會把
它們分解掉，可是，這些細菌會消耗很多水中的
氧氣，造成魚類和其他水中生物無法生存，產生一個**死亡區**。

地球約 70% 是被水覆蓋的，所以我們很難想像水是有限的資
源，但地球的水只有很小的一部分是可以飲用和用來煮飯以及洗
澡的淡水，而且我們對淡水的用量其實**很大**——美國人平均一
天會用掉約 100 加侖的水！這些水再次使用前必須先處理跟淨
化過，也就會需要很多的能量。

空氣汙染

我們燃燒木頭和化石燃料的時候會汙染空氣，陽光會與空氣汙染物
發生反應，產生**霧霾**（煙霧和霧合在一起），會讓人很難呼吸還會
刺激眼睛。很多空氣汙染是車輛燃燒汽油或柴油造成的。另外，發
電廠燃燒煤炭、天然氣或生質能源也會造成空氣汙染。

溫室效應

大氣內像是二氧化碳等的氣體，會留住來自太陽輻

射的熱量，也會幫助我們的地球維持溫暖。但是現在環境中過多的

溫室氣體正讓我們的地球不斷地變熱——也就是我們所說的溫室效

應。全球暖化會造成冰帽融化、海平面上升和天氣型態變得更加極

端。雖然我們看不到空氣中的二氧化碳增加，但這還是非常有害的

空氣汙染。

些氣體就叫做溫室氣體。

酸雨

空氣中的汙染物（像是來自車輛廢氣的硫和氮

氧化物等）會與大氣中的水反應，產生**酸雨**

（酸性的雨），它會沖走土壤裡的養分，並讓湖泊與

池塘變酸，導致魚和其他生物死亡，傷害地球的生命。酸雨甚至會

破壞建築物跟雕像，尤其是材料為石灰岩或其他碳質岩時，更容易

有這個狀況。

臭氧耗竭

臭氧層是大氣中的一層氣體，保

護人類和動物遠離來自太陽的有

害紫外線，紫外線會造成曬傷和

皮膚癌。

不要把溫室效應和臭氧層
破洞搞混囉！溫室效應會
影響全球的氣候，而臭氧
層的破洞會讓我們暴露於
紫外線中。

氟氯碳化物(CFCs)是會破壞臭氧層的空氣汙染物，氟氯碳化物會從冷凍櫃、冰箱和噴霧罐洩漏到環境中。

> 科學家會用科學方法與工程流程來監測人類對環境的影響，像是監測空氣和水的品質，還有採集生命體的代表性樣本。

資源永續利用

我們可以做什麼來避免汙染造成的可怕影響呢？盡量減少汙染以及更加重視能源的使用，**環保 3R** 就是做到資源保育很棒的守則：

減量 (Reduce)： 減少自己生產的垃圾量以及消耗的能源量，是保護自然資源和減少汙染的最佳方式。

再利用 (Reuse)： 購買那些可以使用很多次的產品，盡量避免會消耗自然資源及製造額外垃圾的一次性產品。

再循環 (Recycle)： 回收這個過程，是將使用過的材料再次使用，以及變成可以使用的東西。雖然會需要能量才能將東西回收，但整體來說，回收可以節省能量以及垃圾掩埋的空間，並降低我們對於天然資源的需求。能夠被回收的東西有很多，像是：塑膠、金屬、紙類以及廚餘。

什麼東西可以回收

塑膠瓶器與容器可以被回收，
成為各種不同的產品：繩索、
地毯、毛絨纖維、畫筆和很多
其他的東西！

金屬有像是汽水鋁罐、食品罐頭、鋼、鐵和
銅這些，它們都可以熔化並再重新使用，用來
建造摩天大樓、家電和汽車的鋼，有很多都會
被回收再利用。

玻璃有像是玻璃瓶子或罐子，可以熔化變成新的瓶子或罐子。

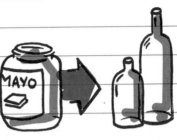

紙類可以回收成為其他紙類產品，像是廁紙、厚紙板、紙巾、報紙和書寫紙。將紙回收可以節省能源跟省水！

有機物質像是剩下的水果與蔬菜、樹葉以及草，可以用來**堆肥**（重新變成土壤），堆肥可以節省垃圾掩埋空間，並產生可以用來種植物的良好、肥沃土壤。

生物多樣性指的是地球各式各樣的生命，還有這些生物創造的生態系類別。生態系服務指的是野生動物和生態系提供給人類的好處，像是產生土壤以及讓養分循環。舉例來說，溼地對水的淨化非常重要——它們可以移除水中 20% 到 60% 的金屬，還有清除很多進到水裡的氮。由於生物多樣性和生態系服務正面臨威脅，科學家正在找出方法平衡我們的生態系，像是重塑溼地和建立生物多樣性公園——設計來讓更多樣的生物可以生活的特殊環境。科學家必須提出可以負擔得起、社會可以接受以及有科學依據的想法，來幫助對地球及人類來說不可或缺的生態系和生物多樣性！

隨 堂 小 測 驗

將術語和其解釋配對：

1. 回收

2. 廚餘

3. 化石燃料

4. 酸雨

5. 溫室效應

6. 可再生資源

7. 掩埋場

8. 死亡區

9. 非再生能源

10. 環保 3R

11. 氟氯碳化物
    (CFCs)

A. 煤炭、天然氣和原油都是能源

B. 收集有機物質和讓它腐爛變成土壤

C. 大氣中像二氧化碳等，會留住熱量的氣體

D. 垃圾被掩埋的地區

E. 化石燃料、金屬和礦物這類需要花幾百萬年才能夠被更換的資源

F. 冷凍櫃、冰箱和噴霧罐內會破壞臭氧層的化學物質

G. 水裡面氧氣被消耗掉，並且幾乎沒有水生生物可以存活的地區（是由肥料和未處理廢水的逕流造成的）

H. 空氣汙染與大氣中的水產生反應，產生會對植物、生物、甚至是建築物造成傷害的雨

I. 將材料重新處理，作為其他東西再次使用

J. 可以被更換或回收的資源，像是陽光、水、風和樹木

K. 減量、再利用、再循環

解答在下一頁

對 答 時 間

1. I
2. B
3. A
4. H
5. C
6. J
7. D
8. G
9. E
10. K
11. F

學霸筆記
世界史、科學、幾何

「如果說我看得比別人遠，
那是因為我站在巨人的肩上。」

——牛頓

學霸養成、翻轉成績、超強筆記大公開！

★先修、預習、複習三種模式，一本搞定！

★不補習，自學一樣拿高分！

★只要一本，你會見證到筆記的奇蹟。

★讀書別靠爆發力！持續閱讀這本書，
　考試升學通通完勝！

國家圖書館出版品預行編目資料

學霸筆記：科學／Workman Publishing著;Chris Pearce
繪;高梓侑譯.——初版三刷.——臺北市：三民，2024
　　面；　　公分.——（學霸筆記）
　　譯自：Everything you need to ace science in one big
fat notebook: the complete middle school study guide
　　ISBN 978-957-14-7309-3 （精裝）
　　1. 科學教育 2. 中小學教育

524.36　　　　　　　　　　　　　　　110016426

學霸筆記

學霸筆記：科學

作　　者	Workman Publishing
繪　　者	Chris Pearce
譯　　者	高梓侑
責任編輯	鄭筠潔

發 行 人	劉振強
出 版 者	三民書局股份有限公司
地　　址	臺北市復興北路 386 號 (復北門市)
	臺北市重慶南路一段 61 號 (重南門市)
電　　話	(02)25006600
網　　址	三民網路書店 https://www.sanmin.com.tw

出版日期	初版一刷 2022 年 1 月
	初版三刷 2024 年 1 月
書籍編號	S300341
I S B N	978-957-14-7309-3

EVERYTHING YOU NEED TO ACE SCIENCE IN ONE BIG FAT
NOTEBOOK: The Complete Middle School Study Guide
Writer: Workman Publishing　Illustrator: Chris Pearce
Series Designer: Tim Hall　Designer: Tim Hall and Kay Petronio
Editor: Nathalie Le Du and Justin Krasner
Production Editor: Jessica Rozler
Production Manager: Julie Primavera
Concept by Raquel Jaramillo
Copyright © 2016 by Workman Publishing
Traditional Chinese copyright © 2022 by San Min Book Co., Ltd.
Published by arrangement with Workman Publishing Co., Inc.,
New York, through Big Apple Agency, Inc., Labuan, Malaysia.
ALL RIGHTS RESERVED

三民書局

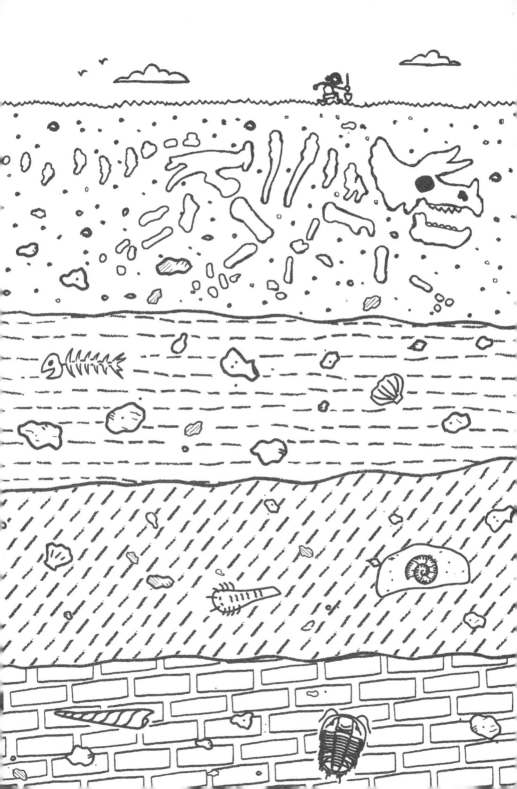